高等学校继续教育创新系列教材

基础会计

主　编　王明吉

参　编　孙俊东　崔学贤　孟宪宝
　　　　曲京山　刘彦超　刘海英

大连出版社

内 容 简 介

本书以2014年新修订和颁布的《企业会计准则》为基础,以会计核算方法为主线,全面阐述了会计学的基本理论、基本方法和基本技能。首先介绍了会计的概念、基本职能、特点、对象,明确了会计核算的基本前提、会计信息质量要求和会计核算的方法,在此基础上详细介绍了会计要素与会计等式、会计科目和账户、会计记账方法、企业主要经济业务的核算、账户的分类、会计凭证、会计账簿、财产清查、财务会计报告、账务处理程序等知识,最后介绍了会计工作的组织。本书配有丰富的案例和思考题,以加深对理论知识的理解,也利于学生自主学习。

ⓒ 王明吉 2015

图书在版编目(CIP)数据

基础会计/王明吉主编. —大连:大连出版社,2015.2
高等学校继续教育创新系列教材
ISBN 978-7-5505-0863-7

Ⅰ.①基… Ⅱ.①王… Ⅲ.①会计学—高等学校—教材 Ⅳ.①F230

中国版本图书馆 CIP 数据核字(2015)第 013767 号

出 版 人:刘明辉
策划编辑:成秉权
责任编辑:侯娟娟
责任校对:尚 杰
封面设计:林 洋
版式设计:成秉权
责任印制:刘正兴

出版发行者:大连出版社
地 址:大连市西岗区长白街10号
邮 编:116011
电 话:(0411)83620416/83621075
传 真:(0411)83610391
网 址:http://www.dlmpm.com
电子信箱:hjj@dlmpm.com
印 刷 者:大连美跃彩色印刷有限公司
经 销 者:各地新华书店

幅面尺寸:185mm×260mm
印 张:15
字 数:375千字

出版时间:2015年2月第1版
印刷时间:2015年2月第1次印刷
书 号:ISBN 978-7-5505-0863-7
定 价:30.00元

如有印装质量问题,请与我社营销部联系
购书热线电话:(0411)83620416/83621075
版权所有·侵权必究

出版说明

多年来，高等学校继续教育发展迅速并取得很大成绩，满足了人们接受高等教育的多样化需求，为社会主义现代化事业培养了各类专业人才，推进了高等教育大众化，成为我国高等教育体系和终身教育体系的重要组成部分。但目前我国成人教育中的教材建设仍然是一个薄弱环节，继续教育教材仍然是普通高校教材的简化版，进而将成人教育也变成了普通高等教育的简化型。这样的现实一直延续到今天，一方面很难适应学习对象的真正需求，另一方面也扭曲和降低了成人教育的应有之义和培养质量。

为了适应当前我国高等学校继续教育的发展形势，配合高等学校继续教育的教学改革和教材建设，我们特别邀请了河北经贸大学继续教育学院、河北师范大学继续教育学院、河北大学继续教育学院、河北科技大学继续教育学院、河北工程大学继续教育学院、河北联合大学继续教育学院、石家庄经济学院继续教育学院、石家庄学院继续教育学院等多所院校长期从事成人高等教育教学和科研工作的一线教师及相关专业知名专家，精心编写了本套高等学校继续教育创新系列教材。

本套教材严格遵循成人高等学校继续教育的规律，以学习者为中心，针对在职人员业余学习的特点和需求，在知识结构、难易程度、语言表达等方面均合理设计，既有一定的理论深度，又兼顾可操作性，结合案例分析提高学生解决实际问题的能力。

为了教学的方便，本套教材还配备了与教材配套的学习路径指导和教学课件，并将随后出版精华微缩版的口袋书，便于继续教育学生随时随地学习，也方便教师教学使用。

大连出版社

编委会成员

编委会主任 纪良纲（河北经贸大学校长）

编委会副主任 耿彦君（河北经贸大学副校长）

杨学新（河北大学副校长）

邓明立（河北师范大学副校长）

刘明辉（大连出版社社长）

编委会委员 丁会利　王云祥　王书海　母爱英

成秉权　杨纪伟　邱小捷　张广兴

张文丽　张希颖　张英杰　张昌廷

陈一鸣　林志淼　金东秀　赵彦彬

高志谦　韩志华　戴广忠

（按姓氏笔画排序）

秘　书　长 戴广忠

前言

《基础会计》是经济管理类专业基础课程之一,也是从事会计实践所必备的理论知识。随着我国市场经济的快速发展,企业会计准则不断进行变革,要求会计教材也必须不断地予以更新,以满足教学需要。这便是我们组织有关专家、学者编写《基础会计》一书的主旨所在。

本书以财政部发布的《企业会计准则》和《企业会计准则——应用指南》为依据,系统地阐述了会计学的基本理论、基本方法和基本技能。全书共分为十二章,包括总论、会计要素与会计等式、会计科目和账户、会计记账方法、企业主要经济业务的核算、账户的分类、会计凭证、会计账簿、财产清查、财务会计报告、账务处理程序和会计工作的组织。本书写作的具体分工如下:第一、二、三、五章由王明吉编写;第四章由孙俊东编写;第六、十二章由崔学贤编写;第七、八章由孟宪宝编写;第九章由曲京山编写;第十章由刘彦超编写;第十一章由刘海英编写。最后由王明吉总纂、定稿。

本书的特点可归纳为以下几个方面:第一,特色鲜明。本书从观念和风格上摆脱传统教材模式,走下理论神坛,紧密联系实际,更加适宜成人教育,体现应用性特征。第二,结构严谨。本书以会计核算方法为主线,系统地阐明了以制造企业为代表的现代企业会计的理论与方法。第三,实用性强。每章开始均设有学习目标和引导案例,每章末尾均设有本章小结、本章主题词、复习思考题与案例讨论,以提高学生的学习兴趣和培养学生分析问题和解决问题的能力,也便于学生巩固和掌握所学知识。第四,适用面广。本书深入浅出、通俗易懂,既可以作为会计、财务管理、审计和其他经济管理专业学生的学习用书,也可以作为广大管理者学习会计知识的参考书。

本书在编写过程中,参考了大量国内外有关专家、学者的论著、教材和文章,吸收了一些最新的研究成果,在此我们表示衷心的感谢。

由于我们水平有限,书中难免有疏漏和错误之处,恳请读者批评指正。

编 者

目 录

学习路径指导 / 1

第一章 总论 / 12
第一节 会计概述 / 12
第二节 会计基本假设与会计基础 / 19
第三节 会计信息质量要求 / 22
第四节 会计方法 / 25

第二章 会计要素与会计等式 / 29
第一节 会计要素 / 29
第二节 会计等式 / 37

第三章 会计科目和账户 / 42
第一节 会计科目 / 42
第二节 账户 / 47

第四章 会计记账方法 / 51
第一节 会计记账方法的种类 / 51
第二节 借贷记账法 / 53

第五章 企业主要经济业务的核算 / 61
第一节 资金筹集业务的核算 / 61
第二节 生产准备业务的核算 / 64
第三节 产品生产业务的核算 / 73
第四节 产品销售业务的核算 / 81
第五节 财务成果业务的核算 / 87

第六章 账户的分类 / 99
第一节 账户按经济内容的分类 / 99
第二节 账户按用途和结构的分类 / 103

第七章 会计凭证 / 116
第一节 会计凭证及其意义 / 116
第二节 原始凭证的种类及其填制和审核 / 117
第三节 记账凭证的种类及其填制与审核 / 123

第四节　会计凭证的传递和保管 / 131

第八章　会计账簿 / 135
　　第一节　会计账簿的意义和种类 / 135
　　第二节　日记账 / 140
　　第三节　分类账 / 144
　　第四节　记账规则 / 149
　　第五节　对账与结账 / 152

第九章　财产清查 / 160
　　第一节　财产清查概述 / 160
　　第二节　财产物资的盘存制度及清查方法 / 164
　　第三节　财产清查结果的处理 / 171

第十章　财务会计报告 / 180
　　第一节　财务会计报告概述 / 180
　　第二节　资产负债表 / 184
　　第三节　利润表 / 192

第十一章　账务处理程序 / 198
　　第一节　账务处理程序概述 / 198
　　第二节　记账凭证账务处理程序 / 200
　　第三节　科目汇总表账务处理程序 / 201
　　第四节　汇总记账凭证账务处理程序 / 203

第十二章　会计工作的组织 / 209
　　第一节　会计工作组织的意义和要求 / 209
　　第二节　会计法规体系 / 210
　　第三节　会计机构 / 214
　　第四节　会计人员 / 219
　　第五节　会计档案 / 222

主要参考文献 / 228

学习路径指导

学习本门课程,必须明确课程的性质和学习目的、课程体系结构、学习要求和学习方法,才能在有限的时间内收到良好的学习效果。

一、课程性质和学习目的

《基础会计》是一门会计专业的基础课,也是经济管理类各专业的基础理论课。无论是会计专业还是经济管理类专业的大部分学生,都要在学习本门课程的基础上进一步学习其他有关的会计课程。会计学在经济管理课程体系中属于微观经济管理方面的重要学科,《基础会计》则是会计学各分支的基础,其主要内容包括会计学的基础理论、基本方法和会计工作的组织三部分,集理论与实务为一体,涵盖内容较多。通过本门课程的学习,力求使学生理解会计的一系列基本问题,掌握会计核算的基本方法,具备基本的会计业务操作技能。作为会计专业的学生,以后还将继续学习中级财务会计、成本会计、管理会计、财务管理等一些深层次的会计课程,熟练掌握基础会计的理论、方法,为以后学习其他会计课程打好基础是非常重要的。作为非会计专业的学生,本门课程是了解会计基本理论和基本方法的途径,有助于完善学生的专业知识结构,扩大学生的知识面,将有益于他们的专业学习和今后的工作。

二、课程体系结构

本教材共设十二章,从结构看主要包括三个部分:

(一)会计基础理论部分

第一章总论,从理论上概括说明会计的基本概念、会计的目标、会计的职能、会计的对象、会计基本假设和会计基础、会计信息质量要求以及会计核算方法等。

(二)会计核算基本方法部分

第二章至第十一章,系统地阐述会计核算的各种专门方法和运用会计核算方法进行会计业务处理的基本程序。其中,第二章至第六章,阐述会计要素与会计等式、会计科目和账户、会计记账方法、企业主要经济业务的核算以及账户的分类,这部分内容是本门课程的核心内容,是会计核算的基本理论方法;第七章至第十一章,阐述会计凭证、会计账簿、财产清查、财务会计报告和账务处理程序,根据会计核算的基本理论方法,结合各种凭证、账簿和报表格式,说明会计凭证填制、会计账簿登记和会计报表编制的实务,是会计核算的基本技能方法。

(三)会计工作组织部分

第十二章,阐述会计工作组织,包括科学组织会计工作的意义和要求、会计法规体系、会计机构的设置和职责分工、会计人员的职责和权限、会计人员职业道德以及会计档案等。

基础会计

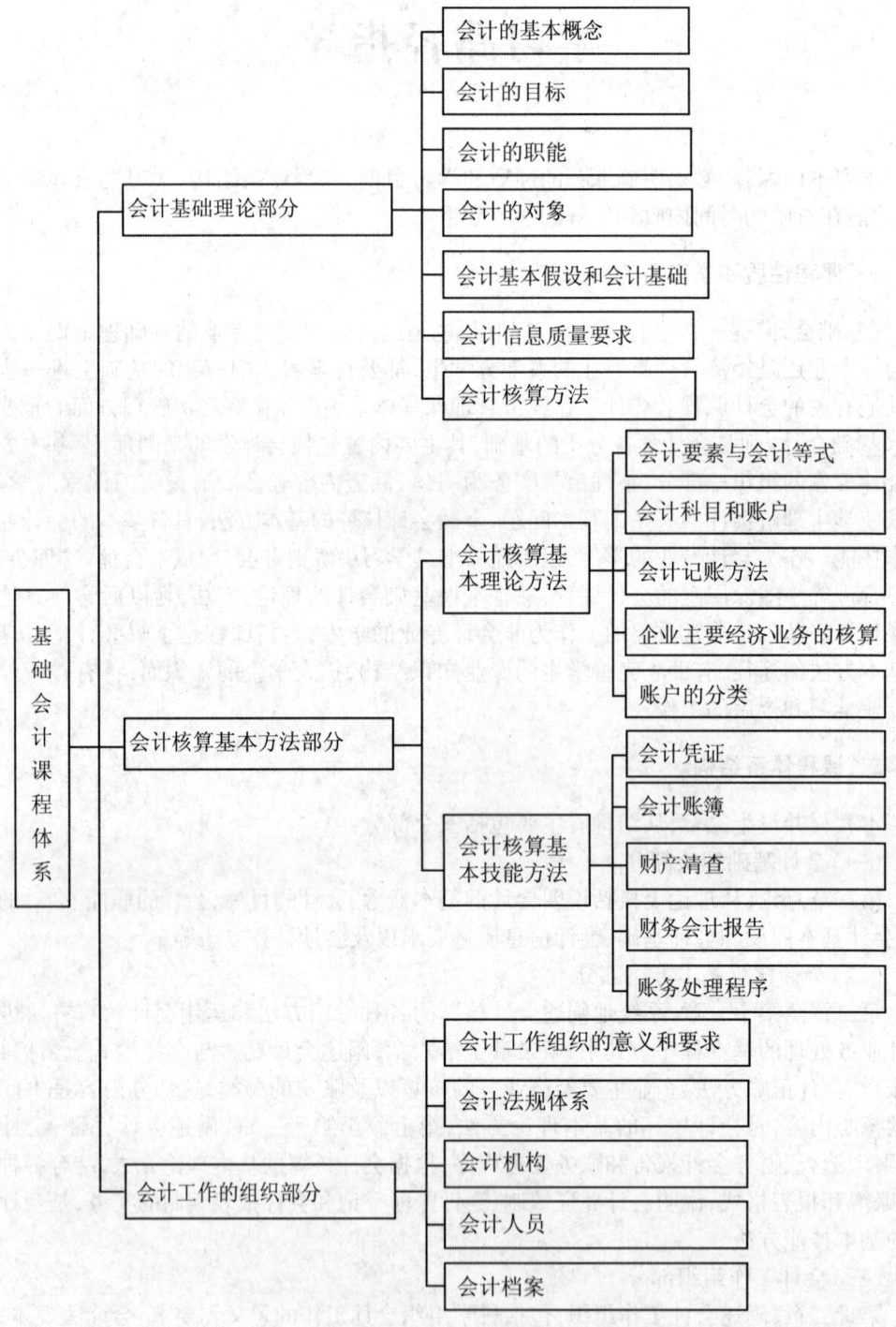

三、学习要求

《基础会计》课程内容具有不同的能力层次要求,一定要处理好识记、领会和应用的关系。识记是最低层次的要求,指能认知有关的概念、原则、方法的含义,并能表述和判断其是非。对课程内容的学习不能停留在识记这个最低层次的要求上。领会是较高层次的要求,指在识记的基础上,能全面理解、把握有关的基本概念、原则、方法,并能表述其基本内容和基本道理,分析相关的区别和联系。但识记和领会还不够,还要会应用。应用是最高层次的要求,指在领会的基础上,能够运用基本概念、原则和方法去分析有关的理论问题,处理某些实际问题,进行计算和账务处理。其中,简单应用是指能应用一两个知识点去计算、分析、处理某个业务问题。综合应用是指能应用若干个知识点综合地计算、分析、处理比较复杂的业务问题。

本教材各章能力层次要求一览表

章	节	能力要求		
		识记	领会	应用
1	1	(1)会计;(2)会计核算职能;(3)会计监督职能;(4)会计对象;(5)会计目标。	(1)会计核算职能的特点;(2)会计监督职能的特点;(3)会计的核算职能和监督职能之间的关系;(4)企业经济活动的内容;(5)会计目标的两大体现,包括提供决策有用的信息和反映企业管理层受托责任履行情况;(6)财务会计报告使用者及其对会计信息的关注点。	简单应用:根据会计职能,理解会计在经济管理中的作用。
	2	(1)会计主体;(2)持续经营;(3)会计分期;(4)货币计量;(5)权责发生制;(6)收付实现制。	(1)会计主体与法律主体的区别;(2)明确会计假设对开展会计工作,进行会计确认、计量和报告的重要意义;(3)企业会计的确认、计量和报告以权责发生制为基础的意义。	
	3	可靠性、相关性、可理解性、可比性、实质重于形式、重要性、谨慎性、及时性。	明确各项会计信息质量要求对提高会计确认、计量和报告质量的重要意义。	

续表

章	节	能力要求		
		识记	领会	应用
1	4	(1)会计方法;(2)会计核算方法;(3)会计科目和账户;(4)复式记账;(5)会计凭证;(6)会计账簿;(7)成本计算;(8)财产清查;(9)财务报表。	各种会计核算方法之间的相互联系。	
2	1	(1)会计要素;(2)资产、负债、所有者权益、收入、费用和利润;(3)会计确认;(4)会计计量;(5)历史成本、重置成本、可变现净值、现值、公允价值。	(1)资产、负债、所有者权益、收入、费用、利润各会计要素的特征;(2)现行会计普遍采用以历史成本计量的原因。	简单应用:说明会计要素的划分在会计核算中的重要作用。
2	2	(1)基本会计等式;(2)扩展的会计等式。	(1)基本会计等式中各会计要素之间的关系;(2)扩展的会计等式中各会计要素之间的关系;(3)只涉及资产、负债及所有者权益变动的四种典型的经济业务类型及其对会计等式的影响;(4)既涉及收入和费用,也涉及资产、负债及所有者权益变动的经济业务对会计等式的影响。	简单应用:说明会计等式的恒等原理。
3	1	会计科目	(1)设置会计科目的意义;(2)会计科目的分类;(3)设置会计科目的原则。	
3	2	账户	(1)账户与会计科目的关系;(2)账户的基本内容;(3)T型账户的格式;(4)账户的基本数量关系。	
4	1	(1)记账方法;(2)单式记账法;(3)复式记账法。	(1)复式记账法的特点;(2)复式记账理论依据。	
4	2	(1)借贷记账法;(2)借贷记账法记账规则;(3)账户对应关系和对应账户;(4)会计分录;(5)简单会计分录与复合会计分录;(6)试算平衡的含义。	(1)借贷记账法的记账符号;(2)资产类账户与负债和所有者权益类账户结构的特点;(3)收入类账户和费用类账户结构的特点;(4)运用借贷记账法的记账规则;(5)账户对应关系的作用;(6)试算平衡表的作用。	简单应用:用借贷记账法的记账规则,对简单的经济业务编制会计分录。综合应用:用总分类账户发生额试算平衡和余额试算平衡原理编制试算平衡表。

续表

章	节	能力要求		
		识记	领会	应用
5	1	(1)实收资本;(2)短期借款。	"实收资本"和"短期借款"等账户的用途、结构和反映的内容。	综合应用:根据给定的资料进行实收资本业务和银行短期借款业务的账务处理。
	2	(1)固定资产;(2)固定资产原价;(3)原材料。	(1)外购固定资产的成本构成;(2)材料采购成本的构成;(3)"固定资产"、"在途物资"、"原材料"、"应付账款"、"应付票据"、"预付账款"、"应交税费"等账户的用途、结构和反映的内容。	综合应用:根据给定的资料进行固定资产购入业务和材料采购业务的账务处理。
	3	(1)生产费用;(2)产品生产成本;(3)直接材料成本;(4)直接人工成本;(5)制造费用;(6)应付职工薪酬。	(1)生产过程中的劳动耗费;(2)产品生产成本的构成;(3)"生产成本"、"制造费用"、"库存商品"、"应付职工薪酬"、"累计折旧"账户的用途、结构和反映的内容。	综合应用:根据给定的资料进行材料耗用、分配职工薪酬、计提固定资产折旧、制造费用的归集和分配、产品完工入库等生产业务的账务处理。
	4	(1)产品销售成本;(2)销售费用;(3)营业税金及附加。	"主营业务收入"、"主营业务成本"、"营业税金及附加"、"销售费用"、"应收账款"、"应收票据"、"预收账款"账户的用途、结构和反映的内容。	综合应用:根据给定的资料进行产品销售、发生销售费用、结转销售成本、发生与销售产品相关的税费等销售业务的账务处理。
	5	(1)期间费用;(2)营业外收入;(3)营业外支出;(4)净利润;(5)盈余公积;(6)所得税费用。	(1)营业利润、利润总额和净利润的计算方法;(2)利润的分配顺序;(3)"管理费用"、"财务费用"、"营业外收入"、"营业外支出"、"所得税费用"、"本年利润"账户的用途、结构和反映的内容;(4)"利润分配"、"盈余公积"、"应付股利"账户的用途、结构和反映的内容。	综合应用:(1)根据给定的资料进行期间费用和期末结转业务的账务处理;(2)根据给定的资料进行利润分配的账务处理。

续表

章	节	能力要求		
		识记	领会	应用
6	1	(1)账户按经济内容划分的类别;(2)各大类中包括的常见账户的名称。	账户按经济内容分类的目的。	
	2	(1)账户的用途;(2)账户的结构;(3)账户按用途和结构划分的类别;(4)每类所包括的常见账户的名称。	盘存账户、债权结算账户、债务结算账户、债权债务结算账户、资本账户、集合分配账户、跨期摊提账户、成本计算账户、收入账户、费用账户、财务成果计算账户、计价对比账户、备抵账户、附加账户和备抵附加账户的结构特点。	
7	1	(1)会计凭证;(2)原始凭证;(3)记账凭证。	填制和审核会计凭证的意义。	
	2	(1)外来原始凭证和自制原始凭证;(2)一次凭证、累计凭证、汇总原始凭证和记账编制凭证;(3)通用凭证和专用凭证。	(1)原始凭证的基本内容;(2)原始凭证的填制要求;(3)原始凭证的审核内容。	简单应用:原始凭证的填制方法。
	3	(1)收款凭证、付款凭证和转账凭证;(2)通用记账凭证;(3)复式记账凭证和单式记账凭证;(4)汇总记账凭证和非汇总记账凭证。	(1)记账凭证的基本内容;(2)记账凭证的填制要求;(3)记账凭证的审核内容。	简单应用:(1)收款凭证、付款凭证和转账凭证的填制方法。(2)通用记账凭证和单式记账凭证的填制方法。
	4	(1)会计凭证传递;(2)会计凭证保管。	(1)正确组织会计凭证传递的意义;(2)制定会计凭证传递程序应当注意的问题;(3)会计凭证的日常保管要求。	
8	1	(1)会计账簿;(2)序时账簿、普通日记账和特种日记账;(3)分类账簿、总分类账簿和明细分类账簿;(4)备查账簿;(5)订本式账簿、活页式账簿和卡片式账簿;(6)三栏式账簿、数量金额式账簿和多栏式账簿。	(1)设置和登记会计账簿的意义;(2)设置会计账簿的原则;(3)会计账簿的基本内容。	
	2	(1)现金日记账;(2)银行存款日记账。	三栏式和多栏式现金日记账及银行存款日记账的设置。	简单应用:现金日记账和银行存款日记账的登记方法。

续表

章	节	能力要求		
		识记	领会	应用
8	3		(1)三栏式和多栏式总分类账的设置;(2)三栏式、数量金额式、多栏式明细分类账的设置;(3)总分类账与明细分类账之间的相互关系;(4)总分类账与明细分类账平行登记的要点。	简单应用:各种明细分类账的登记方法。综合应用:总分类账与明细分类账平行登记的方法。
	4		(1)会计账簿启用的规则;(2)会计账簿登记的基本要求。	简单应用:错账更正的方法,包括划线更正法、红字更正法和补充登记法。
	5	(1)对账;(2)结账。	(1)账证核对、账账核对、账实核对的具体内容;(2)结账的程序;(3)结账方法。	综合应用:期末结转业务的账务处理。
9	1	(1)财产清查;(2)全面清查和局部清查;(3)定期清查和不定期清查。	(1)账实不符的原因;(2)财产清查的意义;(3)财产清查的一般程序。	
	2	(1)未达账项;(2)永续盘存制;(3)实地盘存制。	(1)库存现金的清查方法;(2)永续盘存制的特点和优缺点;(3)实地盘存制的特点和优缺点;(4)盘点实物财产的实地盘点法和技术推算盘点法。	简单应用:银行存款余额调节表的编制。
	3		(1)财产清查结果的处理程序;(2)"待处理财产损溢"账户的用途、结构和反映的内容。	简单应用:(1)库存现金盘盈、盘亏的账务处理;(2)实物财产盘盈、盘亏和毁损的账务处理。
10	1	(1)财务会计报告;(2)财务报表;(3)静态财务报表和动态财务报表;(4)中期财务报表和年度财务报表;(5)个别财务报表和合并财务报表;(6)对外财务报表和对内财务报表;(7)单位报表和汇总报表。	(1)财务报表列报的基本要求;(2)财务报表编制前的准备工作。	
	2	资产负债表	(1)资产负债表的作用;(2)账户式资产负债表的结构。	简单应用:资产负债表各项目的填列方法。

续表

章	节	能力要求		
		识记	领会	应用
10	3	利润表	(1)利润表的作用;(2)多步式利润表的结构。	简单应用:利润表各项目的填列方法。
11	1	会计账务处理程序	(1)会计账务处理程序的意义;(2)账务处理程序的设计原则。	
	2	记账凭证账务处理程序	(1)记账凭证账务处理程序的特点;(2)记账凭证账务处理程序的优缺点及适用范围。	简单应用:记账凭证账务处理程序的步骤。
	3	科目汇总表账务处理程序	(1)科目汇总表账务处理程序的特点;(2)科目汇总表账务处理程序的优缺点及适用范围。	简单应用:(1)科目汇总表的编制方法;(2)科目汇总表账务处理程序的步骤。
	4	汇总记账凭证账务处理程序	(1)汇总记账凭证账务处理程序的特点;(2)汇总记账凭证账务处理程序的优缺点及适用范围。	简单应用:(1)汇总收款凭证、汇总付款凭证和汇总转账凭证的填制方法;(2)汇总记账凭证账务处理程序的步骤。
12	1	会计工作组织	(1)组织会计工作的意义;(2)组织会计工作的要求。	
	2	(1)会计法规;(2)会计法律;(3)会计行政法规;(4)会计制度。	(1)会计法的基本内容;(2)企业会计准则的构成。	
	3	(1)会计机构;(2)会计工作岗位的设置;(3)岗位责任制的含义;(4)集中核算和非集中核算。	内部会计管理制度的主要内容。	
	4	(1)会计人员;(2)会计职业道德。	(1)会计人员的职责和主要权限;(2)我国会计人员职业道德规范的主要内容。	
	5	会计档案	(1)会计档案的具体内容;(2)会计档案的保管期限;(3)会计档案的归档和保管;(4)会计档案的查阅。	

四、学习方法

(一)处理好全面与重点的关系

学习本门课程,要在全面系统学习的基础上把握重点,而不能采取"猜题"、"押题"等片面式学习。只能对课程进行全面了解,才能真正理解课程的基本内容,而课程的基本内容就是课程的重点。从《基础会计》课程内容、体系结构看,会计基本理论、基本方法和会计工作的组织是互相联系的一个整体,因而必须全面地、相互联系地学习掌握。

本门课程的内容有两大部分:(1)第一、二、三、四、五章是一个联系密切的部分。就本教材而言,第一章总论,它概括性地阐述会计学的一些最为基本的理论问题,学习和理解这些问题,对于学习本课程内容具有理论上的指导意义,不可忽视。但是,对于缺乏会计实际工作经验的初学者来说,诸如会计的概念、目标、职能、对象,会计基本假设,会计基础、会计信息质量要求等基本理论问题,大多比较抽象,不易理解。因此,学习时可以先对这些基本理论问题进行一般了解,随着课程内容的学习,从相互联系中逐步加深对这些问题的理解。第四章主要阐明借贷记账法的记账符号、账户结构、记账规则以及试算平衡等内容,是《基础会计》的核心内容,起着承上启下的作用,第二、三章为第四章做了充分的理论准备。第五章以工业企业为例,着重阐述复式记账法的应用,重点在于如何对企业生产准备、产品生产、产品销售等几个环节的资金运动进行会计处理,难点在于弄清供、产、销阶段贯穿着一系列的成本计算问题。(2)第六、七、八、九、十、十一章是以账务处理程序为主线的,会计凭证、账簿、会计报表以及财产清查这些会计核算技能方法均包括在其中。

(二)吃深吃透原理,活学活用原理

本门课程主要阐述会计核算的原理,包括会计的基本理论和会计核算方法和原理,因此,学习时一定要从原理的角度,理解和掌握课程内容。例如,学习各种会计核算方法时,不能就方法论方法,要理解其理论依据;既要学会怎样做,又要弄懂为什么这样做。要防止钻入具体业务处理,而忽略对其原理的学习。教材在阐述会计核算原理和各种核算方法时多配以实例,目的是通过实例使学生更好地理解和掌握原理,并学会运用。要善于将总论中阐述的会计核算的基本理论与后面阐述的会计核算具体方法结合起来学习,融会贯通,以更好地理解和掌握课程内容,达到为学习后续的会计专业课程打好基础的目的。

所谓活学活用,是指对课程内容不要理解过死。活学活用的基础是吃透原理,因为只有弄懂了原理,才能举一反三;只有掌握了原理,才能具体运用会计核算方法,发挥会计的职能作用,以更好地理解和掌握课程内容。

(三)坚持理论与实务并重,强化方法与技能演练

会计学是微观经济管理学科,具有实务性强的特点。因此,学习《基础会计》必须理论与实务并重,加强各种会计方法和技能练习,既要搞清楚原理和概念,又要弄懂操作程序,实现既会动口又会动手的目标。具体来说,应该掌握的会计基本方法与技能主要有:(1)填制记账凭证和编制各类经济业务会计分录的方法技能;(2)建账、过账、结账的方法技能;(3)编制试算平衡表,进行试算平衡的方法技能;(4)账簿错误记录更正的方法技能;(5)核对未达账项,编制银行存款余额调节表的方法技能;(6)按规定标准计算和分配生产间接费用的方法技能;(7)计算产品成本的方法技能;(8)编制资产负债表和利润表的方法技能。

(四)课程内容学习与相关法规制度学习相结合

要把课程内容的学习与《中华人民共和国会计法》、《企业会计准则》以及《会计基础工作规范》等法规、制度的学习结合起来。《中华人民共和国会计法》是我国会计工作的基本法,是制定其他会计法规、制度的法律依据。它的制定和实施开创了我国会计工作的新局面,对规范和加强会计工作,保障会计人员依法行使职权,发挥会计工作维护社会主义市场经济秩序的作用,加强经济管理,提高经济效益具有重大意义。《企业会计准则》是为了适应我国社会主义市场经济发展的需要,统一会计核算标准,保证会计信息质量,根据《中华人民共和国会计法》制定的。它的内容体现了会计核算的基本规律,是会计人员进行会计核算工作的规范和指南。《会计基础工作规范》是为了加强会计基础工作秩序,提高会计工作水平,由财政部根据《中华人民共和国会计法》的有关规定制定的,其中,除了对会计机构设置和会计人员配备以及会计人员职业道德等作了规范要求外,重点对会计核算和会计监督作了详细、具体的规范要求。因此,学习时应将上述法规、制度与教材内容结合起来,以加深对课程内容的理解和掌握。

(五)动手做作业,掌握解题技巧

做作业不仅可以巩固所学知识,而且可以提高操作技能,提高发现问题、分析问题、解决问题的能力。

1. 名词解释题。这种题型的难度在于要点的把握,而且内容广泛,覆盖面大。答题时要简明扼要,不要求展开论述。例如:借贷记账法是以"借"、"贷"为记账符号,以"有借必有贷,借贷必相等"为记账规则,以会计等式为理论依据的一种复式记账方法。要点在于必须说明:(1)记账符号;(2)记账规则;(3)记账原理;(4)一种复式记账方法。再如,会计分录是用来确认经济业务应借应贷账户名称及金额的记录。要点在于必须说明:(1)借贷方向;(2)账户名称;(3)记账金额。

2. 选择题。这种题型由题干和备选答案两部分组成。题干常以陈述句或问句提出解题依据、目标、要求、方法等。难点在于几个备选答案多是相似的,极易混淆。多项选择题的难度大于单项选择题,因为不知道在备选答案中到底有几个是符合题意的正确答案,稍有疏忽就会选择失误。为了提高选择的正确性,除了掌握一定的解题技巧,例如排除法、比较法或推理法外,关键还在于全面、系统地学习课程内容,扎实地掌握课程中的基本概念,正确界定问题的界限,理解问题的实质。

3. 判断题。这种题型应考虑以下原则:

(1)命题中含有绝对概念的词,这道题很可能是错的。统计表明,大部分带有绝对概念词的问题,"对"的可能性小于"错"的可能性。当你对含有绝对概念词的问题没有把握作出判断时,想一想是否有什么理由来证明它是正确的,如果找不出任何理由,"错"就是最佳的选择答案。

(2)命题中含有相对概念的词,这道题很可能是对的。

(3)只要试题有一处错,该题就全错,其道理很简单。

4. 简答题。这类题型一般是根据课程中的有关理论、观点、方法原理等,直接提出问题,要求简明扼要地回答。所提问题在教材中大多有现成的答案,回答这种试题,一定要抓住要点,观点明确,条理清楚,简明扼要,而不要求展开论述。

5. 业务计算题。在这类题型中包括了所有有关核算与计算内容的试题,如编制会计分录、登记账簿、对账、更正错账、编制会计报表等。其中,最主要的是编制会计分录,需注意以下问题:(1)书写要规范,借贷方向、账户名称、金额要写全、写准确。(2)有的经济业务需编制多笔会计分录。有些业务内容前后有联系,如前面预付购买材料价款,后面材料才运到企业等等。回答问题时要"瞻前顾后",而不要顾此失彼。(3)要注意题中所给资料和提供的条件。

第一章 总 论

学习目标

知识目标：通过本章学习，要了解会计的产生与发展历程，理解"四柱结算法"和"龙门账"的基本含义；理解会计的对象和目标，领会会计基本假设与会计基础，掌握会计概念和特征、会计基本职能、会计核算方法、会计信息质量要求等内容，为后续章节学习奠定基础。

能力目标：能说出会计与经济发展的关系；能描述工业企业资金运动的一般过程；能解释会计信息质量的主要特征和次要特征；能写出会计核算各种专门方法的关系。

引导案例

丁女士于2014年10月创办了一家服装批发公司，共投资100万元。10月份发生下列业务：（1）预收万昌公司货款20万元，按合同规定，商品将于11月份发出；（2）以银行存款预付第一季度房屋租赁费3万元；（3）向宏达公司销售服装价款12万元，合同约定货款下月支付；（4）收到电费账单0.5万元，已用银行存款支付；（5）收到水费账单0.3万元，本月尚未支付。月末，张会计在利润表上计算的利润总额为10.2万元，丁女士认为算错了，10月份的利润应该是16.5万元。

请思考：张会计10月份的利润计算正确吗？为什么张会计和丁女士计算的利润存在很大的差异？

第一节 会计概述

一、会计的产生和发展

会计的产生和发展经历了漫长的历史时期，它是随着社会生产发展和加强经济管理、提高经济效益的要求而产生，并随着社会经济，特别是市场经济的发展和科学技术的进步而不断完善、发展的。

会计作为一项记录、计算和考核收支的工作，无论在中国还是国外很早就产生了。物质资料的生产是人类社会赖以生存和发展的基础，在生产活动中，为了获得一定的劳动成果，必然要耗费一定的人力、财力、物力。人们一方面关心劳动成果的多少，另一方面也注重劳动耗费的高低。在人类社会的早期，人们只是凭借头脑来记忆经济活动过程中的所得与耗费。随着生产活动的日益复杂，单凭大脑记忆已经无法满足生产经营的需要，人们开始利用简单的符号进行记录，如我国远古时期的"结绳记事"、"刻契记事"，古巴比伦的泥板、埃及的刻石、伊拉克的算板，都反映了最原始的经济计算和记录活动，这些就成为会计的雏形。但是，最初的会计只是作为生产职能的附带部分，在生产时间之外附带把收支、支付日期等记载下来，并没有形成会计的独立职能。

(一)古代会计阶段

到原始社会末期，社会生产力发展到一定水平，出现剩余产品之后，会计才逐渐从生产职能中分离出来，成为一种独立的职能，并逐步由专职人员专门从事这一工作。马克思在对印度古代历史的研究中发现，原始社会末期在印度太古的共同体里，农业上已经有了记账员，主要是为了记录共同体内共同劳动的过程和结果，是为整个氏族公社利益服务的，这说明会计已成为一项独立的活动。

据《周礼》记载，早在三千多年前的西周奴隶社会就出现了"会计"一词。在这一时期，由于生产力的发展，西周王朝还设立了专门管理钱粮税负的官职"司会"和独立的会计部门，掌管国家与地方的财产物资，即官厅会计。会计在当时的基本含义是"零星算之为计，总合算之为会"。唐、宋两代是我国会计全面发展的时期。这个阶段，官厅会计有了比较健全的组织机构，如宋代的"会计司"；还有了比较严格的财计制度，如记账制度、审计制度、财物保管制度、出纳制度；会计账簿和会计报表的设置也日益完备，由流水账（日记账）和誊清账（总清账）组成的账簿体系已经初步形成。特别重要的是创建和运用了"四柱结算法"。所谓四柱是指旧管、新收、开除、实在，比喻支撑物体的四根柱子，缺一不可。它们之间的数量关系是"旧管+新收-开除=实在"，大致相当于现代会计的"期初余额+本期收入-本期支出=期末余额"。这是我国古代会计的一个杰出成就，它为我国通行多年的收付记账法奠定了理论基础。

【知识拓展1-1】自春秋战国到秦代，用竹简木牍刻写的"籍书"或"簿书"已出现，用"入"、"出"作为记账符号来反映各种经济入出事项。早期的会计只是对财产物资的收支活动进行实物数量的记录和计算，与统计和其他核算是混在一起的。秦始皇统一中国之后，币制的统一，使货币量度在会计核算中的运用迈出了关键的一步。到西汉，商业开始摆脱物物交换形式，商业经营一面是商品，另一面是货币，货币量度在会计核算中占据了统治地位，会计记录与统计记录开始有了一定的区别，部分属于统计的内容从会计核算内容中分离出来，人们开始把记录会计事项的简册称为"簿"、"簿书"或"计簿"，而把记录统计事项的简册称为"籍"。在会计发展史上，由以实物量为主要计量单位发展到以货币为主要计量单位，是古代会计向近代会计转变的开始，也是会计核算区别于统计和业务记录的重要特征。

(二)近代会计阶段

一般认为，从单式记账法过渡到复式记账法是近代会计形成的标志，即1494年意大利数学家卢卡·帕乔利《算术、几何、比及比例概要》论著的问世，标志着近代会计的开端。该书专门用一个章节系统地阐述了借贷复式记账法的基本原理，这被会计界公认为是会计发展史上第一个里程碑，会计从此以一门真正的、完整的、系统的学科而载入史册。随后，借贷复式记账法便相继传至世界各地，并在实践中不断发展和完善，直至今日仍为世界绝大多数国家所采用。1854年世界上第一个会计师协会——爱丁堡会计师协会在英国的苏格兰成立，诞生了注册会计师这一职业，拉开了社会审计的序幕，被认为是会计发展史上第二个重要的里程碑。从此,会计服务的对象从记账、算账、报账扩展到审查验证会计报表。

【知识拓展 1-2】

近代会计之父——卢卡·帕乔利

1494年11月10日,意大利数学家卢卡·帕乔利在意大利威尼斯出版了《算术、几何、比及比例概要》一书,该书第3卷第9部第11篇,以"计算与记录要论"为题,比较详细地阐述了借贷记账方法,提出"借"、"贷"符号、会计基本恒等式,财产清算方法,日记账、分录账、总账登记方法,以及试算平衡方法等。卢卡·帕乔利认为,凡是希望获得经营成功的商人,都应具备三个条件:①"其中最主要的是现款,或某些与此等值的经济实力";②"商人必须是精明的会计人员和思维敏捷的数学家";③"所有商业事务必须采取有条不紊的方式加以记录,应该使用借贷记账法,因为借贷记账法是记录经商活动的最有效的方法"。

我国会计从单式记账法向复式记账法过渡一般认为是在明代。明末清初,山西商人傅山在"四柱清册"记账方法的基础上,设计出一种适合于民间商业的会计核算方法——"龙门账",把全部经济业务划分为"进"、"缴"、"存"、"该"四大类。所谓"进"指全部收入,"缴"指全部支出,"存"指全部资产,"该"指全部负债。四者之间的关系可用会计方程式表示为"进-缴=存-该"。每到年终结账时,一方面可以根据有关"进"与"缴"两类账目的记录编制"进缴表",计算差额,决定盈亏;另一方面还应根据有关"存"与"该"两类账目的记录编制"存该表",计算差额,决定盈亏。两方面计算决定的盈亏数额应该相等。这种双轨计算盈亏并核对账目的方法,人们叫它"合龙门","龙门账"就因此而得名。"龙门账"中的"进缴表"相当于近代会计中的"损益表","存该表"相当于近代会计中的"资产负债表"。随后,商品货币经济又有了进一步的发展,资本主义经济关系开始萌芽,在民间商业界出现了"四脚账",又称"天地合"。这种账要求对日常发生的一切账项,既要登记它的来账方面,又要登记它的去账方面,借以全面反映同一账项的来龙去脉,这表明中国的会计已由单式记账法向复式记账法过渡。我国的记账方法一度在世界上是处于领先地位的,但由于几千年的封建社会中自给自足的自然经济始终占主导地位,阻碍了生产力的发展,也使会计的发展滞后,并逐渐落后于西方资本主义会计。随着资本主义经济输入中国,资本主义会计模式也随之输入,古老的中式会计才逐渐被西式会计代替。

(三)现代会计阶段

成本会计的出现和不断完善,以及在此基础上管理会计的形成并与财务会计相分离,是现代会计的开端。现代会计阶段实现了由簿记到会计的转变。一般认为,现代会计从20世纪30年代开始,更确切地讲是从1939年美国发布的第一份"公认会计原则"的"会计研究公报"开始的。当时,股份公司这一经济组织形式很快发展。股份公司以资本的所有权和经营管理权相分离为特征,出于保护那些不参与企业经营管理的所有者的需要,逐渐形成了以对外提供会计信息为主,遵循"公认会计原则"的会计,即财务会计。另一方面,企业管理当局为了在瞬息万变的外部市场环境下得以生存和发展,更加重视经济预测和决策,对会计信息提出了新的要求,于是出现了专门为企业内部管理服务的管理会计。管理会计的诞生可以说是会计发展史上的第三个里程碑,结束了几千年来会计基本处于事后反映经济活动的被动局面,迈向了主动控制生产过程的新征途。从此,现代会计形成了财务会计和管理会计两大领域。20世纪50年代起,电子计算机、互联网等科学技术成果在会计上的应用,引起了记账手段的伟大变革,会计由传统的手工簿记系统发展成为电子数据处理系统和网络系统。

新中国成立后,我国全面引进苏联的会计模式,建立了适应高度计划经济体制的会计制度。1966~1976年十年间,由于错误路线干扰,一度不重视会计核算,放弃了会计监督,国民经济受到影响。1978年改革开放后,现代会计新的理论与方法被引进和利用。1980年我国恢复了注册会计师制度,1985年颁布《中华人民共和国会计法》(以下简称《会计法》),我国会计工作从此进入法治阶段。为了适应我国社会主义市场经济的需要,1993年7月1日我国又实施了《企业会计准则》,突破了原有的会计核算模式,建立了接近国际惯例的、具有中国特色的新的会计核算规则。2006年,财政部在北京举行会计、审计准则体系发布会,发布了39项企业会计准则(包括1项基本准则和38项具体准则)和48项注册会计师审计准则,这标志着我国与国际惯例趋同的企业会计准则体系和注册会计师审计准则体系的正式建立。从此,我国会计进入了一个崭新的发展时期。

二、会计的职能

会计的职能是指会计在经济管理工作中所具有的功能。会计具有核算和监督两项基本职能。

【同步案例1-1】假设小丽用妈妈给的零花钱买了一支35元的钢笔,还剩下15元,这就是一项经济业务。作为会计,要知道小丽是一个核算主体,要按会计的方式帮她记账,这就是会计核算;再假设妈妈给小丽的这50元的用途已经定好了,为了防止小丽挪作他用,作为会计要想措施避免小丽乱花钱,这就是会计监督。

(一)会计核算职能

会计核算职能也称为会计反映职能,是指会计以货币为主要计量单位,通过确认、计量、记录、报告,对特定主体的经济活动进行记账、算账、报账,为各方面提供会计信息的功能。会计核算是会计最基本职能,它贯穿于经济活动的全过程,具有以下特征:

(1)会计主要是从价值量上反映各单位的经济活动情况。从数量方面反映经济活动,可以采用实物量度、劳动量度和货币量度。在市场经济条件下,会计核算是以货币作为主要计量单位,从价值上综合反映各种经济活动的过程和结果,实物量和劳动量只是作为辅助计量单位。

(2)会计核算具有完整性、连续性和系统性。完整性是指对所有的会计对象都要进行确认、计量、记录和报告,不能有任何遗漏;连续性是指对会计对象的确认、计量、记录、报告要连续进行,而不能有任何中断;系统性是指要采用科学的核算方法对会计信息进行加工处理,保证所提供的会计数据资料能够成为一个系统的、有序的整体。

(3)会计核算是对各单位经济活动全过程的核算,包括事前核算、事中核算和事后核算。事后核算是对一定期间经济活动的价值总结,是会计核算的主要内容;事中核算是会计利用价值指标等对单位经济活动的控制和调节;事前核算是利用历史数据和相关变化因素对未来经济活动及其结果的预计。

(4) 随着计算机在会计信息处理中的应用,会计的传统工艺同现代信息技术相结合,使会计核算的方式从手工簿记系统逐步发展为电子数据处理系统,极大地增强了会计获取信息和传递信息的能力,从而使会计信息变得更为广泛和完善,更加及时、灵敏和准确,更能满足多方面、多层次信息使用者的需求。

【知识拓展1-3】我国《会计法》规定,各单位发生下列经济业务事项,应当办理会计手续,进行会计核算:

1. 款项和有价证券的收付;
2. 财物的收发、增减和使用;
3. 债权债务的发生和结算;
4. 资本、基金的增减;
5. 收入、支出、费用、成本的计算;
6. 财务成果的计算和处理;
7. 需要办理会计手续、进行会计核算的其他事项。

(二)会计监督职能

会计监督职能也称为会计控制职能,是指会计通过专门的方法,利用核算所提供的信息,对各单位的经济活动进行控制,使其按照规定的要求运行,以达到预期目标。监督职能具有如下特征:

1. 会计监督主要是利用价值指标来进行。以价值指标为核心才能发挥货币反映的综合性和完整性,可以全面、及时、有效地控制各个单位的经济活动。因此,会计监督是一种更为有效的监督。

2. 会计监督贯穿经济活动的全过程,包括事前监督、事中监督和事后监督。事后监督是指对已经发生的经济活动以及相应的核算资料进行的审查、分析;事中监督是指依据经济活动发生时的资料来纠正偏差及失误,发挥对经济活动的控制作用;事前监督是指审查未来经济活动是否合乎规定和要求,是否切实可行。

(三)会计核算职能与会计监督职能之间的关系

会计核算职能和监督职能是相辅相成、辩证统一的。会计核算职能是会计监督职能的基础,没有会计核算所提供的各种信息,会计监督就失去了依据;会计监督职能又是会计核算职能的保证,没有会计监督,就难以保证会计核算所提供的会计信息的真实性、合法性、可靠性,会计核算也就失去存在的意义。

会计除具有核算和监督两项基本职能外,还具有分析经济效果、预测经济前景、参与经济决策、计划组织以及绩效评价等职能。随着生产力水平的日益提高,社会关系的日益复杂和管理理论的不断深化,会计所发挥的作用日益重要,其职能也将随着经济的发展不断发展变化。

【小思考1-1】通常所说的记账、算账和报账执行的是会计的哪项职能?

三、会计的对象和目标

(一)会计的对象

会计的对象是指会计核算和监督的内容,具体是指社会再生产过程中能以货币表现的经济活动,即资金运动。凡是不能用货币表现的经济活动,则不能作为会计的对象。工业企业的资金运动通常表现为资金筹集活动、资金运用活动和资金分配活动。

1. 资金筹集活动

企业为了进行生产经营活动,首先必须通过一定的渠道筹集相应的资金,以满足生产经营的需要。企业筹集的资金包括所有者投入的资金和向债权人借入的资金两部分,前者属于企业所有者权益,后者属于企业债权人权益即企业负债。企业从各种渠道筹集的资金,主要表现为货币资金形态。

2. 资金运用活动

企业资金的运用分为供应、生产、销售三个阶段。供应过程是生产准备过程,企业要建造厂房、购买机器设备和材料物资等生产资料,这时资金就由货币资金形态转化为固定资金形态和储备资金形态。生产过程既是产品的生产过程,也是各种物化劳动和活劳动的耗费过程。劳动者借助劳动手段作用于劳动对象,生产出新的产品,同时,企业要发生材料消耗、工资支付、固定资产损耗、水电动力费用的支付等业务。这些费用都需要按照产品的种类进行归集和分配,计算产品的生产成本。这时资金就从固定资金、储备资金转化为生产资金形态。随着产品制成和验收入库,资金又从生产资金形态转化为成品资金形态。销售过程是企业将生产出来的产品作为商品投放市场获得货币资金的过程,这时成品资金又转化为货币资金。同时,企业又要支付包装、运输、广告等费用,还要根据税法的规定缴纳各种税金。在供应、生产、销售三个阶段中,企业的资金从货币资金开始,依次转化为固定资金、储备资金、生产资金、成品资金,最后又回到了货币资金的过程,称为资金循环。周而复始的资金循环,称为资金周转。

企业除进行产品生产以外,还会发生一些其他经营业务,如对外进行短期和长期投资等,也会取得收入和支付费用。

3. 资金分配活动

将企业一定期间所取得的全部收入与全部费用支出相抵后,差额即为企业的财务成果(利润或亏损)。对于实现的利润,应按国家规定的分配程序进行分配;对于发生的亏损,则要进行弥补。在企业交纳所得税后,一部分作为留存收益形成盈余公积和未分配利润,继续参与资金的循环与周转;另一部分,按投资比例分配给企业的投资者,资金退出企业。

上述资金运动过程,如图1-1所示。

企业在资金筹集、资金运用、资金分配活动中,由于资金的取得、运用和分配等经济活动而引起的各项财产物资的增减变动,各项生产费用的支出和产品成本的形成,以及销售收入的取得和利润的形成和分配,共同构成了工业企业会计的具体对象。

(二)会计的目标

会计的目标是指会计工作所要达到的终极目的,是现代会计理论结构的最高层次,它决定了会计工作的具体程序和方法。我国《企业会计准则》将会计的目标定位为"向财务报告使用者提供与企业财务状况、经营成果和现金流量等有关的会计信息,反映企业管理层受托责任履行情况,有助于财务会计报告使用者作出决策"。

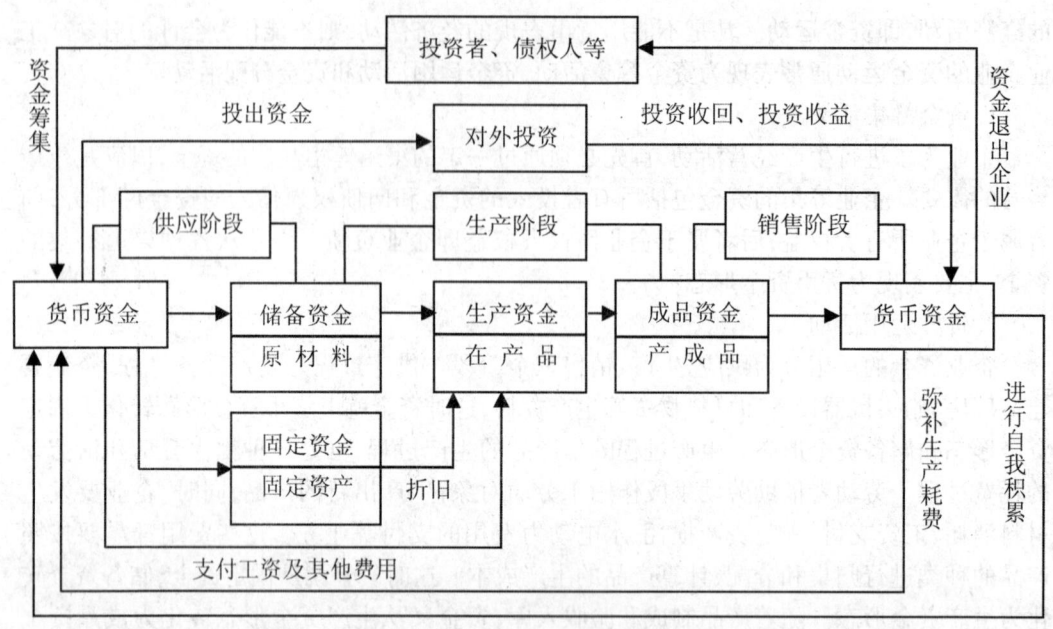

图1-1 企业资金运动示意图

1. 向财务会计报告使用者提供有用的决策信息

企业编制财务会计报告的主要目的是满足财务会计报告使用者的信息需要,有助于财务报告的使用者作出经济决策。因此,向财务会计报告使用者提供有用的决策信息是会计的基本目标。财务会计报告使用者包括投资者、债权人、政府及其有关部门、企业管理者和社会公众等。这一目标要求财务会计报告应当如实反映企业特定时点财务状况和一定时期内的经营成果、现金流量、所有者权益变动等会计信息,有助于现在的或者潜在的信息使用者正确、合理地评价企业的资产质量、偿债能力、盈利能力和营运效率等,从而作出理性的决策。

2. 反映企业管理层受托责任的履行情况

现代企业制度强调企业所有权与经营权相分离,企业管理层是受委托人之托经营管理企业及其各项资产,负有妥善保管并合理、有效运用这些资产的责任。企业投资者和债权人等也需要及时或者经常性地了解企业管理层保管、使用资产的情况,以便于评价企业管理层受托责任履行情况,并决定是否需要调整投资或者信贷政策,是否需要加强企业内部控制和其他责任制度建设,是否需要更换管理层等。因此,财务会计报告应当反映企业管理层受托责任的履行情况,以有助于投资者和债权人等评价企业的经营管理责任和资源使用的有效性。

四、会计的含义

综上所述,会计的含义可以表述为:会计是以货币为主要计量单位,采用专门的方法和程序,对企业的经济活动进行完整、连续、系统的反映和监督,旨在为会计信息使用者提供会计信息、提高经济效益的一种经济管理活动。

【知识拓展1-4】
关于会计本质的几种代表性观点

关于会计本质的认识历来存在分歧,主要有以下几种观点:(1)管理工具论,认为会计是一种经济管理的工具;(2)艺术论,认为会计是一种记录、分类和总结企业的交易并报告和解释其结果的艺术;(3)信息系统论,认为会计是一个以提供财务信息为主的经济信息系统;(4)管理活动论,认为会计是一种经济管理活动,其本身具有管理的职能;(5)控制系统论,认为会计是一个利用信息来控制预定目标,以保证预定目标的实现的控制系统;(6)综合论,认为会计既是一个信息系统,又是一种管理活动。在西方国家,会计理论界对会计本质问题的研究不大重视,而在我国,20世纪80年代末以前的三十多年里,会计本质问题一直是会计理论界争论的热点。至今,仍有很多人认为会计本质是会计理论研究的逻辑起点。

第二节 会计基本假设与会计基础

一、会计基本假设

会计基本假设是企业会计确认、计量和报告的前提,是对会计核算所处的时间、空间环境等所作的合理假定。会计基本假设包括会计主体、持续经营、会计分期和货币计量。

(一)会计主体

会计主体是指会计工作服务的特定单位,是会计确认、计量和报告的空间范围。为了向财务会计报告使用者反映企业财务状况、经营成果和现金流量,提供对其决策有用的信息,会计核算和财务会计报告的编制应当集中反映特定主体的活动,并将其与其他经济实体区别开来,才能实现财务会计报告的目标。在会计主体假设下,企业应当对其本身发生的交易或事项进行会计确认、计量和报告,反映企业本身所从事的各项生产经营活动。明确界定会计主体是开展会计确认、计量和报告工作的重要前提。

首先,明确会计主体,才能划定会计所要处理的各项交易或事项的范围。在会计工作中,只有那些影响企业本身经济利益的各项交易或事项才能加以确认、计量和报告,那些不影响企业本身经济利益的各项交易或事项不能加以确认、计量和报告。会计核算中涉及的资产、负债的确认,收入的实现,费用的发生等,都是针对特定会计主体而言的。其次,明确会计主体,才能将会计主体的交易或事项与会计主体所有者的交易或事项以及其他会计主体的交易或事项区分开来。例如,企业所有者的经济交易或者事项是企业所有者主体所发生的,不应纳入企业会计核算的范围,但是企业所有者投入到企业的资本或者企业向所有者分配的利润,则是企业主体所发生的交易或者事项,应纳入企业会计核算的范围。

会计主体不同于法律主体。一般来说,法律主体必然是会计主体。例如,一个企业作为一个法律主体,应当建立财务会计系统,独立反映企业财务状况、经营成果和现金流量。但是,会计主体不一定是法律主体。例如,企业集团并非法律主体,但它却是会计主体,需要编制合并会计报表,全面反映企业集团的财务状况、经营成果和现金流量。

【小思考1-2】小刘毕业以后到一家个人独资的私营企业上班做会计。有一天,老板家里来了亲戚,老板请他们到饭店就餐,花费1 500元。老板拿来发票让小刘报销,同时也说明了用餐的真实原因。你认为小刘是否应该给老板报销这笔费用呢?为什么?

(二)持续经营

持续经营是指在可以预见的将来,企业将会按当前的规模和状态经营下去,不会停业,也不会大规模消减业务。持续经营假设明确了会计工作的时间范围。在持续经营前提下,会计确认、计量和报告应当以企业持续、正常的生产经营活动为前提,而不考虑其破产和清算等特殊情况。持续经营是企业选择会计处理方法和程序的前提,也是会计分期假设等的基础。

当然,在市场经济环境下,任何企业都存在破产、清算的风险,也就是说,企业不能持续经营的可能性总是存在的。因此,需要企业定期对其持续经营基本前提作出分析和判断。如果可以判断企业不能持续经营,就应当改变会计核算的原则和方法,并在企业财务报告中作相应披露。

【知识拓展1-5】企业破产,持续经营假设就不再成立,日常的财务会计也就不再适用了,这时得应用破产清算会计。资产、负债、所有者权益,以及收入、费用和利润是会计人员经常使用的会计概念,在破产清算会计中,这些概念被赋予了新的含义。比如,在破产清算会计下,资产不再按照流动性划分,而是按归属对象划分为担保资产、抵销资产、受托资产、应追索资产、破产资产和其他资产。

(三)会计分期

会计分期,是指将一个企业持续经营的生产经营活动划分为一个个连续的、长短相同的期间。会计分期的目的,在于通过会计期间的划分,将持续经营的生产经营活动划分为连续、相等的期间,据以结算盈亏,按期编制财务会计报告,从而及时向财务会计报告使用者提供会计信息。

根据持续经营假设,一个企业将按当前的规模和状态持续经营下去。要想最终确定企业的生产经营成果,只能等到企业在若干年后歇业时核算一次盈亏。但是,无论是企业的生产经营决策还是投资者、债权人等的决策都需要及时的信息,都需要将企业持续的生产经营活动划分为若干连续的、长短相同的期间,分期确认、计量和报告企业的财务状况、经营成果和现金流量。而且由于会计分期,才产生了当期与以前期间、以后期间的差别,出现了权责发生制与收付实现制的区别,才使不同类型的会计主体有了记账的基准,进而出现了折旧、摊销等会计处理方法。

会计期间通常分年度和中期,中期是短于一个完整的会计年度的报告期间,如半年、季度、月份等。会计年度是会计最重要的会计分期,我国采用的会计年度与公历年度一致,即从1月1日~12月31日为一个会计年度。

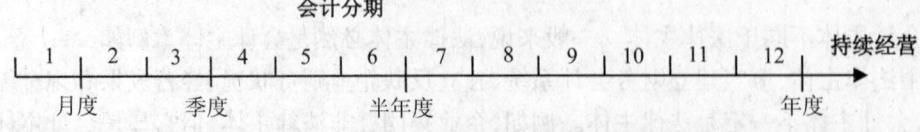

图1-2 持续经营和会计分期关系示意图

【知识链接1-1】
世界各国的会计年度

世界上各国选择的会计年度差异巨大。(1)采用历年制(1月1日~12月31日)的有:中国、奥地利、比利时、保加利亚、捷克、斯洛伐克、芬兰、德国、希腊、匈牙利、冰岛、爱尔兰、挪威、波兰、葡萄牙、罗马尼亚、西班牙、瑞士、俄罗斯、白俄罗斯、乌克兰、墨西哥、哥斯达黎加、多米尼加、萨尔瓦多、危地马拉、巴拉圭、洪都拉斯、秘鲁、巴拿马、玻利维亚、巴西、智利、哥伦比亚、厄瓜多尔、塞浦路斯、约旦、朝鲜、马来西亚、阿曼、阿尔及利亚、叙利亚、科特迪瓦、利比里亚、利比亚、卢旺达、塞内加尔、索马里、多哥、赞比亚等;(2)采用3月1日~次年2月底的有:土耳其、以色列、约旦、叙利亚、卡塔尔等;(3)采用4月1日~次年3月31日的有:丹麦、加拿大、英国、纽埃岛、印度、印度尼西亚、日本、科威特、新加坡、尼日利亚等;(4)采用7月1日~次年6月30日的有:瑞典、澳大利亚、孟加拉国、巴基斯坦、菲律宾、埃及、冈比亚、加纳、肯尼亚、毛里求斯、苏丹、坦桑尼亚等;(5)采用10月1日~次年9月30日的有:美国、海地、缅甸、泰国、斯里兰卡等;(6)其他还有:阿富汗、伊朗为3月21日~次年3月20日,卢森堡为5月1日~次年4月30日,尼泊尔为7月16日~次年7月15日,埃塞俄比亚为7月8日~次年7月7日,沙特阿拉伯为10月15日~次年10月14日,阿根廷为11月1日~次年10月31日,等等。

(四)货币计量

货币计量指会计主体在财务会计确认、计量和报告时以货币计量,反映会计主体的生产经营活动。货币是商品一般等价物,具有价值尺度、流通手段、贮藏手段和支付手段等特点。其他计量单位,如重量、长度、容积、台、件等,都只能从一个侧面反映企业的生产经营情况,无法在量上进行汇总和比较,不便于会计计量和经营管理。因此,为全面反映企业的生产经营活动和有关交易、事项,会计确认、计量和报告选择货币作为计量单位。

货币计量假设包括两个层次:一个是货币计量单位。我国《会计法》明确规定,会计核算以人民币为记账本位币。业务收支以外币计价为主的企业,也可以选定某种外币作为记账本位币,但编制的财务会计报告应当折算为人民币计算。另一个是假定币值稳定。在通货膨胀情况下,企业应当采用特殊的方法来提供会计信息(如物价变动会计)。

【同步案例1-2】万成公司拥有50 000平方米房屋、建筑物,1辆货车,45台机器设备,2 000吨钢材,80 000元现金,这家企业的资产到底有多少?

案例分析:虽然我们可以直接具体地罗列出这些资产,但是用这些资产自身的计量单位,我们无法进行汇总,也就得不到综合反映的资产量。我们需要统一用货币计量这些资产价值,然后进行汇总,求出企业拥有的资产合计数。

二、会计基础:权责发生制

企业会计的确认、计量和报告应当以权责发生制为基础。权责发生制要求,凡是当期已经实现的收入和已经发生或应当负担的费用,无论款项是否收付,都应当作为当期的收入和费用,计入利润表;凡是不属于当期的收入和费用,即使款项已在当期收付,也不应当作为当期的收入和费用。

在实务中,企业交易或者事项的发生时间与相关货币收支时间有时并不完全一致。

例如,款项已经收到,但销售并未实现;或者款项已经支付,但并不是为本期生产经营活动而发生的。为了更加真实、公允地反映特定会计期间的财务状况和经营成果,基本准则明确规定,企业在会计确认、计量和报告中应当以权责发生制为基础。

收付实现制是与权责发生制相对应的一种会计基础,它是以收到或支付现金作为确认收入和费用等的依据。目前,我国的行政单位会计采用收付实现制,事业单位会计除经营业务可以采用权责发生制外,其他大部分业务采用收付实现制。

【同步案例1-3】鑫圆公司2014年10月发生下列经济业务:①销售产品收到现款600元;②销售产品900元,收到现款250元,余款暂欠;③收到A单位8月份欠货款1 000元;④收到B单位交来9~12月份仓库租金800元;⑤支付本月原材料价款1 000元;⑥本月应交所得税400元,未交;⑦本月交纳上月所欠办公电话费500元。按照收付实现制和权责发生制,鑫圆公司2014年10月应确认的收入和费用各是多少?

案例分析:

(1)收付实现制下收入=①600+②250+③1 000+④800=2 650(元);费用=⑤1 000+⑦500=1 500(元);利润=2 650-1 500=1 150(元)。

(2)权责发生制下收入=①600+②900+④800÷4=1 700(元);费用=⑤1 000+⑥400=1 400(元);利润1 700-1 400=300(元)。

第三节 会计信息质量要求

会计信息质量要求是对企业财务会计报告中所提供会计信息质量的基本要求,是使财务会计报告中所提供会计信息对投资者等使用者决策有用应具备的基本特征,主要包括可靠性、相关性、可理解性、可比性、实质重于形式、重要性、谨慎性和及时性等。

一、可靠性

可靠性要求企业应当以实际发生的交易或者事项为依据进行确认、计量和报告,如实反映符合确认和计量要求的各项会计要素及其他相关信息,保证会计信息真实可靠、内容完整。

会计信息质量的可靠性要求,企业不得根据虚构的、没有发生的或者尚未发生的交易或者事项进行确认、计量和报告,也不能随意遗漏或者减少应予披露的信息。

【同步案例1-4】宏达公司于2013年年末发现公司销售萎缩,无法实现年初确定的销售收入目标,但考虑到在2014年春节前后,公司销售可能会出现较大幅度的增长,公司为此提前预计库存商品销售,在2013年年末制作了若干存货出库凭证,并确认销售收入实现。该公司的做法合适吗?

案例分析:公司的这种处理不合适。因为该公司销售收入的确认不是以其实际发生的交易事项为依据,而是虚构交易事项,违背了会计信息质量的可靠性要求。

二、相关性

相关性要求企业提供的会计信息应当与投资者等财务会计报告使用者的经济决策需

要相关,有助于投资者等财务会计报告使用者对企业过去、现在或者未来的情况作出评价或者预测。

会计信息质量的相关性要求,企业在确认、计量和报告会计信息的过程中,充分考虑信息使用者的决策模式和信息需要。但是,相关性是以可靠性为基础的,在可靠性前提下,会计信息尽可能地做到相关性,以满足投资者等财务会计报告使用者的决策需要。

三、可理解性

可理解性要求企业提供的会计信息应当清晰明了,便于投资者等财务会计报告使用者理解和使用。

会计信息质量的可理解性要求,企业会计记录应当清晰,账户对应关系应当明确,文字摘要完整,报表项目勾稽关系清楚,数字金额准确。对会计处理较为复杂但对信息使用者决策有用的会计信息,应当在财务会计报告中予以充分披露。

四、可比性

可比性要求企业提供的会计信息应当相互可比。这主要包括两层含义:同一企业不同时期纵向可比和不同企业相同会计期间横向可比。两者关系如图1-3所示。

纵向可比	同一企业不同时期发生的相同或者相似的交易或者事项,应当采用一致的会计政策。例如前后年度固定资产折旧方法的选择使用等。
横向可比	不同企业同一时期发生的相同或者相似的交易或者事项,应当采用相同的会计政策,确保会计信息口径一致,相互可比。

图1-3 纵向可比和横向可比的关系

五、实质重于形式

实质重于形式要求企业应当按照交易或者事项的经济实质进行会计确认、计量和报告,不仅仅以交易或者事项的法律形式为依据。

企业发生的交易或事项在多数情况下其经济实质和法律形式是一致的,但在有些情况下也会出现不一致。例如,企业按照销售合同销售商品但又签订了售后回购协议,虽然从法律形式上看实现了收入,但如果企业没有将商品所有权上的主要风险和报酬转移给购货方,没有满足收入确认的各项条件,即使签订了商品销售合同或者已将商品交付给购货方,也不应当确认销售收入。

【小思考1-3】如何理解下列应用也体现了实质重于形式要求:(1)合并财务报表的编制;(2)融资租赁的会计处理;(3)售后租回的会计处理;(4)分期收款销售商品的会计处理。

六、重要性

重要性要求企业提供的会计信息应当反映与企业财务状况、经营成果和现金流量有关的所有重要交易或者事项。对于重要的交易或事项,应当单独、详细反映;对于不具重要性、不会导致投资者等有关各方决策失误或误解的交易或事项,可以合并、粗略反映,以节省提供会计信息的成本。

重要性的应用需要依赖职业判断,企业应当根据其所处环境和实际情况,从项目的性质和金额大小两方面加以判断。只要具备下列中的一条即可认定为重要事项:(1)金额规模达到一定程度时,应界定为重要信息;(2)指标本质上属于重要信息,比如净利润。

【重要提示1-1】下列应用体现了会计信息中的重要性要求:
(1)合并财务报表中抵销内容的选择;
(2)季度财务会计报告没有必要像年度财务会计报告那样披露详细的附注信息;
(3)长期股权投资的成本法核算与权益法核算的转换。

七、谨慎性

谨慎性要求企业对交易或者事项进行会计确认、计量和报告时应当保持应有的谨慎,不应高估资产或者收益、低估负债或者费用。谨慎性原则的应用可以起到预警风险和化解风险的作用,但并不意味着企业可以任意设置各种秘密准备。如果企业故意低估资产或者收入,或者故意高估负债或者费用,将不符合会计信息的可靠性和相关性要求,损害会计信息质量,扭曲企业实际的财务状况和经营成果,从而对信息使用者的决策产生误导,属于滥用谨慎性原则,将被作为重大会计差错进行处理。

【重要提示1-2】下列常见应用体现了谨慎性要求:
(1)计提资产减值准备;
(2)固定资产采用加速折旧方法计提折旧;
(3)企业内部研究开发项目的研究阶段支出,应当于发生时计入当期损益;
(4)在物价持续下降的情况下,发出存货采用先进先出法计价;
(5)存货期末按照成本与可变现净值孰低计价;
(6)预计负债的确认;
(7)对本期销售的存货计提产品质量保证等。

八、及时性

及时性要求企业对于已经发生的交易或者事项,应当及时进行确认、计量和报告,不得提前或者延后。

会计信息的价值在于帮助企业所有者或者其他方面作出经济决策,具有时效性。在会计确认、计量和报告过程中贯彻及时性,一是要求及时收集会计信息,即在经济交易或者事项发生后,及时收集整理各种原始单据或者凭证;二是要求及时处理会计信息,即按照会计准则的规定,及时对经济交易或者事项进行确认或者计量,并编制财务会计报告;三是要求及时传递会计信息,即按照国家规定的有关时限,及时地将编制的财务会计报告传递给财务会计报告使用者,便于其及时使用和决策。

上述会计信息质量各项要求中,可靠性、相关性、可理解性和可比性是会计信息的首要质量要求,是企业财务会计报告中所提供会计信息应具备的基本质量特征;实质重于形式、重要性、谨慎性和及时性是会计信息的次级质量要求,是对可靠性、相关性、可理解性和可比性等首要质量要求的补充和完善,尤其是在对某些特殊交易或者事项进行处理时,需要根据这些质量要求来把握其会计处理原则。另外,及时性还是会计信息相关性和可靠性的制约因素,企业需要在相关性和可靠性之间寻求一种平衡,以确定信息及时披露的时间。

第四节 会计方法

会计方法是指为了实现会计目标,对会计对象进行核算和监督所使用的一系列手段的总称。会计方法包括会计核算方法、会计监督方法、会计预测方法、会计决策方法、会计分析方法和会计检查方法等。其中会计核算方法是最基本、最主要的方法,其他会计方法都是在会计核算的基础上,利用会计核算提供的资料进行的。本章主要介绍会计核算方法,主要包括设置会计科目与账户、复式记账、填制和审核会计凭证、登记账簿、成本计算、财产清查和编制会计报表等七种专门方法。

一、设置会计科目与账户

会计科目是对会计对象的具体内容进行分类核算的项目;账户是对会计对象的具体内容进行分类核算的工具。设置会计科目与账户就是根据会计对象具体内容的特点和经济管理的要求,选择一定的标准进行分类,形成分类核算的项目,然后根据各项目在账簿中开设相应的账户,序时、分类地记录各项经济业务,从而取得经营管理所需要的各种会计指标。

二、复式记账

复式记账是对每一项经济业务,都要以相等的金额同时在两个或两个以上的相关账户中进行记录的方法,使每项经济业务涉及的两个或两个以上的账户之间产生一种平衡关系。采用复式记账可以了解和掌握经济业务的内容,检查会计记录的正确性;能够全面、系统地反映各项经济业务之间的联系,反映经济活动的全貌。

三、填制和审核会计凭证

会计凭证是用来记录经济业务,明确经济责任的书面证明,是登记账簿的依据。会计凭证分为原始凭证和记账凭证。对于已经发生的任何一项经济业务,都必须取得或填制原始凭证,经会计部门和其他有关部门审核并确认正确无误后,才能作为填制记账凭证和登记账簿的依据。填制和审核会计凭证,是保证会计资料真实和可靠的有效手段。

四、登记账簿

账簿是用来全面、连续、系统地记录各项经济业务的簿籍,也是保存会计信息的重要工具。登记账簿就是根据审核无误的会计凭证,将每项经济业务序时、分类地记入在会计账簿中开设的相应账户内,这样,就完成了将会计凭证中分散记录的经济业务原始数据转换为系统的会计数据的过程,从而为编制会计报表提供完整而又系统的会计信息。因此,登记账簿是会计核算的主要方法。

五、成本计算

成本计算是一种会计计量活动,解决会计核算对象的货币计价问题,即对应计入一定对象的全部费用进行归集、计算,并确定该对象的总成本和单位成本的会计方法。通过成本计算可以正确地对会计核算对象进行计价,可以考核经济活动过程中物化劳动和活劳动的耗费程度,为在经营管理中正确计算盈亏提供数据资料。

六、财产清查

财产清查是通过实物盘点、往来款项的核对来确定财产物资和货币资金实有数额的方法。在财产清查中发现财产物资和货币资金账面数额与实存数额不符时,应及时查明原因,明确责任,再通过一定的审批手续,调整账簿记录,使账存数与实存数保持一致,以保证会计核算资料的真实性和正确性;发现积压或残损物资以及往来账款中的呆账、坏账时,要及时进行清理。财产清查是保证会计核算资料真实性和正确性的一种手段。

七、编制会计报表

会计报表是根据账簿记录定期编制的,用来总括反映企业某一特定日期财务状况和某一会计期间经营成果、现金流量情况的书面报告性文件。编制会计报表,是在账簿记录基础上对会计核算资料的进一步加工整理,即在日常账簿记录的数据资料基础上,采用一定的表格形式,概括地、综合地反映各单位在一定时期内经济活动的过程和结果。会计报表提供的资料是进行会计监督、会计分析、会计检查的重要依据。

从填制会计凭证到登记账簿,再根据账簿记录编制出会计报表,一个会计期间的会计核算工作即告结束,然后按照上述程序进入新的会计期间,如此循环往复,直至企业停业清算。在上述七种方法中,主要是填制和审核会计凭证、登记账簿、编制会计报表,这三项活动周而复始、循环往复,构成了我们一般所称的会计循环。

会计核算的各种方法相互联系、密切配合,构成了一个完整的会计核算方法体系,缺一不可。这种相互联系表现为:当经济业务发生后,要取得或填制原始凭证,经会计人员审核整理后,按照设置的会计科目,运用复式记账法编制记账凭证,并据以登记账簿,同时还要对财产物资进行成本计算;对于账簿记录的结果,要通过财产清查加以核实,保证账簿记录的正确性;最后,在保证账实相符的基础上,根据账簿资料编制会计报表。各种会计核算方法之间的联系用图1-4来表示。

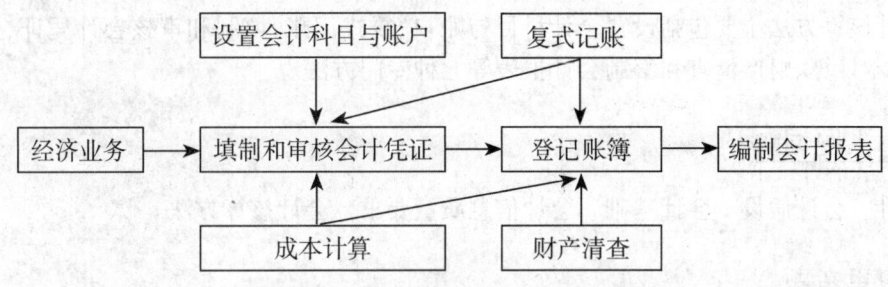

图1-4 各种会计核算方法之间的联系

【小贴士1-1】

会计核算方法口诀

会计核算方法七,设置科目属第一。
复式记账最神秘,填审凭证不容易。
登记账簿要仔细,成本核算讲效益。
财产清查对账实,编制报表工作齐。

本章小结

会计是以货币为主要计量单位,采用专门的方法和程序,对企业的经济活动进行完整、连续、系统的反映和监督,旨在为会计信息使用者提供会计信息、提高经济效益的一种经济管理活动。会计是随着社会生产发展和加强经济管理、提高经济效益的要求而产生,并随着社会经济,特别是市场经济的发展和科学技术的进步而不断完善、发展的,其发展大致经过了古代会计、近代会计、现代会计三个阶段,形成了财务会计和管理会计两大分支。

会计的职能是指会计在经济管理工作中所具有的功能,包括进行会计核算和实施会计监督两个方面,两者是相辅相成、辩证统一的关系。会计核算是会计监督的基础,而会计监督又是会计核算质量的保障。

会计的对象是指会计核算和监督的内容,具体是指社会再生产过程中能以货币表现的经济活动,即资金运动。工业企业在资金筹集、资金运用、资金分配活动中,由于资金的取得、运用和分配等经济活动而引起的各项财产物资的增减变动,各项生产费用的支出和产品成本的形成,以及销售收入的取得和利润的形成和分配,共同构成了工业企业会计的具体对象。

会计的目标是向财务会计报告使用者提供与企业财务状况、经营成果和现金流量等有关的会计信息,反映企业管理层受托责任履行情况,有助于财务会计报告使用者作出决策。

会计基本假设是企业会计确认、计量和报告的前提,是对会计核算所处的时间、空间环境等所作的合理假定。会计基本假设包括会计主体、持续经营、会计分期和货币计量。企业会计的确认、计量和报告应当以权责发生制为基础。

会计信息质量要求是对企业财务会计报告中所提供会计信息质量的基本要求,是使财务会计报告中所提供会计信息对投资者等使用者决策有用应具备的基本特征,主要包括可靠性、相关性、可理解性、可比性、实质重于形式、重要性、谨慎性和及时性等。

基础会计

会计核算方法主要包括设置会计科目与账户、复式记账、填制和审核会计凭证、登记账簿、成本计算、财产清查和编制会计报表等七种专门方法。

本章主题词

会计　会计假设　会计基础　会计信息质量要求　会计核算方法

复习思考题

1. 什么是会计？它是如何产生和发展的？
2. 会计的基本职能和主要特点各是什么？
3. 什么是会计的对象？如何理解工业企业会计对象的具体内容？
4. 会计的目标是什么？
5. 什么是会计基本假设？会计有哪些基本假设？如何理解这些会计假设的具体含义？
6. 收付实现制和权责发生制对收入和费用的确认原则有何异同？
7. 会计信息应当具备哪些质量要求？这些质量要求的具体含义是什么？
8. 会计核算有哪些专门方法？它们之间的关系如何？

案例讨论

某会计师事务所是由张新、李安合伙创建的,该事务所的记账本位币为人民币。2014年6月份该事务所发生了以下经济业务,并由会计做了相应的处理:

1. 6月10日,张新从事务所出纳处拿了380元现金为自己的孩子购买玩具,会计将380元记为事务所的办公费支出。理由是:张新是事务所的合伙人,事务所的钱也有张新的一部分。

2. 6月15日,会计将6月1日至15日的收入、费用汇总后计算出半个月的利润,并编制了会计报表。

3. 6月20日,事务所收到某外资企业支付的业务咨询费2 000元,会计没有将其折算为人民币反映,而直接记入了美元账户中。

4. 6月30日,计提固定资产折旧,采用年数总和法,而本月前计提折旧均采用直线法。

5. 6月30日,事务所购买了一台电脑,价值12 000元,为了少计利润,少纳税,将12 000元一次性全部计入了当期管理费用。

6. 6月30日,收到达成公司预付的审计费用3 000元,会计将其作为6月份的收入处理。

7. 6月30日,预付下季度报刊费300元,会计将其作为6月份的管理费用处理。

资料来源:360问答,http://wenda.so.com/q/1378271632062881。

问题:根据上述资料,分析该事务所的会计在处理这些经济业务时是否完全正确。若有错误,主要违背了哪项会计假设或会计原则？

第二章 会计要素与会计等式

学习目标

知识目标：通过本章学习，要理解会计要素的含义，掌握各会计要素的概念、特征和分类，掌握会计要素的计量属性和应用原则，掌握会计等式的表现形式，领会经济业务对会计等式的影响。

能力目标：通过学习，能迅速根据发生的任何经济业务，对其涉及的会计要素及数量增减变化情况作出判断，为以后学习借贷记账法打下坚实基础。

引导案例

大学生活的花费与来源

请考虑以下问题：我们大学生日常生活的开支和财产从哪里来的？我们得到的"钱"又花在哪些方面？我们得到的"钱"与我们日常生活的开支和财产有什么关系？学完本章内容，你就可以正确回答这些问题了。

第一节 会计要素

一、会计要素的含义与分类

（一）会计要素的含义

会计要素是指根据交易或者事项的经济特征所确定的财务会计对象的基本分类。会计要素是会计核算对象的具体化，是对资金运动的第二层次的划分。

（二）会计要素的分类

企业会计要素按照其性质分为资产、负债、所有者权益、收入、费用和利润。这六大类要素又分为两大类：一是反映企业某一特定日期财务状况的要素，它们表现资金运动的相对静止状态，在资产负债表中列示，包括资产、负债和所有者权益；二是反映企业在一定时期内经营成果的会计要素，它们表现资金运动的显著变动状态，在利润表中列示，包括收入、费用和利润。会计要素的界定和分类可以使财务会计系统更加科学严密，为投资者等财务会计报告使用者提供更加有用的信息。

二、会计要素的确认

（一）资产

1. 资产的定义及特征

资产是指企业过去的交易或者事项形成的、由企业拥有或者控制的、预期会给企业带

来经济利益的资源。资产具有以下基本特征:

(1)资产应为企业拥有或者控制的资源

资产作为一项资源,应当由企业拥有或者控制,具体是指企业享有某项资源的所有权,或者虽然不享有某项资源的所有权,但该资源能被企业所控制。

【小思考2-1】万方公司有两台设备,甲是以融资租赁的形式租入,乙是以经营租赁的形式租入,这两台设备是公司的资产吗?

(2)资产预期会给企业带来经济利益

资产预期会给企业带来经济利益,是指资产直接或者间接导致现金或现金等价物流入企业的潜力。这种潜力可以来自企业日常的生产经营活动,也可以是非日常活动;带来的经济利益可以是现金或者现金等价物形式,也可以是能转化为现金或者现金等价物的形式,或者是可以减少现金或者现金等价物流出的形式。

【小思考2-2】旺达机械厂有两台机器设备,A机器老化而且在被B设备替代后一直未使用,同时也没有活跃市场(无法出售)。A、B都是该厂的资产吗?

(3)资产是由企业过去的交易或者事项形成的

资产应当是由企业过去的交易或者事项所形成的,过去的交易或者事项包括购买、生产、建造行为或者其他交易或事项。换句话说,只有过去的交易或者事项才能产生资产,企业预期在未来发生的交易或者事项不形成资产。例如,企业有购买某存货的意愿或者计划,但是购买行为尚未发生,就不符合资产的定义,不能因此而确认存货为资产。

2.资产的确认条件

将一项资源确认为资产,需要符合资产的定义,还应同时满足以下两个条件:

(1)与该资源有关的经济利益很可能流入企业;

(2)该资源的成本或者价值能够可靠地计量。

3.资产的分类

企业的资产按其流动性可以分为流动资产和非流动资产。

(1)流动资产

流动资产是指预计在一个正常营业周期内变现、出售或耗用,或者主要为交易目的而持有,或者预计在资产负债表日起一年内(含一年)变现的资产,以及自资产负债表日起一年内交换其他资产或清偿负债的能力不受限制的现金或现金等价物。主要包括货币资金、交易性金融资产、应收及预付款项、存货等。

【重要提示2-1】一个正常营业周期是指企业从购买用于加工的资产起至实现现金或现金等价物的期间。正常营业周期通常短于一年,在一年内有几个营业周期。但是,也存在正常营业周期长于一年的情况,在这种情况下,与生产循环相关的产成品、应收账款、原材料尽管是超过一年才变现、出售或耗用,仍应作为流动资产。当正常营业周期不能确定时,应当以一年(12个月)作为正常营业周期。

货币资金是企业在生产经营过程中表现为货币形态的资金,包括库存现金、银行存款和其他货币资金。

交易性金融资产是指对近期内准备出售的金融资产的投资,如企业以赚取差价为目的从二级市场购入的股票、债券、基金等,就属于交易性金融资产。

应收及预付款项是指企业在日常生产经营活动中产生的各项债权,包括应收票据、应收账款、预付账款、应收股利、应收利息、其他应收款等。

存货是指企业在日常生产经营活动中持有以备出售的产成品或商品、处在生产过程中的在产品、在生产过程或提供劳务过程中耗用的材料和物资等。企业的存货一般包括各类原材料、在产品、半成品、产成品、商品及周转材料等。

(2)非流动资产

非流动资产是指除流动资产以外的资产,主要包括持有至到期投资、长期股权投资、投资性房地产、固定资产、无形资产等。

持有至到期投资是指到期日固定、回收金额固定或可确定,且企业有明确意图和能力持有至到期的非衍生金融资产。

长期股权投资是指投资方对被投资单位实施控制、重大影响的权益性投资,以及对其合营企业的权益性投资。

投资性房地产是指为赚取租金或资本增值,或两者兼有而持有的房地产。

固定资产是指为生产商品、提供劳务、出租或经营管理而持有的,使用寿命超过一个会计年度的有形资产,如房屋及建筑物、机器设备、机械、运输工具等。

无形资产是指企业拥有或者控制的没有实物形态的可辨认非货币性资产,包括专利权、非专利技术、商标权、著作权、特许权、土地使用权等。

(二)负债

1. 负债的定义及特征

负债是指企业过去的交易或者事项形成的,预期会导致经济利益流出企业的现时义务。负债具有以下基本特征:

(1)负债是企业承担的现时义务

负债必须是企业承担的现时义务,这是负债的一个基本特征。其中,现时义务是指企业在现行条件下已承担的义务。未来发生的交易或者事项形成的义务,不属于现时义务,不应当确认为负债。

(2)负债预期会导致经济利益流出企业

预期会导致经济利益流出企业也是负债的一个本质特征,只有预期会导致经济利益流出企业的现时义务,才符合负债的定义,如果不会导致企业经济利益流出,就不符合负债的定义。在履行现时义务清偿负债时,导致经济利益流出企业的形式多种多样,例如,用现金偿还或以实物资产形式偿还,以提供劳务形式偿还,以部分转移资产、部分提供劳务形式偿还,将负债转为资本等。

(3)负债是由企业过去的交易或者事项形成的

负债应当是由企业过去的交易或者事项所形成的。换句话说,只有过去的交易或者事项才形成负债,企业将在未来发生的承诺、签订的合同等交易或者事项,不形成负债。

2. 负债的确认条件

将一项现时义务确认为负债,需要符合负债的定义,还应当同时满足以下两个条件:

(1)与该义务有关的经济利益很可能流出企业;

(2)未来流出的经济利益的金额能够可靠地计量。

3. 负债的分类

负债按其流动性不同,分为流动负债和非流动负债。

流动负债是指预计在一个正常营业周期内清偿,或者主要为交易目的而持有,或者自资产负债表日起一年内(含一年)到期应予以清偿,或者企业无权自主地将清偿推迟至资产负债表日后一年以上的负债,包括短期借款、应付票据、应付账款、预收账款、应付职工薪酬、应交税费、应付股利、其他应付款等。

非流动负债是指流动负债以外的负债,包括长期借款、应付债券、长期应付款等。

(三)所有者权益

1. 所有者权益的定义及特征

所有者权益是指企业资产扣除负债后,由所有者享有的剩余权益。公司的所有者权益又称为股东权益。所有者权益是所有者对企业资产的剩余索取权,它是企业资产中扣除债权人权益后应由所有者享有的部分,既可反映所有者投入资本的保值增值情况,又体现了保护债权人权益的理念。所有者权益具有以下基本特征:

(1)企业通常不需要偿还所有者权益。所有者投入企业的资本是企业赖以生存、维持经营的基础,通常作为永久性投资,在企业经营期内无需返还,除非减资或终止经营。

(2)所有者权益是所有者对企业资产的剩余权益。企业在清算时,要优先清偿负债,而所有者权益只有在清偿所有负债之后才返还给所有者。

(3)所有者凭借所有者权益能够参与企业利润的分配。

2. 所有者权益的确认条件

所有者权益的确认、计量主要取决于资产、负债、收入、费用等其他会计要素的确认和计量。所有者权益在数量上等于企业资产总额扣除债权人权益后的净额,即为企业的净资产,反映所有者(股东)在企业资产中享有的经济利益。

3. 所有者权益的分类

所有者权益的来源包括所有者投入的资本、直接计入所有者权益的利得和损失、留存收益等。

所有者投入的资本是指所有者投入企业的资本部分,它既包括构成企业注册资本或者股本部分的金额,也包括投入资本超过注册资本或者股本部分的金额,即资本溢价或者股本溢价,这部分投入资本被计入了资本公积,并在资产负债表中的资本公积项目下反映。

直接计入所有者权益的利得和损失,是指不应计入当期损益、会导致所有者权益发生增减变动的、与所有者投入资本或者向所有者分配利润无关的利得或者损失。其中,利得是指由企业非日常活动所形成的、会导致所有者权益增加的、与所有者投入资本无关的经济利益的流入。损失是指由企业非日常活动所发生的、会导致所有者权益减少的、与向所有者分配利润无关的经济利益的流出。直接计入所有者权益的利得和损失主要包括可供出售金融资产的公允价值变动额、现金流量套期中套期工具公允价值变动额(有效套期部分)等。

【知识拓展2-1】直接计入所有者权益的利得和损失一般情况有下列几种:(1)利用衍生工具进行套期时;(2)可供出售金融资产的公允价值变动;(3)以权益结算的股份支

付而形成的费用;(4)与计入所有者权益项目相关的所得税;(5)权益法下投资方应享有或应分担的被投资单位其他综合收益的变动的份额;(6)自用固定资产等转换为采用公允价值模式计量的投资性房地产,转换当日资产公允价值大于其账面价值的部分。

留存收益是企业历年实现的净利润留存于企业的部分,主要包括累计计提的盈余公积和未分配利润。

企业所有者权益通常由实收资本(或股本)、资本公积(含资本溢价或股本溢价、其他资本公积)、盈余公积和未分配利润构成,商业银行等金融企业在税后利润中提取的一般风险准备,也构成所有者权益。

【小思考2-3】王红和刘立商议并签订协议,共同出资开办盛达贸易公司,经营服装批发。根据协议,到2014年11月30日,王红投入50万元的现金,100万元的经营用房(双方作价,含场地);刘立出资150万元现金;两人按出资比例享有对公司的所有权。另外,根据经营需要,公司从银行借入100万元借款。此时,该公司的资产、负债和所有者权益各为多少?

(四)收入

1. 收入的定义及特征

收入是指企业在日常活动中形成的、会导致所有者权益增加的、与所有者投入资本无关的经济利益的总流入。收入具有以下基本特征:

(1)收入是企业在日常活动中形成的。日常活动是指企业为完成其经营目标所从事的经常性活动以及与之相关的活动。例如,工业企业制造并销售产品、商业企业销售商品、保险公司签发保单、咨询公司提供咨询服务、软件企业为客户开发软件、安装公司提供安装服务、商业银行对外贷款、租赁公司出租资产等,均属于企业的日常活动。明确界定日常活动是为了将收入与利得相区分,因为企业非日常活动所形成的经济利益的流入不能确认为收入,而应当计入利得。

(2)收入会导致所有者权益增加。与收入相关的经济利益的流入会导致所有者权益增加,不会导致所有者权益增加的经济利益的流入不符合收入的定义,不应确认为收入。例如,企业向银行借入款项,尽管也导致了企业经济利益的流入,但该流入并不导致所有者权益增加,反而使企业承担了一项现时义务。企业对于因借入款项所导致的经济利益的流入,不应将其确认为收入,应当确认为一项负债。

(3)收入是与所有者投入资本无关的经济利益的总流入。收入会导致经济利益的流入,从而导致资产增加或者负债减少。例如,企业销售商品,应当收到现金或者在未来有权收到现金,才表明该交易符合收入的定义。但是,经济利益的流入有时是所有者投入资本的增加所导致的,所有者投入资本的增加不应当确认为收入,应当将其直接确认为所有者权益。

2. 收入的确认条件

收入的确认除了应当符合定义外,至少应当符合以下条件:(1)与收入相关的经济利益应当很可能流入企业;(2)经济利益流入企业的结果会导致资产增加或者负债减少;(3)经济利益的流入额能够可靠地计量。

3. 收入的分类

(1)按照企业从事日常活动的性质,可将收入分为销售商品收入、提供劳务收入、让渡资产使用权收入等。

(2)按照企业日常活动对企业的重要性,可将收入分为主营业务收入和其他业务收入。

(五)费用

1. 费用的定义及特征

费用是指企业在日常活动中发生的、会导致所有者权益减少的、与向所有者分配利润无关的经济利益的总流出。根据费用的定义,费用具有以下特征:

(1)费用是企业在日常活动中形成的。费用必须是企业在其日常活动中所形成的,这里"日常活动"的界定与收入定义中涉及的日常活动的界定相一致。因日常活动所产生的费用通常包括销售成本(营业成本)、管理费用等。将费用界定为日常活动所形成的,目的是将其与损失相区分,企业非日常活动所形成的经济利益的流出不能确认为费用,而应当计入损失。

(2)费用会导致所有者权益减少。与费用相关的经济利益的流出会导致所有者权益减少,不会导致所有者权益减少的经济利益的流出不符合费用的定义,不应确认为费用。

(3)费用是与向所有者分配利润无关的经济利益的总流出。费用的发生会导致经济利益的流出,从而导致资产的减少或者负债的增加(最终也会导致资产的减少)。其表现形式包括现金或者现金等价物的流出,存货、固定资产和无形资产等的流出或者消耗等。鉴于企业向所有者分配利润也会导致经济利益的流出,而该经济利益的流出显然属于所有者权益的抵减项目,而不应确认为费用。

2. 费用的确认条件

费用的确认除了应当符合定义外,至少应当符合以下条件:

(1)与费用相关的经济利益很可能流出企业;

(2)经济利益流出企业的结果会导致资产减少或者负债增加;

(3)经济利益的流出额能够可靠计量。

3. 费用的分类

费用一般包括营业成本、营业税金及附加和期间费用。

营业成本包括主营业务成本和其他业务成本。

期间费用包括销售费用、管理费用和财务费用。

【小思考2-4】想一想:收入和利得、费用和损失的主要区别是什么?

(六)利润

1. 利润的定义及特征

利润是指企业在一定会计期间的经营成果。通常情况下,如果企业实现了利润,表明企业的所有者权益将增加,业绩得到了提升;反之,如果企业发生了亏损(即利润为负数),表明企业的所有者权益将减少,业绩下滑。利润往往是评价企业管理层业绩的一项重要指标,也是投资者等财务会计报告使用者进行决策时的重要参考。

2. 利润的确认条件

利润反映的是收入减去费用、直接计入当期利润的利得减去损失后的净额。利润的确认主要依赖于收入和费用以及直接计入当期利润的利得和损失的确认,其金额的确定也主要取决于收入、费用、利得、损失金额的计量。

3. 利润的分类

利润可以划分为三个层次,即营业利润、利润总额和净利润。

营业利润是指企业日常经营活动所产生的利润,是营业收入扣除营业成本、营业税金及附加、期间费用和资产减值损失,加上公允价值变动净收益和投资净收益后的金额。

利润总额是营业利润加上营业外收入,减去营业外支出后的金额。

净利润是指利润总额减去所得税费用后的金额。

三、会计要素的计量

会计要素的计量是为了将符合确认条件的会计要素登记入账并列报于会计报表而确定其金额的过程。

(一)会计要素的计量属性

计量属性是指所予计量的某一要素的特性,如桌子的长度、铁矿的重量、楼房的面积等。从会计角度,计量属性反映的是会计要素金额的确定基础,主要包括历史成本、重置成本、可变现净值、现值和公允价值等。企业应当按照规定的会计计量属性进行计量,确定相关金额。

1. 历史成本

历史成本,又称为实际成本,就是取得或制造某项财产物资时实际发生的成本。在历史成本计量下,资产按照其购置时支付的现金或者现金等价物的金额,或者按照购置资产时所付出的对价的公允价值计量。负债按照其因承担现时义务而实际收到的款项或者资产的金额,或者承担现时义务的合同金额,或者按照日常活动中为偿还负债预期需要支付的现金或者现金等价物的金额计量。

2. 重置成本

重置成本又称现行成本,是指按照当前市场条件,重新取得一项相同或相似资产所需支付的现金或现金等价物金额。在重置成本计量下,资产按照现在购买相同或者相似资产所需支付的现金或者现金等价物的金额计量。负债按照现在偿付该项债务所需支付的现金或者现金等价物的金额计量。在实务中,重置成本多应用于盘盈固定资产的计量等。

【同步案例2-1】前进公司用40万元购入一辆新汽车,依据购买发票入账,那么其入账价值为40万元,这就是历史成本。如果前进公司将这辆新车赠送给宏达公司,此时汽车市场一辆全新的同样配置的汽车售价为38万元,那么对宏达公司而言,这辆汽车的重置成本为38万元;如果前进公司赠送给宏达公司时汽车只有八成新,它的重置成本就是30.4万元(38×0.8)。

3. 可变现净值

可变现净值,是指在正常生产经营过程中,以预计售价减去加工至完工时将要发生成本和预计销售费用以及相关税费后的净值。在可变现净值计量下,资产按照其正常对外销售所能收到现金或者现金等价物的金额扣减该资产至完工时估计将要发生的成本、估计的销售费用以及相关税费后的金额计量。可变现净值通常应用于存货资产减值情况下的后续计量。

【同步案例2-2】某公司有一辆半成品汽车,其成本为10万元。假设该半成品汽车加工成可供出售的成品汽车还需要8万元,出售过程中发生的各项费用为3万元,成品汽车售价为20万元,那么它的可变现净值为9万元(20-8-3)。

4. 现值

现值是指对未来现金流量以适当的折现率进行折现后的价值,是考虑货币时间价值的一种计量属性。在现值计量下,资产按照预计从其持续使用和最终处置中所产生的未来净现金流入量的折现金额计量,负债按照预计期限内需要偿还的未来净现金流出量的折现金额计量。现值通常用于非流动资产可收回金额和以摊余成本计量的金融资产价值的确定等。例如,在确定固定资产、无形资产等可收回金额时,通常需要计算资产预计未来现金流量的现值;对于持有至到期投资、贷款等以摊余成本计量的金融资产,通常需要使用实际利率法将这些资产在预期存续期间或适用的更短期间内的未来现金流量折现,再通过相应的调整确定其摊余成本。

【知识拓展2-2】

常见的现值在会计中的应用

1. 固定资产采用现值计量的情形:(1)购买固定资产的价款超过正常信用条件延期支付,实质上具有融资性质的,固定资产的成本以购买价款的现值为基础确定;(2)弃置费用在计入固定资产成本时采取现值口径;(3)融资租入固定资产入账成本确定基础之一;(4)接受捐赠的固定资产,捐赠方没有提供有关凭据的,同类或类似固定资产不存在活跃市场的,其入账价值的确定采用现值口径;(5)盘盈的固定资产,同类或类似固定资产不存在活跃市场的,其入账价值的确定采用现值口径;(6)固定资产等非流动资产(或资产组)减值测试时,可收回金额以资产的公允价值减去处置费用后的净额与资产预计未来现金流量的现值两者之间的较高者确定。

2. 购买无形资产的价款超过正常信用条件延期支付,实质上具有融资性质的,无形资产的成本以购买价款的现值为基础确定。

3. 辞退福利补偿款超过一年支付的,以现值确认辞退福利金额。

4. 预计负债计量时,应当综合考虑有关风险、货币时间价值等因素,影响较大的,以相关现金流出的折现值作为其最佳估计数。

5. 以摊余成本计量的金融资产发生减值时,应当将该金融资产的账面价值减记至预计未来现金流量(不包括尚未发生的未来信用损失)现值,减记的金额确认为资产减值损失,计入当期损益。

6. 销售(劳务)合同或协议价款的收取采用递延方式、实质上具有融资性质的,按照应收合同或协议价款的公允价值(未来应收款的现值)确定销售收入。

5. 公允价值

公允价值,是指市场参与者在计量日发生的有序交易中,出售资产所能收到或者转移负债所需支付的价格。

企业以公允价值计量相关资产或负债,应当假定市场参与者在计量日出售资产或者转移负债的交易,是在当前市场条件下有序交易的主要市场进行,不存在主要市场的,企业应当假定该交易在相关资产或负债的最有利市场进行。公允价值主要应用于交易性金融资产、可供出售金融资产的计量等。

(二)会计要素的计量属性应用原则

企业在对会计要素进行计量时,一般应当采用历史成本,采用重置成本、可变现净值、现值、公允价值计量的,应当保证所确定的会计要素金额能够取得并可靠计量。

由于采用重置成本、可变现净值、现值、公允价值等其他计量属性,往往需要依赖估计,为了使所估计的金额在提高会计信息的相关性的同时,又不影响其可靠性,企业会计准则要求企业应当保证根据重置成本、可变现净值、现值、公允价值所确定的会计要素金额能够取得并可靠计量。如果这些金额无法取得或者可靠计量,则不允许采用其他计量属性。

第二节 会计等式

会计等式是表明各会计要素之间基本关系的等式,又称会计恒等式、会计方程式或会计平衡公式。会计等式是设置会计科目、复式记账和编制会计报表等会计核算方法的理论基础,在会计核算中有着非常重要的地位。

一、会计等式的表现形式

(一)财务状况等式

企业从事生产经营活动,必须拥有一定数量的能满足其业务活动需要的经济资源,各种能以货币计量的经济资源即为资产。企业一定数量的资产总有其特定的来源,作为资产的提供者,对这些经济资源享有一种索取权,会计上称这种索取权为权益。资产和权益是同一事物的两个方面,资产表明的是资源的存在和分布状态,即资金占用;而权益则表明了资源取得和形成的渠道,即资金来源。从价值角度上看,资金的占用必然等于资金的来源。用公式表示为:

资产 = 权益

权益一般由两部分组成:一部分是投资者投入的,形成所有者权益;另一部分是由债权人提供的,形成债权人权益,也就是负债。这样,上述公式可表示为:

资产 = 债权人权益 + 所有者权益
 　　 = 负债 + 所有者权益

上述反映企业在某一特定日期资产、负债和所有者权益三大会计要素之间数量关系的会计等式称为财务状况等式,也称为基本会计等式、静态会计等式。这一等式反映了企业资产的产权关系,是复式记账法的理论基础,也是编制资产负债表的依据。

(二)经营成果等式

企业经营的主要目的是获取利润。企业获取利润就必须取得收入,而在取得收入的过程中,又必然要发生一定的费用。收入、费用和利润三要素之间的关系可用下列等式

表示:

收入－费用＝利润

上述反映企业在一定时期收入、费用和利润之间恒等关系的会计等式称为经营成果等式,亦称动态会计等式。这一等式反映了利润的实现过程,是编制利润表的依据。

二、经济业务对会计等式的影响

经济业务,又称会计事项,是指在经济活动中使会计要素发生增减变动的交易或者事项。

(一)只影响资产、负债和所有者权益的经济业务

对于只影响资产、负债和所有者权益的经济业务来说,不论发生什么样的经济业务,都不会破坏资产与负债及所有者权益之间的平衡关系。

【例2-1】泰东公司2013年12月31日简易资产负债表如表2-1所示。

表2-1 资产负债表

2013年12月31日　　　　　　　　　　　　　　单位:元

资　产	金额	负债及所有者权益	金额
库存现金	5 000	短期借款	20 000
银行存款	30 000	应付账款	21 000
应收账款	10 000	实收资本	150 000
原材料	20 000	盈余公积	14 000
库存商品	4 000	未分配利润	4 000
固定资产	140 000		
资产总计	209 000	负债及所有者权益总计	209 000

尽管企业的经济业务类型多种多样,但对会计等式的影响不外乎以下四种类型:

(1)经济业务的发生,引起等式两边会计要素同时增加,双方增加金额相等。如泰东公司从银行取得短期借款10 000元存入银行,该项经济业务的发生,使企业资产方的银行存款增加10 000元,同时负债方的短期借款增加10 000元,等式两边增加金额相等,等式保持平衡。

(2)经济业务的发生,引起等式两边会计要素同时减少,双方减少金额相等。如泰东公司以银行存款偿还前欠某公司购货款8 000元,该项经济业务的发生,使企业资产方的银行存款减少8 000元,同时负债方的应付账款也减少8 000元,等式两边减少金额相等,等式保持平衡。

(3)经济业务的发生,引起等式左边会计要素项目之间此增彼减,增减金额相等。如泰东公司支付银行存款3 000元购买原材料,该项经济业务的发生,使企业资产方的原材料增加3 000元,同时资产方的银行存款减少3 000元,等式左边一项资产转化成另一项资产,增减数额相等,等式保持平衡。

(4)经济业务的发生,引起等式右边会计要素项目之间此增彼减,增减金额相等。如泰东公司将所欠外单位货款7 000元转作对本企业的投入资本,该项经济业务的发生,使

企业负债方的应付账款减少7 000元,同时所有者权益方的实收资本增加7 000元,等式右边一项要素增加,另一项要素减少,增减金额相等,等式保持平衡。

以上经济业务发生对"资产=负债+所有者权益"平衡公式的影响如下:

资产期初总额　　209 000　　=(负债+所有者权益)期初总额　209 000
银行存款(1)　　+10 000　　短期借款(1)　　+10 000
银行存款(2)　　-8 000　　应付账款(2)　　-8 000
银行存款(3)　　-3 000　　应付账款(4)　　-7 000
原材料(3)　　+3 000　　实收资本(4)　　+7 000
资产期末总额　　211 000　　=(负债+所有者权益)期末总额　211 000

上面列举的四种经济业务类型,如图2-1所示。

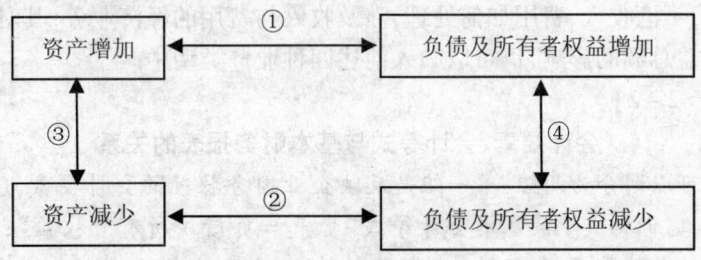

图2-1　四种业务类型对资产与负债及所有者权益增减变动的影响

(二)涉及收入、费用的经济业务

企业在一定时期内取得的收入大于所发生的费用,其差额即为利润;若收入小于费用,其差额即为亏损。由于利润在分配之后留归企业的金额构成所有者权益的一部分(即盈余公积和未分配利润),因此,利润是导致本期所有者权益变动的原因之一。也就是说,利润将导致所有者权益增加,亏损将导致所有者权益减少。按照收入、费用与利润之间的关系,收入的增加能够增加利润,因而,收入最终导致所有者权益增加;费用的增加会减少利润,因而,费用最终导致所有者权益减少。

这样,我们可将上述的两个等式合并为下列扩展的会计等式:

资产 = 负债 + 所有者权益 + 利润
　　 = 负债 + 所有者权益 + 收入 - 费用
资产 + 费用 = 负债 + 所有者权益 + 收入

【例2-2】泰东公司2013年12月31日资产负债表如表2-1所示,假设2014年1月泰东公司发生以下业务:

(1)提供咨询服务,取得现金收入7 000元;
(2)用银行存款1 000元付广告费;
(3)出售产品收到货款1 500元,直接抵还应付的材料价款;
(4)计提本月应付销售部职工工资30 000元。

2013年12月31日:
资产期初总额209 000 =(负债+所有者权益)期初总额209 000

本月发生业务时:

库存现金(1)	+7 000	其他业务收入(1)	+7 000
银行存款(2)	-1 000	应付账款(3)	-1 500
销售费用(2)	+1 000	主营业务收入(3)	+1 500
销售费用(4)	+30 000	应付职工薪酬(4)	+30 000

资产 209 000 + 6 000 + 费用 31 000 =（负债 + 所有者权益）209 000 + 28 500 + 收入 8 500

资产 215 000 + 费用 31 000 =（负债 + 所有者权益）237 500 + 收入 8 500

资产 215 000 =（负债 + 所有者权益）237 500 +（收入 8 500 - 费用 31 000）

资产 215 000 =（负债 + 所有者权益）237 500 - 利润 22 500

由此可见，不论收入、费用如何处理，涉及收入与费用的经济业务，其对资产总额与负债及所有者权益总额的影响，仍可以归入前述四种业务类型中。

【重要提示 2-2】

会计要素、会计等式与基本财务报表的关系

六大要素可以划分为两组：第一组是反映企业财务状况的会计要素，包括资产、负债与所有者权益，它们构成了最基本会计等式"资产 = 负债 + 所有者权益"；第二组是反映企业经营成果的会计要素，包括收入、费用和利润，它们构成了另一会计等式"收入 - 费用 = 利润"。

资产负债表是反映在某一特定日期财务状况的会计报表，是根据"资产 = 负债 + 所有者权益"这一会计等式编制的；利润表是反映企业在一定会计期间经营成果的会计报表，是根据"收入 - 费用 = 利润"这一会计等式编制的。

本章小结

会计要素是对会计对象按照其经济特征所作的具体分类。企业会计要素分为两大类：一是反映企业某一特定日期财务状况的会计要素，它们表现资金运动的相对静止状态，包括资产、负债和所有者权益；二是反映企业在一定时期内经营成果的会计要素，它们表现资金运动的显著变动状态，包括收入、费用和利润。

会计确认是指将符合会计要素定义并满足确认条件的经济业务纳入企业会计报表的过程。会计计量是指为了将符合确认条件的会计要素登记入账并列报于会计报表而确定其金额的过程。会计确认主要解决会计系统中各个要素的定性问题，而会计计量则是对已经定性的各个项目进行量化处理。会计计量属性主要包括历史成本、重置成本、可变现净值、现值和公允价值等。企业对会计要素进行计量时，一般应当采用历史成本。按规定采用其他计量属性时，应当确保相关金额能够取得并可靠计量。

会计等式是反映各会计要素之间平衡关系的计算公式，它是设置会计科目、复式记账和编制会计报表等会计核算方法的理论基础，在会计核算中有着非常重要的地位。

第二章 会计要素与会计等式

本章主题词

会计要素 会计等式

复习思考题

1. 企业会计要素分为哪六大类？每类会计要素是如何定义的，它们都具有哪些特征？每类会计要素的构成内容有哪些？
2. 基本会计等式是如何表达的？为什么会计等式通常也称为会计恒等式？试举例说明。
3. 什么是经济业务？按照对会计等式的影响，经济业务有哪些类型？
4. 会计要素、会计等式和基本会计报表之间有什么关系？

案例讨论

一

2014年10月1日，张女士开了一家超市，投资了价值50万元的门面和100万元现金。开业当天有关账目资料如下：(1) 购买柜台、设备等共40万元，其中支付现金30万元，余款10万元暂欠；(2) 购买各类商品价值100万元，其中60万元支付现金，其余40万元尚欠；(3) 银行存款10万元。

这家超市营业一个月之后，有关资料如下：(1) 销售进价为30万元的商品，收到50万元现款；(2) 提取银行存款偿还供货商欠款10万元；(3) 支付人员工资8万元；(4) 设备和门面折旧费用12 000元。

问题：

1. 超市开业当天资产、负债和所有者权益各有多少？
2. 在营业一个月内，该超市共实现多少收入？发生多少费用？实现多少利润？

二

夏新电子（现已被收购），是最早在我国证券市场和学术界引发关于广告支出是予以资本化作为公司的资产，还是直接在发生时作为一项费用从利润表中扣除的争论的公司。1998年中期报告显示，夏新电子上半年实现净利润7 870万元，比1997年同期增长了258%。再观察资产负债表中的"长期待摊费用"项目，增加了6 000万元。该公司对广告费用的会计政策说明为"集中发生的大额广告费按3年摊销"。夏新电子1998年的中期报告在证券市场引起广泛质疑，监管部门和很多投资者认为这是典型的盈余管理，违反会计规定。

但夏新电子的管理层和少数投资者认为这种处理方法符合"配比原则"（也就是"哪个期间受益，哪个期间承担费用"的原则），因为该公司在中央电视台上所做的广告，不仅使当年的促销活动受益，也使以后年度受益，应该予以资本化。对这一问题你是如何理解的？

案例来源：冯鹏程. 2012. 零基础学会计[M]. 北京：机械工业出版社.

第三章　会计科目和账户

▶ 学习目标

知识目标：通过本章学习，了解设置会计科目的意义和原则，掌握会计科目的概念和分类情况；熟悉企业会计科目表；掌握账户的概念、功能和结构，掌握会计科目与账户之间的区别和联系。

能力目标：能说出会计科目的分类，知道经济业务发生涉及哪些会计科目；能正确识别账户的基本结构，计算账户期末余额。

▶ 引导案例

1. 假设炼铁厂有库存铁矿石 2 000 吨，每吨价格 600 元；服装厂有库存花布 5 000 米，每米价格 15 元。铁矿石与花布之间无任何的可比性，但是对企业而言，都属于企业生产经营的主要原料，在企业资产中它们应该属于同类的。

2. 炼铁厂有银行存款 50 万元，有铁矿石价值 120 万元，有厂房一栋价值 400 万元，银行存款、铁矿石、厂房都属于企业的资产，但是对于该企业而言，它们的使用情况不一样，在企业资产中它们不属于同一类。

请思考：1. 怎样对炼铁厂和服装厂的资产信息进行比较？2. 怎样使炼铁厂资产信息更详细、更具体，以便会计信息使用者更好地了解企业的状况？

第一节　会计科目

一、会计科目的概念和意义

会计对象的内容表现为资产、负债、所有者权益、收入、费用和利润六大要素及其变动情况，而六大要素对纷繁复杂的企业经济业务的反映又过于粗略，因为每一会计要素又包括若干具体项目，比如资产，包括企业购买的厂房、机器设备、原材料、生产的产成品、专利权、著作权等。为了连续、系统、全面地核算和监督经济活动所引起的会计要素的增减变动，以满足经营管理及有关各方对会计信息的要求，有必要对会计要素的具体内容按其不同的特点和经济管理的要求进行科学的分类。

会计科目是对会计要素的具体内容进行科学分类的名称。通过会计科目的设置，可以将会计要素的内容全面反映出来，形成完整的会计科目体系。每一会计科目都反映其特定的经济业务内容。在设置会计科目时，要将会计对象中具有相同特征和内容的要素归为一类,每一会计科目都应明确地反映相同的经济业务内容。例如,凡是企业存入银行或其他金融机构的款项,都通过"银行存款"科目核算。

通过设置会计科目,可以将企业发生的纷繁复杂的各种经济业务进行科学的分类、整理和记录,使其成为有规律、易识别的会计信息,为会计信息使用者提供系统化的数据和资料;通过对会计要素的具体内容进行分类,还可以为会计信息使用者提供各种分类的核算指标,以满足不同会计信息使用者的需要;同时,会计科目的设置为编制会计凭证、设置账户和登记账簿提供了依据,使企业提供的会计信息具有可比性。

二、会计科目的分类

会计科目的分类就是按照企业经济管理的需要和会计核算的要求对会计科目进行科学的分类。对会计科目的分类,可以按照不同的标准来划分。

(一)按会计要素分类

会计要素包括资产、负债、所有者权益、收入、费用、利润六个要素,但是,由于企业所获得的利润将使所有者权益增加,因此,反映企业本年度实现的净利润的会计科目"本年利润"以及反映企业净利润分配的会计科目"利润分配",可以并入所有者权益类。企业收入减去费用等于利润,收入类和费用类科目都是用来计算损益的,可以合并称为损益类科目。而生产性企业中有一部分费用构成生产成本,不能一次全部计入当期损益。因此,企业的会计科目一般分为五类,即资产类、负债类、所有者权益类、成本类和损益类。《企业会计准则——应用指南》中还设有共同类,该类科目只在某些特殊业务中使用,工商业企业一般涉及不到。常用会计科目如表 3-1 所示。

表 3-1　　　　　　　　　　常用会计科目表

编号	会计科目名称	编号	会计科目名称
	一、资产类		二、负债类
1001	库存现金	2001	短期借款
1002	银行存款	2201	应付票据
1012	其他货币资金	2202	应付账款
1101	交易性金融资产	2203	预收账款
1121	应收票据	2211	应付职工薪酬
1122	应收账款	2221	应交税费
1123	预付账款	2231	应付利息
1131	应收股利	2232	应付股利
1132	应收利息	2241	其他应付款
1221	其他应收款	2501	长期借款
1231	坏账准备	2502	应付债券
1401	材料采购	2701	长期应付款

续表

编号	会计科目名称	编号	会计科目名称
1402	在途物资	2711	专项应付款
1403	原材料	2801	预计负债
1404	材料成本差异	2901	递延所得税负债
1405	库存商品		三、所有者权益类
1406	发出商品	4001	实收资本
1407	商品进销差价	4002	资本公积
1408	委托加工物资	4101	盈余公积
1471	存货跌价准备	4103	本年利润
1501	持有至到期投资	4104	利润分配
1502	持有至到期投资减值准备		四、成本类
1503	可供出售金融资产	5001	生产成本
1511	长期股权投资	5101	制造费用
1512	长期股权投资减值准备	5201	劳务成本
1521	投资性房地产	5301	研发支出
1531	长期应收款		五、损益类
1601	固定资产	6001	主营业务收入
1602	累计折旧	6051	其他业务收入
1603	固定资产减值准备	6101	公允价值变动损益
1604	在建工程	6111	投资收益
1605	工程物资	6301	营业外收入
1606	固定资产清理	6401	主营业务成本
1701	无形资产	6402	其他业务成本
1702	累计摊销	6403	营业税金及附加
1703	无形资产减值准备	6601	销售费用
1711	商誉	6602	管理费用
1801	长期待摊费用	6603	财务费用
1811	递延所得税资产	6701	资产减值损失
1901	待处理财产损溢	6711	营业外支出
		6801	所得税费用
		6901	以前年度损益调整

【重要提示3-1】

(1)会计科目名称中有"费用"两个字的,不一定都是损益类科目。比如"长期待摊费用"就属于资产类科目,"制造费用"就属于成本类科目。

(2)会计科目名称中有"成本"两个字的,不一定都是成本类科目。比如"主营业务成本"、"其他业务成本"就属于损益类科目。

(3)计算利润是按照损益类科目计算的,其他各类科目都与利润的计算没有直接关系。

(4)资产、负债类科目的划分是相对的,如"应收账款"、"应付账款"等。

(二)按提供信息详细程度及其统驭关系分类

会计科目按提供信息的详细程度及其统驭关系,可以分为总分类科目和明细分类科目。

总分类科目,也称作总账科目或一级科目,是对会计要素的具体内容进行总括分类,提供总括信息的会计科目。表3-1中所有会计科目均为总分类科目。在我国,为了保证会计信息的可比性,总分类科目由财政部统一发布,每一个企业根据本企业的实际情况和规模自行增设或删减某些科目。

明细分类科目,也称作细目,是对总分类科目作进一步分类,提供更详细、更具体会计信息的科目。企业可以在总分类科目下,根据本单位的实际情况和管理工作的需要自行设置明细分类科目。例如,"原材料"科目核算企业库存的各种材料,是总分类科目。为了提供详细的原材料构成情况,可以按材料的保管地点、材料类别、品种、规格等设置明细分类科目。

当某一总分类科目下属的明细分类科目较多时,也可以在总分类科目和明细分类科目之间增设二级科目(也称子目),并设置相应的二级账户,提供一级科目下的分类指标,加强对有关经济业务的核算与监督,以满足管理的需要。例如,原材料在按类别设置明细分类科目后,如果按类别提供的信息内容仍较多,可以对类别作进一步的划分,如表3-2所示。

表3-2　　　　　　　　　　会计科目分级表

总分类科目 (总账科目、一级科目)	明细分类科目	
	二级科目(子目)	三级科目(细目)
原材料	主要材料	钢材
		铝材
		铜材
	辅助材料	

会计科目按照提供信息的详细程度分类,可以向会计信息使用者提供全方位的核算

指标,以满足不同使用者的需要。总分类科目总括地反映会计对象的内容,对明细分类科目起着统驭和控制的作用;明细分类科目详细反映会计对象的具体内容,对总分类科目起着补充和说明的作用。

三、会计科目设置的原则

为了更好地设置和运用会计科目,提供高质量的会计信息,在设置会计科目时,应遵循以下原则:

(一)必须结合会计对象的特点,全面反映会计对象的内容

由于各个企业的组织形式、所处行业、经济内容的不同,在设置会计科目时,就要根据不同行业的特点,结合本企业的实际情况设置会计科目。经济业务的性质特征不同就要设置不同的会计科目。例如,制造企业根据其生产经营特点,设置"生产成本"、"制造费用"、"库存商品"等科目;而银行就需设置"存放中央银行款项"、"吸收存款"、"向中央银行借款"等科目。在设置会计科目时,还要结合企业的规模,大型企业经济业务量大,为了便于组织会计工作,会计科目的设置应全面、具体和详细,而小型企业,经济业务量少,会计科目的设置应力求简单、直观和明了。

在设置会计科目时,还要做到全面,设置的会计科目必须能够反映企业的全部经济内容,涵盖企业所有的经济业务,而且不同的会计科目在核算内容上应相互排斥,不能有交叉内容。

(二)必须符合经济管理的需要

经济管理要求不同,会计科目的设置也有差别,设置会计科目应充分考虑各有关方面对会计信息的需求,不仅要符合国家宏观经济管理的需要,还要满足投资者、债权人、社会公众的需要,同时也要满足企业内部经营管理的需要。

(三)必须坚持统一性和灵活性相结合的原则

由于各企业的经济业务千差万别,在分类核算会计要素的增减变动时需要将统一性和灵活性相结合。统一性,就是设置会计科目时要选用财政部统一颁布的《企业会计准则》制定的会计科目体系,这样可以对外提供统一的会计指标。凡是相同的经济业务内容,就要使用相同的会计科目。灵活性,就是企业在按照规定设置和使用会计科目的前提下,在不影响对外提供统一财务报表的基础上,可以根据企业实际情况自行增设、减少或合并会计科目。例如,在企业预收、预付业务不多的情况下,可以不设"预收账款"、"预付账款"科目,通过"应收账款"和"应付账款"科目核算,以减少科目的设置。

(四)必须使会计科目具备可操作性

为了便于理解和实际运用,必须对每一个会计科目都明确规定其核算内容。企业设置的会计科目的名称要简单明确、通俗易懂;同时,为了适应会计核算资料连续性和一致性的要求,会计科目要保持相对稳定。

【小思考3-1】通过设置会计科目,解决了经济业务的分类问题,但是如何将会计主体发生的经济业务连续、系统地记录下来,以提供有用的会计信息呢?

第二节 账 户

一、账户的基本概念

会计科目仅仅是对会计要素所作的进一步分类,反映了某一类经济业务的内容,是分类核算的项目或标志。但企业发生的各种各样的经济业务必然引起会计要素数量的增减变动,为了全面、连续、系统地反映经济业务的发生情况以及会计要素的增减变动,还必须根据规定的会计科目开设一系列反映不同经济业务内容的账户,用来对各项经济业务进行分类记录。账户是根据会计科目设置的,具有一定格式和结构,用以分类、连续、系统地记录由于经济业务的发生而引起的会计要素的增减变动及其结果的载体。

由于账户是根据会计科目开设的,因此,有什么样的会计科目就有什么样的账户。根据会计要素,账户可分为资产类账户、负债类账户、所有者权益类账户、共同类账户、成本类账户和损益类账户六类;根据提供信息的详细程度及其统驭关系,账户分为总分类账户和明细分类账户。总分类账户和所属明细分类账户核算的内容相同,只是反映内容的详细程度有所不同,总分类账户对所属明细分类账户起到统驭和控制作用,明细分类账户对总分类账户起到补充和说明作用。

二、账户的功能与结构

(一)账户的功能

账户的功能在于连续、系统、完整地提供企业经济活动中各会计要素增减变动及其结果的具体信息。其中,会计要素在特定会计期间增加和减少的金额称为账户的"本期发生额",具体表现为"本期增加发生额"和"本期减少发生额";会计要素在会计期末的增减变动结果,称为账户的"余额",具体表现为"期初余额"和"期末余额"。上期的期末余额转入本期,即为本期的期初余额;本期的期末余额转入下期,即为下期的期初余额。对于同一账户而言,上述四项金额之间的基本关系为:

期末余额 = 期初余额 + 本期增加发生额 − 本期减少发生额

如果账户期末有余额,我们称之为实账户;反之,称之为虚账户。

(二)账户的结构

账户不仅要有名称,还要有一定的结构,才能记录经济业务所引起的各项目的增减变动。经济业务的发生所引起会计要素的变动,从数量上看不外乎"增加"和"减少"两种情况,因此用来记录经济业务的账户在结构上也相应地分为两个部分,一方登记增加额,一方登记减少额。为了满足实际业务核算的需要,有时每方又分为若干专栏,分别反映会计核算的主要内容。由于经济业务的具体内容不同,所以,不同的账户具有不同的格式,但账户的基本结构,一般应包括以下主要内容:

1. 账户的名称,即会计科目;
2. 记账的日期;
3. 凭证号数,是记账和事后查阅的依据;

基础会计

4. 摘要,简要说明经济业务内容;
5. 增加和减少的金额及余额。

账户基本结构如表3-3所示。

表3-3　　　　　　　　　账户名称(会计科目)

年		凭证		摘要	借方	贷方	借或贷	余额
月	日	字	号					

在账户的金额栏中,一方登记增加额,一方登记减少额。也就是说,如果规定在左方记录增加额,右方就记录减少额;如果在右方记录增加额,左方就记录减少额。在具体账户中,究竟哪一方记录增加额,哪一方记录减少额,取决于账户的性质及所采用的记账方法。

为了教学的方便,经常用T型账户来说明账户的结构,如图3-1所示。

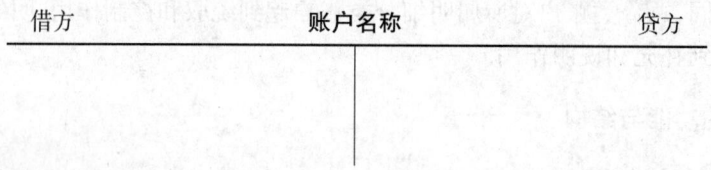

图3-1　T型账户

【小思考3-2】账户既有名称又有一定的格式和结构,可以记录和反映某类经济业务内容的增减变动及其结果。那么,在账户中如何记录各项经济业务的发生呢?

三、账户与会计科目的关系

会计科目与账户是两个既有联系,又有区别的不同概念。其共同点在于:会计科目是账户的名称,账户是根据会计科目开设的,两者都是对会计对象具体内容的分类,两者核算内容一致,性质相同。其不同点在于:会计科目只是账户的名称,它只能表明某项经济内容;而账户除名称外,还具有一定的结构和格式,可以记录经济业务内容,反映经济业务所引起的会计要素数量增减变动及其结果,提供具体的数据资料。

本章小结

会计科目是对会计要素的具体内容进行科学分类的名称。通过会计科目的设置,可以将会计要素的内容全面反映出来,形成完整的会计科目体系。每一会计科目都反映其特定的经济业务内容。在设置会计科目时,要将会计对象中具有相同特征和内容的要素归为一类,每一会计科目都应明确地反映相同的经济内容。

企业的会计科目根据会计要素一般分为五类,即资产类、负债类、所有者权益类、成本类和损益类;根据提供信息的详细程度及其统驭关系,可以分为总分类科目和明细分类科目。

账户是根据会计科目设置的,具有一定的格式和结构,用以分类、连续、系统地记录由于经济业务的发生而引起的会计要素的增减变动及其结果的载体。账户是在会计科目的基础上赋予它一定的结构,可以记录经济业务内容,提供具体的数据资料,反映经济业务所引起的会计要素数量的增减变动。

在具体账户中,究竟哪一方记录增加额,哪一方记录减少额,取决于账户的性质及所采用的记账方法。

本章主题词

会计科目　会计账户

复习思考题

1. 简述会计科目设置的原则。
2. 什么是总分类科目?什么是明细分类科目?两者之间的关系怎样?
3. 简述设置账户的意义。
4. 简述会计科目与会计账户两者的联系与区别。

案例讨论

一

刘老师在讲课时讲到,会计有实账户,比如"原材料",它的期末余额表示材料占有的资金额,"银行存款"账户的期末余额表示银行存款的期末实存额;会计还有一种虚账户,一般期末没有余额。武刚同学恍然大悟,认为实账户都有实际经济意义,虚账户都没有经济意义。你认为武刚同学的看法是否正确?

案例来源:道客巴巴,http://www.doc88.com/p-2562077742415.html.

二

2014年10月10日,张喜强开设了一家装修公司——永盛装饰公司。在该月剩下的时间里,张喜强完成了以下业务:

1. 10月10日,张喜强将现金15 000元存入永盛装饰公司的银行账户;
2. 10月10日,以现金支付9月10日至月末的房屋租金2 000元;
3. 10月11日,购买价格为50 000元的二手卡车,支付20 000元现金,其余款项开出商业承兑汇票以后支付;
4. 10月13日,赊购办公用品3 500元;
5. 10月14日,以现金购买备用品,价格为1 000元;
6. 10月14日,支付本年度的财产保险和意外保险的保费500元;
7. 10月15日,完成装修服务,收取收入3 000元;
8. 10月16日,支付10月13日购买办公用品所欠账款3 500元;

基础会计

9. 10月20日，对客户提供装修服务，开出发票，应向客户收取5 000元；
10. 10月24日，支付水电费800元；
11. 10月27日，支付各项杂费300元；
12. 10月28日，收回客户所欠账款5 000元；
13. 10月29日，支付员工工资2 500元；
14. 10月30日，从银行提取现金1 000元备用；
15. 10月30日，向银行贷款50 000元，期限为2年，存入公司账户。

案例来源：搜狗问问，http://wenwen.sogou.com/z/q270880282.htm.

问题：
请根据以上业务编制一个适合于永盛装饰公司的会计科目表。

第四章　会计记账方法

▼ 学习目标

知识目标：通过本章学习，理解单式记账法和复式记账法的特点以及借贷记账法的原理，掌握借贷记账法的账户结构、记账规则和试算平衡方法，了解会计分录的分类，掌握会计分录的编制方法。

能力目标：通过本章学习，能够说出账户的性质、借贷记账法的账户结构和记账规则，能够熟练编制试算平衡表；能够编制简单经济业务的会计分录，并通过会计分录解释账户的对应关系。

▼ 引导案例

小红同学到青松公司进行会计实习，第一天正赶上月末结账，会计科科长让小红编制公司本月的试算平衡表。小红根据总账账簿的记录，很快就编制出了一张"总分类账户发生额及余额试算平衡表"，而且平衡表上三组数字都相互平衡，便高兴地告诉科长说本月总账记录没有错误。但是，小红却没有想到发生了下面的事情：

(1) 会计员李姗说："这里还有一张单据，是昨天加工车间领用材料的，我忘记登记到总账上了。"

(2) 会计员张萌说："这笔账我核对过了，应当记入'管理费用'和'应付职工薪酬'科目的是 10 000 元，而不是 9 000 元。已经入账的那部分数字还得改一下。"

请思考：为什么小红编制的试算平衡表已经平衡了，但还是有错账呢？

第一节　会计记账方法的种类

所谓记账方法就是对经济业务所引起的会计要素的增减变动，遵循一定的记账规则，在账户中进行记录的方法。从会计的发展历程看，记账方法按记账形式的不同可分为单式记账法和复式记账法两种。

一、单式记账法

单式记账法是指对发生的每一项经济业务，只在一个账户中单方面进行登记的记账方法。单式记账法是会计发展的最初形式。

在单式记账法下，重点考虑的是库存现金、银行存款以及债权债务方面发生的经济业务，因此一般只设置"库存现金"、"银行存款"、"应收账款"、"应付账款"等账户。例如，以现金60元购买办公用品,记账时,只在"库存现金"账户中记录现金的减少,用以控制货币的收支和结存情况,至于管理费用的增加,账簿中不予记录。如果购买的是实物,对实物的增加同样不予记录,但购买实物数量较大且需先入库的,除了登记"库存现金"账户外,也可以登记实物账,不过两者是独立登记的,相互之间并没有严密的对应关系。由此可见,单式记账法是一种简单的、不完整的记账方法,但是由于它没有一套完整的账户体系,账户之间不能形成相互对应的关系,所以不能全面、系统地反映各会计要素的增减变动情况以及经济业务的来龙去脉(即资金从何处来,又往何处去),也不便于检查账户记录的正确性和完整性。

二、复式记账法

(一)复式记账法的概念

复式记账法是指对于每一笔经济业务,都必须用相等的金额在两个或两个以上相互联系的账户中进行登记,全面、系统地反映会计要素增减变化的一种记账方法。现代会计运用复式记账法。例如,用银行存款5 000元购买原材料,要以相等的金额在"银行存款"和"原材料"账户中相互关联地登记,即一方面在"银行存款"账户中登记减少5 000元,另一方面在"原材料"账户中登记增加5 000元。通过复式记账,不仅要在"银行存款"账户中记录银行存款的减少业务,用以控制货币的收支和结存情况,同时还要在"原材料"账户中记录原材料的增加业务。

(二)复式记账法的优点

与单式记账法相比,复式记账法的优点主要有:

(1)由于对于发生的每一项经济业务,都要在两个或两个以上相互联系的账户中同时登记,因此,通过账户记录不仅可以全面、清晰地反映出经济业务的来龙去脉,而且还能通过会计要素的增减变动,全面、系统地反映经济活动的过程和结果。

(2)由于每项经济业务发生后,都要以相等的金额在有关账户中进行登记,因此,可以对账户记录的结果进行试算平衡,以检查账户记录是否正确。

(三)复式记账的理论依据

复式记账是以"资产=负债+所有者权益"这一会计等式所揭示的有关资金运动的内在规律性为理论依据的。由于任何一项经济业务的发生,都必然会引起两个或两个以上会计要素(或同一会计要素的两个项目)发生增减变动,或等式两边同增,或等式两边同减,或等式左(右)边此增彼减,且变动金额相等。因此,只有运用复式记账法,才能将两个或两个以上的变动记录下来,并保证会计等式不断实现新的平衡。

(四)复式记账法的种类

复式记账法根据记账符号、记账规则、试算平衡方法的不同,可分为借贷记账法、增减记账法和收付记账法。其中借贷记账法,是世界上最早产生的一种复式记账法,也是世界各国通用的一种复式记账方法。目前,我国企业和行政事业单位都采用借贷记账法。

第四章 会计记账方法

【知识链接4-1】

增减记账法和收付记账法

增减记账法是以"增"、"减"为记账符号,以"资金占用=资金来源"为理论基础,直接反映经济业务所引起的会计要素增减变化的一种复式记账方法。1964年开始,在我国商业系统全面推行,工业企业和其他行业也有采用这种记账方法的。其记账规则是:"两类账户,同增同减,金额相等;同类账户,有增有减,金额相等。"

收付记账法是以"收"、"付"作为记账符号,反映经济业务所引起的会计要素增减变动的一种记账方法。从1966年开始,我国预算单位使用这种记账方法。按其记账主体的不同,又分为三种:(1)资金收付记账法,以预算资金的活动为主要记账对象,账户分为资金来源、资金运用和资金结存三类,记账规则是"同收、同付、有收有付";(2)财产收付记账法,以钱物的活动作为主要记账对象,账户分为收入、付出和结存三大类,记账规则为"同收、同付、有收有付";(3)现金收付记账法,以现金为主要记账对象,账户分为资金来源类、资金占用、资金来源类与资金占用共同类三大类,记账规则是"有收必有付,有付必有收,收付必相等"。

1993年7月1日《企业会计准则》实施后,增减记账法和收付记账法均停止使用。

第二节 借贷记账法

借贷记账法是以"借"、"贷"为记账符号,以"有借必有贷,借贷必相等"为记账规则,以会计等式为理论依据的一种复式记账方法。

一、借贷记账法的记账符号

借贷记账法的记账符号是"借"和"贷",它们是一对纯粹的记账符号。

借贷记账法其实是一种在记录金额时,按照金额的记录位置是在左方(称为借方)还是右方(称为贷方),来定金额是增加还是减少的记录方法。"借方"和"贷方"仅仅是两个位置符号,将其换成"左方"和"右方",或者"天方"和"地方",或者"甲方"和"乙方"等,都未尝不可。

【知识链接4-2】

"借"和"贷"两个字是怎么来的?

借贷记账法起源于13~14世纪的意大利。最初,意大利佛罗伦萨的借贷资本家从贷主处借入款项时,记入贷主名下的贷方,归还记借方;将款项贷出时,记入借主名下的借方,收回记贷方。贷主名下所记内容表示的是借贷资本家债务的增减变动,借主名下所记内容表示的是借贷资本家债权的增减变动。这时,"借"和"贷"分别表示借贷资本家与债权人、债务人之间的债权债务关系。在以后的几百年里,随着商品经济的发展,借贷记账法又经过了热那亚阶段和威尼斯阶段,借贷记账法也在不断发展和完善,"借"、"贷"两字逐渐失去其本来含义,变成了纯粹的记账符号,记录的内容也不仅仅局限于货币资金的借贷业务,而是逐步扩展到财产物资、经营损益和经营资本的增减变化,并广泛应用于许多行业。随后,借贷记账法传遍欧洲、美洲等地,成为世界通用的记账方法。

二、借贷记账法的记账规则和账户结构

(一)借贷记账法的记账规则和资产、负债、所有者权益类账户的账户结构

假设两个朋友共同投资200万元成立公司,一方面,形成了企业的资产——银行存款;另一方面,形成了企业的所有者权益——实收资本(股本)。

在记录银行存款这个资产类账户时,人们制定的规则是:资产增加时,金额写在账页左边的借方;反之,如果写在账页右边的贷方,则表示资产减少。

资产类账户的这种账户结构是最基本的,而其他的负债类账户、所有者权益类账户、收入类账户、费用类账户、利润类账户的账户结构,都是根据资产类账户的账户结构推导出来的。形象地说,人们规定资产类账户在左边的借方登记资产的增加,就像是规定齐步走时,起步要迈左腿一样,一旦作了这个规定,其他就根据它来推定。

借贷记账法的记账规则是"有借必有贷,借贷必相等"。"有借必有贷,借贷必相等"的意思是:如果一个金额记在了某个账户的借方,那么这个金额一定要记在其对应账户的贷方。例如上面所举假设中,200万元记入了"银行存款"账户的借方,那么这200万元必须要记入对应账户"实收资本"的贷方。这样自然就能推导出"实收资本"这种所有者权益账户的账户结构:如果所有者权益增加,则将金额记入该所有者权益账户的贷方;那么反之,如果所有者权益减少,则将减少的金额记入该所有者权益账户的借方。

同理,如果企业从银行借入短期借款,则一方面要确认银行存款的增加,另一方面要确认短期借款的增加。既然银行存款增加要将金额记在"银行存款"账户的借方,那么短期借款增加,按照"有借必有贷"的规则,就只能将金额记在"短期借款"账户的贷方。因此,负债类账户的账户结构是:负债增加时,将增加的金额记入该负债账户的贷方;反之,负债减少时,则将减少的金额记入该负债账户的借方。

可见,负债类账户同所有者权益类账户的账户结构是一致的。它们都同资产类账户的账户结构正好相反。

(二)损益类账户的账户结构

1. 收入类账户的账户结构

下面举例推导收入类账户的账户结构:某服装厂出售服装,取得销售收入10 000元,那么,一方面要确认银行存款增加,另一方面要确认主营业务收入增加。银行存款增加应当借记"银行存款"10 000元,那么按照"有借必有贷"的记账规则,主营业务收入增加就必须贷记"主营业务收入"10 000元。即:

借:银行存款　　　　　　　　　　　　　　　　　　　　　　　10 000
　　贷:主营业务收入　　　　　　　　　　　　　　　　　　　　　　　10 000

期末,将收入类账户本期发生额全部转入"本年利润"账户的贷方,结转后收入类账户无余额。因此,收入类账户结构是:增加记贷方,减少记借方,期末无余额。

2. 费用类账户的账户结构

同理,举例说明费用类账户的账户结构:上述服装厂所出售的服装,是以前以8 000元购入的,那么在出售时,一方面要确认库存商品(8 000元服装)的减少,另一方面要确认主营业务成本的增加。库存商品减少属于资产的减少,要贷记"库存商品",因此按照"有借必有贷"的记账规则,主营业务成本的增加,就必须要借记。

借:主营业务成本　　　　　　　　　　　　　　　　　　　　　8 000
　　贷:库存商品　　　　　　　　　　　　　　　　　　　　　　8 000

期末,将费用类账户本期发生额全部转入"本年利润"账户的借方,结转后费用类账户无余额。因此,费用类账户的账户结构是:增加记借方,减少记贷方,期末无余额。

(三)"本年利润"账户的账户结构

例如:企业现在若将以前8 000元购进的服装以10 000元出售的话,应当以销售收入(主营业务收入10 000元)减去销售成本(主营业务成本8 000元)来计算利润。这个过程是在会计期末通过将收入和费用都结转到"本年利润"账户实现的。

原来确认主营业务收入时,是贷记"主营业务收入"账户的,形成了10 000元的贷方发生额。会计期末,要把这10 000元收入结转到"本年利润"账户,就必然借记"主营业务收入"10 000元,这样它的余额就为0。既然如此,其对应账户"本年利润"账户,就只能是记贷方,即这10 000元要记录在"本年利润"账户的贷方。同理,原来销货时确认的"主营业务成本"是借方发生额,期末将其结转到"本年利润"账户时,就必然是贷记"主营业务成本"。既然如此,其对应账户"本年利润"就只能记借方。

这样,结转收入时贷记了"本年利润"10 000元,结转费用时借记了"本年利润"8 000元,本年利润就有了2 000元的贷方余额,这表明企业盈利了2 000元。反之,如果收入低于费用,则本年利润就有借方余额,这表明企业亏损了。在年度中间(1~11月份),该账户的余额不予结转,表示截至本期期末本年度累计实现的净利润或发生的净亏损。年度终了,应将本账户余额转入"利润分配"账户,结转后该账户应无余额。

【小思考4-1】上述企业将计算出来的2 000元利润结转到"利润分配"账户,应如何编制分录?你能够根据借贷记账法的记账规则解释清楚吗?

下面对借贷记账法的记账规则和各类账户的账户结构进行小结:

1. 记账规则:有借必有贷,借贷必相等。即在一分为二地进行确认时,金额记入一个账户的借方,就必须同时记入对应账户的贷方;反过来说,如果金额记入一个账户的贷方,就必须同时记入对应账户的借方。

2. 资产类账户的账户结构:资产增加时,将增加的金额记入该资产账户的借方;资产减少时,将金额记在该资产账户的贷方。期末余额是借方余额。

3. 负债和所有者权益类账户的账户结构:负债或所有者权益增加时,将金额记入该账户的贷方;负债或所有者权益减少时,记入该账户的借方。期末余额是贷方余额。

4. 收入类账户的账户结构:贷记收入类账户,表示收入的增加;借记收入类账户,表示收入的减少。期末无余额。

5. 费用类账户的账户结构:借记费用类账户,表示费用的增加;贷记费用类账户,表示费用的减少。期末无余额。

6."本年利润"账户的账户结构:"本年利润"账户的贷方金额为结转来的收入,借方金额为结转来的费用。若有贷方余额,表明盈利;若有借方余额,表明亏损。年度中间(1~11月份)该账户一般有余额,年末该账户应无余额。

三、账户对应关系和会计分录

(一)账户对应关系和会计分录的含义

为了表述上的便利,我们以"借记××账户"来表示如下含义:将金额记入××账户的借方。同理,如果说要将金额记入××账户的贷方,就表述为"贷记××账户"。

"借记××账户"可以书写成"借:××账户","贷记××账户"可以书写成"贷:××账户"。一般"贷"字向右错开一至两个汉字的位置来书写。

借:××账户　　　　　　　　　　　　　　××××(金额:元)
　　贷:××账户　　　　　　　　　　　　　　××××(金额:元)

上述这种用来确认经济业务应借应贷账户名称及金额的记录,称为会计分录。在运用借贷记账法,根据"有借必有贷,借贷必相等"的记账规则登记每项经济业务时,有关账户之间就会发生应借、应贷的相互关系,我们称之为账户间的对应关系。发生对应关系的账户,称为对应账户。

【小贴士4-1】借贷记账法的会计分录有固定的格式,即"上借下贷,错落有致"。

会计分录有简单会计分录和复合会计分录两种。简单会计分录只涉及两个账户,由一个账户的借方与另一个账户的贷方相对应;复合会计分录则涉及两个以上的账户,由一个账户的借方与另外几个账户的贷方或者一个账户的贷方与另外几个账户的借方相对应。复合会计分录实际是由若干个简单会计分录合并而成的,不仅可以简化记账手续,而且还可以集中全面反映某项经济业务的情况。但是,不能将不同性质的经济业务合并编制多借多贷的会计分录,否则,就无法反映账户的对应关系。

应当指出的是,在会计实务中,编制会计分录是通过填制记账凭证来完成的。记账凭证的填制将在第七章详细介绍。

(二)各种不同业务类型的会计分录概览

下面【例4-1】至【例4-9】较全面地介绍了各种经济业务类型的记账方法。

【例4-1】收到股东投资200万元,存入银行。

借:银行存款　　　　　　　　　　　　　　2 000 000
　　贷:实收资本　　　　　　　　　　　　　　2 000 000

这项经济业务属于资产增加,所有者权益增加。

【例4-2】企业向银行借入期限为6个月、年利率为8%的短期借款100万元。

借:银行存款　　　　　　　　　　　　　　1 000 000
　　贷:短期借款　　　　　　　　　　　　　　1 000 000

这项经济业务属于资产增加,负债增加。

【例4-3】以银行存款10 000元购买原材料(假设不考虑税金)。

借:原材料　　　　　　　　　　　　　　　10 000
　　贷:银行存款　　　　　　　　　　　　　　10 000

这项经济业务属于一项资产增加,一项资产减少。

【例4-4】应付票据8 000元到期,企业无法兑付。
  借:应付票据   8 000
    贷:应付账款   8 000
这项经济业务属于一项负债增加,一项负债减少。

【例4-5】提取盈余公积金20 000元。
  借:利润分配   20 000
    贷:盈余公积   20 000
这项经济业务属于一项所有者权益减少,一项所有者权益增加。

【例4-6】公司通过决议,决定向股东分红10万元。
  借:利润分配   100 000
    贷:应付股利   100 000
这项经济业务属于所有者权益减少,负债增加。

【例4-7】取得产品销售收入5 000元,存入银行,结转其成本4 000元。
  借:银行存款   5 000
    贷:主营业务收入   5 000
这项经济业务属于资产增加,收入增加。
  借:主营业务成本   4 000
    贷:库存商品   4 000
这项经济业务属于资产减少,费用增加。

【例4-8】月末,将销售收入5 000元和销售成本4 000元,结转到"本年利润"账户。
  借:主营业务收入   5 000
    贷:本年利润   5 000
  借:本年利润   4 000
    贷:主营业务成本   4 000
这项经济业务是损益账户的结转。

【例4-9】将"本年利润"账户中计算出的利润1 000元,结转到"利润分配"账户。
  借:本年利润   1 000
    贷:利润分配   1 000
这项经济业务是将本年利润结转到利润分配账户。

四、试算平衡

为了检验和确保一定时期内所发生的经济业务在账户中登记的正确性,需要在会计期末进行账户的试算平衡。所谓试算平衡是指根据资产与权益的恒等关系以及借贷记账法的记账规则,检查所有账户记录是否正确的过程。包括发生额试算平衡和余额试算平衡两种方法。

(一)发生额试算平衡

发生额试算平衡就是通过计算全部账户的借、贷方发生额是否相等来验证本期账户记录是否正确的方法。其计算公式如下:

全部账户本期借方发生额合计 = 全部账户本期贷方发生额合计

发生额试算平衡的理论依据是借贷记账法的记账规则,即"有借必有贷,借贷必相等"。因为任何一项经济业务都必须以相等的金额在两个或两个以上相互联系的账户中进行登记,所以,无论发生多少笔经济业务,在某一期间内,所有账户借方发生额合计必然等于所有账户贷方发生额合计。如果出现不相等,必然是在记账过程中出现了差错,应及时查找并更正。

(二)余额试算平衡

余额试算平衡就是通过计算全部账户的借方余额合计与贷方余额合计是否相等来验证本期账户记录是否正确的方法。根据余额表示时间的不同又分为期初余额平衡与期末余额平衡。其计算公式如下:

全部账户的期末(期初)借方余额合计 = 全部账户的期末(期初)贷方余额合计

余额试算平衡的理论依据是"资产 = 负债 + 所有者权益"这一会计恒等式。根据"资产 = 负债 + 所有者权益",在一定时点上,全部账户的借方余额合计必然等于全部账户的贷方余额合计。如果不等,说明账户记录有错误,应予以查找并更正。

在实际工作中,这两种方法通常是在月末结出各个账户的本月发生额和月末余额后,依据上述两个计算公式编制总分类账户发生额及余额试算平衡表的方法进行的。

以上述【例4-1】至【例4-9】为例,假设各个账户的期初余额合计是平衡的(设借方余额之和 = 贷方余额之和 = 3 228 000),则本期贷方发生额之和 = 借方发生额之和;期末借方余额之和 = 期末贷方余额之和 = 6 229 000。具体情况见下面的表4-1。

表4-1　　　　　总分类账户发生额及余额试算平衡表

2013 年 12 月 31 日　　　　　　　　　　　　　　　　单位:元

会计科目	期初余额		本期发生额		期末余额	
	借方余额	贷方余额	借方	贷方	借方余额	贷方余额
银行存款	1 600 000		3 005 000	10 000	4 595 000	
原材料	624 000		10 000		634 000	
库存商品	1 004 000			4 000	1 000 000	
短期借款				1 000 000		1 000 000
应付账款				8 000		8 000
应付票据		8 000	8 000			
应付股利				100 000		100 000
实收资本		3 000 000		2 000 000		5 000 000
利润分配		200 000	120 000	1 000		81 000
盈余公积		20 000		20 000		40 000
主营业务收入			5 000	5 000		
主营业务成本			4 000	4 000		
本年利润			5 000	5 000		
合计	3 228 000	3 228 000	3 157 000	3 157 000	6 229 000	6 229 000

必须指出,试算平衡只是通过借贷金额是否平衡来检查账户的记录是否正确。如果借贷不平衡,就可以肯定账户记录或计算有错误,应查找原因并予以更正。如果借贷平衡,却不能肯定记账没有错误,因为有些记账错误并不影响借贷方的平衡。例如某项经济业务在有关账户中全部漏记或重记;又如某项经济业务记错账户,把应借应贷的账户互相颠倒了;再如对某项经济业务,记入有关账户的借贷金额出现多记或少记相同金额的错误。凡此种种,并不能通过试算平衡来发现,还应通过其他方法发现这些记账错误。这表明只根据试算平衡的结果,并不足以说明账户的记录没有错误。因此,需要对所有会计记录进行日常或定期的复核,以保证账户记录的正确性。

【重要提示4-1】借贷记账法试算平衡,绝非指单个账户借方、贷方发生额的相等关系,而是指全部账户借方和贷方发生额的相等关系。在某一个账户中,其借方发生额与贷方发生额之间一般不会存在平衡关系。

本章小结

复式记账法是对每项经济业务都以相等的金额在两个或两个以上相互联系的账户中进行记录的方法。复式记账法相对于单式记账法有两个突出特点:一是可以了解每一项经济业务的来龙去脉;二是可以对账户记录的结果进行试算平衡,以检查账户记录的正确性。

借贷记账法是以"借"、"贷"为记账符号,以"有借必有贷,借贷必相等"为记账规则,以会计等式为理论依据的一种复式记账方法。

借贷记账法的记账符号是"借"和"贷",它们是一对纯粹的记账符号。

借贷记账法的记账规则是"有借必有贷,借贷必相等"。

借贷记账法的账户结构是:资产和费用类账户增加记借方,减少记贷方;负债、所有者权益、利润和收入类账户增加记贷方,减少记借方。资产类账户期末余额在借方,负债和所有者权益类账户期末余额在贷方,收入和费用类账户期末无余额;"本年利润"账户年度中间(1~11月份)一般有余额,年末无余额。

用来确认经济业务应借应贷账户名称及金额的记录,称为会计分录。会计分录有简单会计分录和复合会计分录两种。但是,一般不宜编制多借多贷的会计分录,否则,就无法反映账户的对应关系。

试算平衡是指根据资产与权益的恒等关系以及借贷记账法的记账规则,检查所有账户记录是否正确的过程,包括发生额试算平衡和余额试算平衡两种方法。

本章主题词

单式记账法　复式记账法　借贷记账法　会计分录　试算平衡

复习思考题

1. 什么是复式记账法和单式记账法?
2. 借贷记账法下,资产类账户的账户结构是怎样规定的?

3. 借贷记账法的记账规则是什么？

4. 负债和所有者权益类账户的账户结构是怎样的？

5. 损益类账户的账户结构是怎样的？

6. 什么是会计分录？在会计实务中，会计分录是通过填制什么凭证来编制的？而在教学或研讨问题时，我们是怎样书写会计分录的？

7. 什么是试算平衡？试算平衡表的格式是怎样的？

案例讨论

井尻雄士的三式记账法

三式记账法是指对每项经济业务以相等金额记入相互对应的三类账户的一种记账方法。它是由美籍日裔会计学家井尻雄士(Yuji ljiri)提出的。

井尻雄士在考察资本主义企业会计的基础上，试图对复式记账法加以扩展，于1982年在所著的《三式簿记和收益动量》一书中提出三式记账法。他认为，理解复式记账法的纯粹方程式可以归纳为"财富＝资本"，式中，财富的定义为资产减负债。由此出发，他推导出以下两种三式记账法：

①时间三式记账法。记账方程式为"预算＝财富＝资本"。式中，财富反映现在，资本说明过去积累的经营成果，而预算则面向未来。在复式记账法基础上增加的预算类账户记录目标资本的增减变化，即未来计算期目标资本要求达到的水平，于是把预算指标纳入了账户体系。

②微分三式记账法。记账方程式为"财富＝资本＝动力"。它把资本解释为财富的微分，即为财富现状提供了理由；而动力则为资本的微分，即为财富现状提供理由的理由。在复式记账法的基础上，增加动力类账户记录收益变动的原因，即差异，于是把各种差异纳入了账户体系。

如将上述两种记账法结合起来，就构成多式记账法，其方程式为"预算＝财富＝资本＝动力"。

三式记账法现在处于理论探讨阶段，还未见诸实践。但以上两种三式记账法的设想，为会计学的发展提出了探索前景。

资料来源：百度百科，http://baike.baidu.com/view/3796691.htm? fr = aladdin.

问题：

1. 我们现在的复式记账法是否存在不足？

2. 复式记账法是否有可能将来被三式记账法替代？是否还有别的记账技术思路？

第五章　企业主要经济业务的核算

▎学习目标

知识目标：通过本章的学习，要理解制造类企业主要经营过程，掌握制造类企业主要会计账户的基本结构和内容，掌握资金筹集、生产准备、产品生产、产品销售、财务成果等业务的总分类核算方法，进一步理解和掌握账户和借贷记账法的原理和具体应用。

能力目标：通过学习，能够编制制造类企业主要经济业务的会计分录。

▎引导案例

王孟同学大学毕业应聘到卓达服装厂做会计，明天就要去报到了。晚上，他躺在床上辗转反侧不能入眠，心里忐忑不安，一直在想：这个企业的主要经济业务有哪些？这些业务之间存在怎样的联系？各项业务包括哪些主要内容呢？经济业务发生后，应怎样编制会计分录？核算这些业务又应设置哪些账户呢？本章我们就来介绍这方面的内容。

第一节　资金筹集业务的核算

一、资金筹集业务核算的内容

资金是企业生存和发展的前提，资金筹集是企业资金运动的起点。企业筹集资金的渠道主要有两个：一是企业所有者投入的资金，它形成企业的永久性资本，所有者承担企业经营过程中可能遇到的风险，同时享有经营收益，这部分资金形成企业的所有者权益，通常称之为实收资本(或股本)；二是企业向债权人借入的资金，其有明确的还本付息期限，并受法律保护，这部分资金构成企业的负债。

二、投入资本的核算

根据《中华人民共和国公司法》规定，设立公司必须有法定资本，它是保证企业正常经营的必要条件。投入资本是由投资者认缴的，经工商行政管理部门核准的投资总额，它是企业所有者权益的基本组成部分。企业的投入资本按照投资主体不同，可分为国家投入资本、法人投入资本、个人投入资本和外商投入资本四种；按照投入资本的不同物质形态，可分为货币投资、实物投资、证券投资和无形资产投资等。

投入资本应按实际投资数额入账。以货币资金投资的，应按实际收到的款项确定；以非货币财产作价投资的，应当按照投资合同或协议约定的价值确定。投资者按照出资比例或者合同、章程的规定,分享企业的利润并承担风险及亏损。

投资者投入的资本应当保全,除法律、法规另有规定者外,不得抽回。

企业在生产经营过程中所取得的收入和收益、所发生的费用和损失,不得直接增减投入资本。

(一)投入资本核算的账户设置

为了核算投资者投入资本的增减变动及其结余情况,应设置"实收资本"账户(股份有限公司设置"股本"账户)。"实收资本"账户属于所有者权益类账户,其贷方登记所有者投入资本的增加额,借方登记投入资本的减少额。但是,由于所有者的投资是一种永久性资本,所以借方一般很少有发生额,期末余额在贷方,表示期末投入资本的实有数。该账户可按投资者进行明细核算。"实收资本"账户结构可用图5-1表示。

借方	实收资本	贷方
投入资本的减少		收到投资者投入资本
		余额:期末投入资本的实有数额

图 5-1 "实收资本"账户结构

(二)投入资本的总分类核算

【例 5-1】企业收到国家投入资本 200 000 元,款项存入银行。

这项经济业务的发生,引起资产和所有者权益两个会计要素发生变化,一方面使企业的银行存款增加 200 000 元,另一方面使国家对企业的投入资本也增加 200 000 元。因此,这项经济业务涉及"银行存款"和"实收资本"两个账户。银行存款的增加是资产的增加,应记入"银行存款"账户的借方;国家对企业投资的增加是所有者权益的增加,应记入"实收资本"账户的贷方。这项经济业务应编制如下会计分录:

借:银行存款　　　　　　　　　　　　　　　　　　　　　　200 000
　　贷:实收资本　　　　　　　　　　　　　　　　　　　　　　　200 000

【例 5-2】企业收到东方公司投入全新设备一套,价值 100 000 元(未提供增值税专用发票)。

这项经济业务的发生,引起资产和所有者权益两个会计要素发生变化,一方面使企业的固定资产原值增加 100 000 元,另一方面使东方公司对企业的投入资本也增加 100 000 元。因此,这项经济业务涉及"固定资产"和"实收资本"两个账户。固定资产的增加是资产的增加,应记入"固定资产"账户的借方;东方公司对企业投资的增加是所有者权益的增加,应记入"实收资本"账户的贷方。这项经济业务应编制如下会计分录:

借:固定资产　　　　　　　　　　　　　　　　　　　　　　100 000
　　贷:实收资本　　　　　　　　　　　　　　　　　　　　　　　100 000

【例 5-3】江南公司以一项专利权对企业进行投资,经评估,该项专利权价值为 80 000 元。

这项经济业务的发生,引起资产和所有者权益两个会计要素发生变化,一方面使企业的无形资产增加80 000元,另一方面使江南公司对企业的投入资本也增加80 000元。因此,这项经济业务涉及"无形资产"和"实收资本"两个账户。无形资产的增加是资产的增加,应记入"无形资产"账户的借方;江南公司对企业投资的增加是所有者权益的增加,应记入"实收资本"账户的贷方。这项经济业务应编制如下会计分录:

借:无形资产　　　　　　　　　　　　　　　　　　　　　80 000
　　贷:实收资本　　　　　　　　　　　　　　　　　　　　80 000

【小思考5-1】(1)注册资本和实收资本两者是什么关系?它们之间有什么联系和区别?(2)资本公积是如何产生的?它和实收资本有什么不同?

三、短期借款的核算

企业在生产经营过程中,由于多种原因,经常需要向银行或其他非银行金融机构借款,以补充资金的不足。偿还期限在一年以下(含一年)的各种借款为短期借款;偿还期限在一年以上的各种借款为长期借款。企业借入的各种款项必须按照规定用途使用,按期还本付息。在这里,我们主要介绍短期借款的核算问题。

(一)短期借款核算的账户设置

为了反映和监督短期借款的取得、归还和结欠情况,应设置"短期借款"账户。该账户属于流动负债账户,其贷方登记企业借入的短期借款数额,借方登记企业归还的短期借款数额,期末余额在贷方,表示期末尚未归还的短期借款。该账户可按借款种类、贷款人和币种进行明细核算。"短期借款"账户结构可用图5-2表示。

借方	短期借款	贷方
归还的短期借款		借入的短期借款数额
		余额:期末尚未归还的短期借款

图5-2 "短期借款"账户结构

(二)短期借款的总分类核算

【例5-4】由于季节性资金需求,企业向银行借入期限为3个月、年利率为7.8%的短期借款50 000元,所得款项存入银行。

这项经济业务的发生,引起资产和负债两个会计要素发生变化。一方面使企业的银行存款增加50 000元,另一方面企业的短期借款也增加50 000元。因此,这项经济业务涉及"银行存款"和"短期借款"两个账户。银行存款的增加是资产的增加,应记入"银行存款"账户的借方;短期借款的增加是负债的增加,应记入"短期借款"账户的贷方。这项经济业务应编制如下会计分录:

借:银行存款　　　　　　　　　　　　　　　　　　　　　50 000
　　贷:短期借款　　　　　　　　　　　　　　　　　　　　50 000

【例5-1】~【例5-4】有关资金筹集业务的会计分录登记总账结果如图5-3所示。

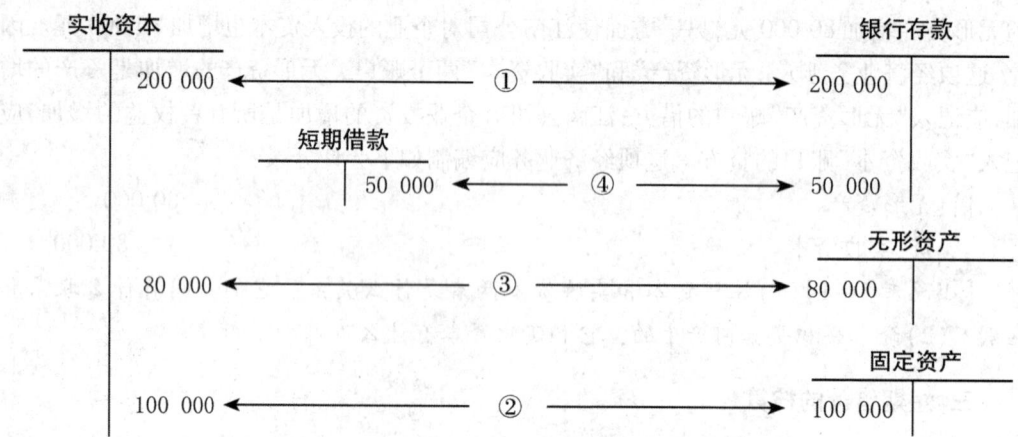

图 5-3 资金筹集业务总分类核算

第二节 生产准备业务的核算

一、生产准备业务核算的主要内容

供应过程是工业企业经营过程的第一个阶段,是生产的准备阶段。为了进行产品生产,企业必须建造厂房、建筑物、购置机器设备并进行材料采购。因此,生产准备业务核算的主要内容包括:

1. 固定资产购入业务的核算,包括不需安装的固定资产的核算和需要安装的固定资产的核算。

2. 材料采购业务的核算,包括:(1)遵照经济合同和结算制度的规定,与供应单位进行货款结算,支付材料买价和各种采购费用;(2)核算购入材料应交增值税进项税额;(3)计算材料采购成本并结转入库材料成本。

二、固定资产购入业务的核算

固定资产,是指同时具有下列特征的有形资产:(1)为生产商品、提供劳务、出租或经营管理而持有的;(2)使用寿命超过一个会计年度。固定资产应按取得时的实际成本(即原始价值)入账。固定资产的实际成本是指为购建某项固定资产达到预定可使用状态前所发生的一切合理、必要的支出,包括买价、运杂费、包装费、安装成本、税金及其他支出等。

(一)固定资产购入业务核算的账户设置

为了反映和监督企业固定资产原值的增减变动和结存情况,应设置"固定资产"账户。该账户属于资产类账户,其借方登记固定资产原值的增加数额;贷方登记固定资产原值的减少数额;期末余额在借方,表示企业现有固定资产的原值。该账户可按固定资产的类别和项目进行明细分类核算。"固定资产"账户结构可用图 5-4 表示。

借方	固定资产	贷方
增加的固定资产原值		减少的固定资产原值
余额：期末现有固定资产原值		

图5-4 "固定资产"账户结构

(二)固定资产购入业务的总分类核算

1.购入不需要安装的固定资产的核算

企业购入不需要安装的固定资产时，应按实际支付的买价以及使固定资产达到预定可使用状态前所发生的可归属于该项资产的运输费、装卸费和专业人员服务费等，作为固定资产成本，借记"固定资产"账户；按取得的增值税扣税凭证上注明的增值税税额或者依据增值税扣税凭证计算的增值税税额记入"应交税费——应交增值税(进项税额)"账户的借方；按实际支付或应付金额，贷记"银行存款"等账户。

【例5-5】企业购入一台不需要安装的设备，价款30 000元，增值税专用发票上注明进项税额5 100元，运杂费6 000元，全部价款已用银行存款支付。

这项经济业务的发生，一方面使企业的固定资产增加36 000元，增值税进项税额增加5 100元，另一方面使企业的银行存款减少41 100元。因此，这项经济业务涉及"固定资产"、"应交税费——应交增值税(进项税额)"和"银行存款"三个账户。固定资产的增加是资产的增加，应记入"固定资产"账户的借方；增值税进项税额的增加是负债的减少，应记入"应交税费——应交增值税(进项税额)"账户的借方；银行存款的减少是资产的减少，应记入"银行存款"账户的贷方。这项经济业务应编制如下会计分录：

借：固定资产　　　　　　　　　　　　　　　　　　　　　　　　　36 000
　　应交税费——应交增值税(进项税额)　　　　　　　　　　　　　 5 100
　贷：银行存款　　　　　　　　　　　　　　　　　　　　　　　　　41 100

【重要提示5-1】

(1)2009年1月1日起，增值税一般纳税人购进(包括接受捐赠、实物投资)或者自制(包括改扩建、安装)固定资产发生的进项税额，可以从销项税额中抵扣；

(2)纳税人自用的应征消费税的固定资产(如汽车、游艇、摩托车)，进项税额不得从销项税额中抵扣。

2.购入需要安装的固定资产的核算

企业购入需要安装的固定资产时，应按购进时支付的买价、包装费、运输费、保险费等，借记"在建工程"账户，按增值税专用发票注明的进项税额，借记"应交税费——应交增值税(进项税额)"账户，按实际支付或应付金额，贷记"银行存款"等账户；支付安装费用时，借记"在建工程"账户，贷记"原材料"、"应付职工薪酬"等账户；在安装完交付使用时，再按其全部成本即原始价值，借记"固定资产"账户，贷记"在建工程"账户。

【例5-6】企业购入需要安装的设备一台，以银行存款支付买价20 000元，增值税进项税额3 400元，运杂费4 000元。在安装过程中，领用原材料500元，耗用人工100元。安装完毕，经验收合格，交付生产使用。

这项经济业务包括三项经济业务：

(1)固定资产的购入。这项经济业务的发生，一方面使企业的在建工程增加24 000

元,增值税进项税额增加 3 400 元,另一方面使企业的银行存款减少 27 400 元。因此,这项经济业务涉及"在建工程"、"应交税费——应交增值税(进项税额)"、"银行存款"三个账户。在建工程的增加是资产的增加,应记入"在建工程"账户的借方;增值税进项税额增加是负债的减少,应记入"应交税费——应交增值税(进项税额)"账户的借方;银行存款的减少是资产的减少,应记入"银行存款"账户的贷方。这项经济业务应编制如下会计分录:

借:在建工程　　　　　　　　　　　　　　　　　　　　　　　24 000
　　应交税费——应交增值税(进项税额)　　　　　　　　　　　3 400
　　贷:银行存款　　　　　　　　　　　　　　　　　　　　　　27 400

(2)固定资产的安装。这项经济业务的发生,一方面使企业的在建工程增加 600 元,另一方面企业的库存材料减少 500 元,应付职工薪酬增加 100 元。因此,这项经济业务涉及"在建工程"、"原材料"和"应付职工薪酬"三个账户。在建工程的增加是资产的增加,应记入"在建工程"账户的借方;原材料的减少是资产的减少,应记入"原材料"账户的贷方;应付职工薪酬的增加是负债的增加,应记入"应付职工薪酬"账户的贷方。这项经济业务应编制如下会计分录:

借:在建工程　　　　　　　　　　　　　　　　　　　　　　　　600
　　贷:原材料　　　　　　　　　　　　　　　　　　　　　　　500
　　　　应付职工薪酬　　　　　　　　　　　　　　　　　　　　100

(3)固定资产交付使用。这项经济业务的发生,一方面使企业的固定资产增加 24 600 元,另一方面使企业的在建工程减少 24 600 元。因此,这项经济业务涉及"在建工程"、"固定资产"两个账户。固定资产的增加是资产的增加,应记入"固定资产"账户的借方;在建工程的减少是资产的减少,应记入"在建工程"账户的贷方。这项经济业务应编制如下会计分录:

借:固定资产　　　　　　　　　　　　　　　　　　　　　　　24 600
　　贷:在建工程　　　　　　　　　　　　　　　　　　　　　　24 600

【例 5-5】、【例 5-6】有关固定资产的购入和安装业务的会计分录登记总账结果如图 5-5 所示。

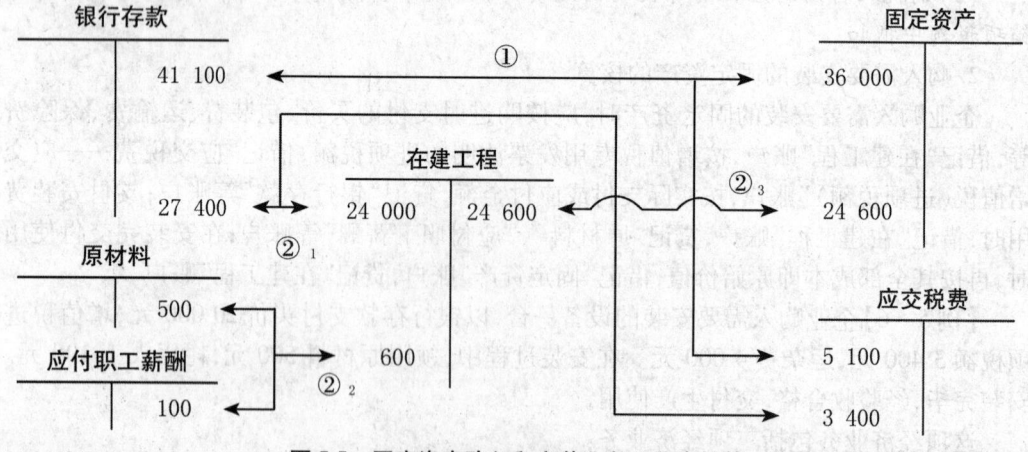

图 5-5　固定资产购入和安装业务总分类核算

【知识拓展5-1】

一般纳税人增值税税率：

(1) 纳税人销售或者进口货物，除以下第(2)项、第(3)项规定外，税率为17%。

(2) 纳税人销售或者进口下列货物，税率为13%：粮食、食用植物油、自来水、暖气、冷气、热水、煤气、石油液化气、天然气、沼气、居民用煤炭制品、图书、报纸、杂志、饲料、化肥、农药、农机、农膜、农业产品以及国务院规定的其他货物。

(3) 纳税人出口货物，税率为零，国务院另有规定的除外。

(4) 纳税人提供加工、修理、修配劳务税率为17%。纳税人兼营不同税率的货物或者应税劳务，应当分别核算不同税率货物或者应税劳务的销售额。未分别核算销售额的，从高适用税率。

(5) 营业税改征增值税后，租赁有形动产等适用17%的税率，交通运输业、建筑业等适用11%的税率，其他部分现代服务业适用6%的税率。

对小规模纳税人实行简易办法征收增值税，其进项税不允许抵扣。小规模纳税人销售货物或应税劳务的增值税税率为3%。

三、材料采购业务的核算

供应过程的主要经济活动是以货币资金采购原材料，作为生产的储备，以保证生产的需要。在原材料的采购过程中，企业一方面从供应单位购进材料物资，另一方面，必须按照购货合同和其他有关确定支付原材料的价税款和各种采购费用，包括原材料的买价、增值税进项税额、采购过程中发生的运输费、装卸费、包装费、储存保险费和入库前的挑选整理费及其他费用。企业购进的原材料，经验收入库后，即为可供生产领用的库存材料。原材料的买价加上采购费用，构成原材料的采购成本。

(一) 材料采购业务的账户设置

为了反映和监督原材料的采购业务，加强采购业务的管理，确定材料采购成本，需要设置以下账户：

1. "在途物资"账户。该账户是资产类账户，用以核算企业外购材料的买价和采购费用，计算确定材料实际采购成本的账户。其借方登记购入原材料的买价和采购费用；贷方登记已验收入库按实际采购成本转入"原材料"账户借方的数额；期末如有余额在借方，反映期末尚未到达或尚未验收入库的在途材料的实际成本。该账户可按供应单位和材料品种进行明细核算。"在途物资"账户的结构可用图5-6表示。

借方	在途物资	贷方
购入原材料的买价和采购费用		验收入库材料的实际成本
余额：期末在途材料的实际成本		

图5-6 "在途物资"账户结构

2. "原材料"账户。该账户是用来核算企业库存材料的收入、发出和结存情况的账户。该账户属于资产类账户，其借方登记已验收入库材料的实际采购成本；贷方登记发出材料的实际成本；期末余额在借方，表示库存材料的实际成本。该账户可按照材料的保管地点和材料的类别、品种、规格等进行明细核算。"原材料"账户的结构可用图 5-7 表示。

借方	原材料	贷方
验收入库材料的实际采购成本		发出材料的实际成本
余额:期末库存材料的实际成本		

图 5-7 "原材料"账户结构

3. "应付账款"账户。该账户是用来核算企业因购买材料、物资和接受劳务等经营活动应支付给供应单位款项的账户。该账户属于负债类账户,其贷方登记应付而未付的数额;借方登记实际归还的数额;期末余额一般在贷方,表示期末尚未归还给供应单位款项的数额。该账户可按债权人进行明细核算。"应付账款"账户的结构可用图 5-8 表示。

借方	应付账款	贷方
本期归还的应付账款		本期增加的应付账款
		余额:期末尚未归还的应付账款

图 5-8 "应付账款"账户结构

4. "应付票据"账户。当企业购买材料、物资是采用商业汇票(商业承兑汇票或银行承兑汇票)结算方式来结算供应单位货款时,应相应地开设"应付票据"账户,用来反映和监督与供应单位结算债务的情况。该账户属于负债类账户,企业开出商业汇票时,记入该账户的贷方;偿还到期的应付票据时,记入该账户的借方;期末如有余额在贷方,表示期末尚未到期的商业汇票的票面金额。该账户可按债权人进行明细核算。"应付票据"账户的结构可用图 5-9 表示。

借方	应付票据	贷方
本期偿付的应付票据		本期增加的应付票据
		余额:期末尚未到期的应付票据

图 5-9 "应付票据"账户结构

5. "预付账款"账户。该账户用来核算企业按购货合同预付给供应单位的货款及其结算情况。该账户属于资产类账户,其借方登记预付或补付的预付账款的金额;贷方登记所购货物金额及退回多付货款的金额;期末余额一般在借方,表示尚未结算的预付款项。该账户可按供货单位进行明细核算。"预付账款"账户的结构可用图 5-10 表示。

借方	预付账款	贷方
向供应单位预付的货款及补付的货款		核销的预付货款及退回多付的货款
余额:期末尚未结算的预付货款		

图 5-10 "预付账款"账户结构

6. "应交税费"账户。该账户是用来核算企业应交和实交税金增减变动情况的账户。主要包括增值税、消费税、营业税、所得税、资源税、土地增值税、城市维护建设税、房产税、土地使用税、车船税、教育费附加、矿产资源补偿费等税费,以及在上缴国家之前由企业代扣代缴的个人所得税等。该账户属于负债类账户,其借方登记实际交纳的各种税费;贷方登记应交纳的各种税费;期末余额在贷方,表示企业尚未交纳的税费;期末余额在借方,表示多交或尚未抵扣的税费。该账户可按应交的税费项目进行明细核算。"应交税费——应交增值税"账户是用来反映和监督企业应交和实交增值税结算情况的账户,企业购买材料物资时交纳的增值税进项税额记入该账户的借方;企业销售产品时向购买单位收取的增值税销项税额记入该账户的贷方。"应交税费"账户的结构可用图5-11表示。

借方	应交税费	贷方
实际交纳的各种税费		应交纳的各种税费
余额:多交或尚未抵扣的税费		余额:期末尚未交纳的税费

图5-11 "应交税费"账户结构

(二)材料采购业务的总分类核算

【例5-7】企业从光华公司购入甲材料一批,买价总计50 000元,增值税进项税额为8 500元。价税款已通过银行支付,另以现金支付运杂费200元,但材料尚未运达。

这项经济业务的发生,一方面使材料采购支出增加58 700元,其中材料买价50 000元,运杂费200元,增值税进项税额8 500元;另一方面,使企业银行存款减少58 500元,现金减少200元。因此,这项经济业务涉及"在途物资"、"应交税费——应交增值税"、"库存现金"和"银行存款"四个账户。材料价款支出记入"在途物资"账户的借方,增值税进项税额记入"应交税费——应交增值税"账户的借方,现金和银行存款的减少分别记入"库存现金"和"银行存款"账户的贷方。此项经济业务应编制如下会计分录:

借:在途物资　　　　　　　　　　　　　　　　　　　50 200
　　应交税费——应交增值税(进项税额)　　　　　　 8 500
　贷:银行存款　　　　　　　　　　　　　　　　　　 58 500
　　　库存现金　　　　　　　　　　　　　　　　　　　　200

【例5-8】企业向新华公司购入甲材料100千克,单价180元/千克,乙材料200千克,单价100元/千克。购入两种材料的运杂费600元,增值税进项税额6 460元。款项均未支付,材料已运达企业,但尚未验收入库。

这项经济业务的发生,一方面使材料采购支出增加45 060元,其中材料买价38 000元,增值税进项税额6 460元,采购费用600元;另一方面,使企业应付账款增加45 060元。因此,这项经济业务涉及"在途物资"、"应交税费——应交增值税"和"应付账款"三个账户。材料价款支出和运杂费记入"在途物资"账户的借方,增值税进项税额记入"应交税费——应交增值税"账户的借方,应付账款的增加记入"应付账款"账户的贷方。此项经济业务应编制如下会计分录:

借:在途物资　　　　　　　　　　　　　　　　　　　38 600
　　应交税费——应交增值税(进项税额)　　　　　　 6 460
　贷:应付账款　　　　　　　　　　　　　　　　　　 45 060

基础会计

【例5-9】企业以银行存款偿付前欠新华公司购货款45 060元。

这项经济业务的发生,一方面使企业应付账款减少45 060元;另一方面,使企业银行存款减少45 060元。因此,这项经济业务涉及"应付账款"和"银行存款"两个账户。应付账款的减少记入"应付账款"账户的借方,银行存款的减少记入"银行存款"账户的贷方。此项经济业务应编制如下会计分录:

借:应付账款　　　　　　　　　　　　　　　　　　　　　　　　45 060
　　贷:银行存款　　　　　　　　　　　　　　　　　　　　　　　45 060

【例5-10】企业以银行存款预付华兴工厂购丙材料款30 000元。

这项经济业务的发生,一方面使企业预付账款增加30 000元,另一方面使银行存款减少30 000元。因此,这项经济业务涉及"预付账款"和"银行存款"两个账户。预付账款的增加应记入"预付账款"账户的借方;银行存款的减少应记入"银行存款"账户的贷方。此项经济业务应编制如下会计分录:

借:预付账款　　　　　　　　　　　　　　　　　　　　　　　　30 000
　　贷:银行存款　　　　　　　　　　　　　　　　　　　　　　　30 000

【例5-11】企业从长江工厂购买丁材料4 000千克,单价1.00元/千克,增值税进项税额680元,企业开出并承兑三个月的商业承兑汇票一张,但材料尚未运达企业。

这项经济业务的发生,一方面使材料采购支出增加4 680元,其中材料买价4 000元,增值税进项税额680元;另一方面,使企业应付票据款增加4 680元。因此,这项经济业务涉及"在途物资"、"应交税费——应交增值税"和"应付票据"三个账户。材料价款支出记入"在途物资"账户的借方,增值税进项税额记入"应交税费——应交增值税"账户的借方,应付票据的增加记入"应付票据"账户的贷方。此项经济业务应编制如下会计分录:

借:在途物资　　　　　　　　　　　　　　　　　　　　　　　　4 000
　　应交税费——应交增值税(进项税额)　　　　　　　　　　　　680
　　贷:应付票据　　　　　　　　　　　　　　　　　　　　　　　4 680

【例5-12】企业收到华兴工厂发来的预付货款的丙材料,并验收入库。该批材料的买价30 000元,运杂费400元,增值税进项税额5 100元,不足货款以银行存款支付。

这项经济业务的发生,一方面使材料采购支出增加35 500元,其中材料买价30 000元,运杂费400元,增值税进项税额5 100元;另一方面,除冲销原预付账款30 000元外,同时不足货款以银行存款补付5 500元。因此,这项经济业务涉及"在途物资"、"应交税费——应交增值税"、"预付账款"和"银行存款"四个账户。材料价款和运杂费支出记入"在途物资"账户的借方,增值税进项税额记入"应交税费——应交增值税"账户的借方,预付账款的减少记入"预付账款"账户的贷方,银行存款的减少记入"银行存款"账户的贷方。此项经济业务应编制如下会计分录:

借:在途物资　　　　　　　　　　　　　　　　　　　　　　　　30 400
　　应交税费——应交增值税(进项税额)　　　　　　　　　　　　5 100
　　贷:预付账款　　　　　　　　　　　　　　　　　　　　　　　30 000
　　　　银行存款　　　　　　　　　　　　　　　　　　　　　　　5 500

【例5-13】承【例5-7】~【例5-12】,甲、乙、丙三种材料已采购完成,结转其实际采购成本。

已验收入库材料的实际采购成本 = 50 200 + 38 600 + 30 400 = 119 200(元)

尚未运达企业的在途材料的采购成本为4 000元。

这项经济业务的发生,一方面,使库存材料增加119 200元;另一方面,使企业材料采购成本减少119 200元。因此,这项经济业务涉及"原材料"和"在途物资"两个账户。库存材料的增加应记入"原材料"账户的借方,材料采购成本的减少应记入"在途物资"账户的贷方。此项经济业务应编制如下会计分录:

借:原材料　　　　　　　　　　　　　　　　　　　　　　119 200
　　贷:在途物资　　　　　　　　　　　　　　　　　　　　　　　119 200

上述有关材料采购业务的会计分录登记总账的结果如图5-12所示。

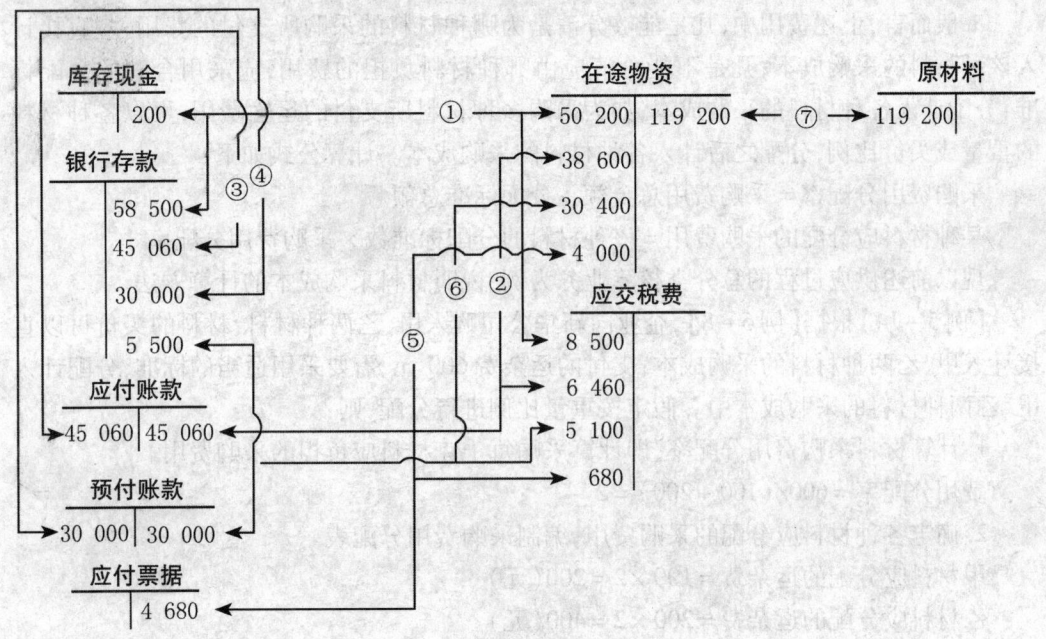

图5-12　材料采购业务总分类核算

四、材料采购成本的计算

(一)材料采购成本的确定

材料采购的实际成本一般包括以下几个方面的内容:

1. 买价。指进货发票账单上所开列的货款金额。

2. 运杂费。包括由供应单位运至企业所在地的运输费、装卸费、包装费、保险费和仓储费等。

3. 运输途中的合理损耗。

4. 入库前的挑选整理费用。

上述材料采购实际成本构成内容中,买价、运杂费、运输途中的合理损耗和入库前的挑选整理费用,称为材料的采购费用。因此,材料的实际采购成本,也可以说由买价和采购费用构成。

【重要提示5-2】(1)材料在运输途中发生的损耗包括合理损耗、不合理损耗和意外损耗等。其中合理损耗计入材料采购成本,不合理损耗应向责任人或责任单位索取赔偿,意外损耗扣除保险公司给予的赔偿以及残值后的净损失计入营业外支出,除以上各项的其他损失计入管理费用。

(2)市内零星运杂费、采购人员的差旅费以及采购机构的经费等不构成材料的采购成本,而是计入期间费用。

(二)材料采购成本的计算

材料采购成本的计算就是将企业采购材料所支付的买价和采购费用,按照购入材料的品种和类别加以归类,计算各种材料的采购总成本和单位成本。

一般而言,上述费用中,凡是能够分清是为哪种材料的采购所支付的费用,应直接计入该种材料的采购成本;凡是不能分清应由哪种材料负担的费用,应采用合理的分配标准,分配计入各种材料的采购成本,如为采购多种材料所支付的运输费用,可以各种材料的重量或买价比例,分配之后计入各种材料的采购成本。计算公式如下:

采购费用分配率 = 采购费用总金额 ÷ 分配标准总额

某种材料应分配的采购费用 = 该种材料的分配标准数 × 采购费用分配率

现以前述供应过程的总分类核算业务为例,说明材料采购成本的计算方法。

【例5-14】根据【例5-8】,企业向新华公司购入甲、乙两种材料,材料的买价可以直接计入甲、乙两种材料的采购成本;支付的运杂费600元,需要采用适当的标准,分配计入甲、乙两种材料的采购成本中。假定按重量比例进行分配,则:

1. 计算材料采购费用分配率,即计算采购每千克材料应负担的采购费用。

费用分配率 = 600/(100 + 200) = 2

2. 确定各种材料应分配的采购费用,编制采购费用分配表。

甲材料应分配的运杂费 = 100 × 2 = 200(元)

乙材料应分配的运杂费 = 200 × 2 = 400(元)

编制材料采购费用分配表,如表5-1所示。

表5-1　　　　　　　　　材料采购费用分配表　　　　　　　　金额单位:元

材料名称	分配标准(千克)	分配率	分配金额
甲材料	100	2	200
乙材料	200	2	400
合计	300		600

根据材料采购费用分配表,登记甲、乙两种材料明细账。

材料采购总成本和单位成本的计算,是根据"在途物资"明细分类账的记录,通过编制成本计算单来完成的。材料采购成本计算单的格式及编制方法,如表5-2所示。

表 5-2　　　　　　　　　　材料采购成本计算单　　　　　金额单位：元

项目	甲材料		乙材料	
	总成本（100千克）	单位成本	总成本（200千克）	单位成本
买价	18 000	180	20 000	200
运杂费	200	2	400	2
合计	18 200	182	20 400	202

第三节　产品生产业务的核算

一、产品生产业务核算的主要内容

生产过程是制造业最具特色的阶段,是企业生产经营过程的中心环节,是从投入材料到产品完工并验收入库的全过程。在这一过程中,一方面,劳动者借助于劳动资料对劳动对象进行加工制造,生产出可供销售的产品;另一方面,为生产产品,必然要发生各种耗费。工业企业在一定时期内为生产产品而发生的各种耗费,称为生产费用。生产费用是为生产产品而发生的,应当先进行归集,然后再计入产品制造成本中去。企业为生产一定种类和数量的产品所发生的生产费用的总和就构成了产品的生产成本,即产品的制造成本。因此,产品生产业务核算的主要内容应为:(1)核算企业材料的领用情况;(2)核算企业职工工资及福利费的计提情况;(3)核算固定资产的折旧费和其他制造费用;(4)计算产品的生产成本并结转产成品生产成本。

二、产品生产业务核算应设置的主要账户

为了记录和反映生产过程中发生的各种费用,计算产品的制造成本,应设置以下账户:

1."生产成本"账户。该账户是用来归集生产过程中所发生的应计入产品制造成本的全部费用,并计算确定产品实际制造成本的账户。该账户属于成本类账户,借方登记产品生产过程中发生的全部生产费用;贷方登记已完工,验收入库产品的实际生产成本;期末余额在借方,表示尚未完工的在产品的实际成本。该账户可按照基本生产成本和辅助生产成本产品的种类进行明细核算。"生产成本"账户的结构可用图5-13表示。

借方	生产成本	贷方
为生产产品所发生的各种费用,包括直接材料、直接人工和分配的制造费用		完工入库产品的生产成本
余额：期末在产品成本		

图5-13　"生产成本"账户结构

2."制造费用"账户。该账户是用来归集和分配企业为生产产品和提供劳务而发生的各项间接费用的账户。该账户属于成本类账户,借方登记企业为生产产品和提供劳务而发生的各项间接费用,包括车间管理人员的工资和福利费、机器设备及车间厂房等固定资产的折旧费和修理费、车间办公费、机器物料消耗、劳动保护费和季节性修理期间的停工损失等,及其他不能直接计入产品生产成本的生产费用;贷方登记分配转入"生产成本"账户借方,由各种产品成本负担的制造费用的数额;该账户期末一般无余额。该账户应按车间、部门和费用项目进行明细核算。"制造费用"账户的结构可用图 5-14 表示。

借方	制造费用	贷方
本期发生的各种制造费用		分配计入各种产品生产成本转入"生产成本"账户借方的制造费用

图 5-14 "制造费用"账户结构

3."应付职工薪酬"账户。该账户是用来核算企业根据有关规定应付给职工的各种薪酬的提取、结算、使用等情况的账户。该账户属于负债类账户,其贷方登记已分配计入有关成本费用项目的职工薪酬的数额;借方登记企业实际发放职工薪酬的数额。期末贷方余额表示应付未付的职工薪酬。该账户可按"工资"、"职工福利"、"社会保险费"、"住房公积金"、"工会经费"、"职工教育经费"、"非货币性福利"、"辞退福利"、"股份支付"等进行明细核算。"应付职工薪酬"账户的结构可用图 5-15 表示。

借方	应付职工薪酬	贷方
本期实际发放职工薪酬的数额		本期已分配计入有关成本费用项目的职工薪酬的数额
		余额:应付未付的职工薪酬

图 5-15 "应付职工薪酬"账户结构

4."累计折旧"账户。该账户是"固定资产"账户的抵减账户,用来核算固定资产因损耗而减少的价值。固定资产在使用过程中,虽然能够始终保持原有的实物形态,但其价值在逐渐损耗。因此,会计核算中,不仅要设置"固定资产"账户反映固定资产的原始价值,同时还要设置"累计折旧"账户来反映固定资产价值的损耗。固定资产因损耗而转移到成本费用中的那一部分价值,叫做固定资产折旧。固定资产折旧应按固定资产的原始价值和核定的折旧率按月计算,并计入间接费用或期间费用。该账户属于资产类账户,其贷方登记计提的固定资产的折旧额;借方登记因出售、报废和毁损固定资产而相应减少的折旧额;期末余额在贷方,表示现有固定资产的累计折旧额。将"累计折旧"账户的贷方余额抵减"固定资产"账户的借方余额,即可求得固定资产的净值。"累计折旧"账户的结构可用图 5-16 表示。

第五章 企业主要经济业务的核算

借方	累计折旧	贷方
固定资产折旧的减少额	固定资产折旧的增加额	
	余额:现有固定资产的累计折旧	

图 5-16 "累计折旧"账户结构

【小思考 5-2】想一想,"累计折旧"账户的账户结构和其他资产类账户的账户结构有什么不同,为什么?

5."库存商品"账户。该账户是用来核算企业生产完工并验收入库的,可供销售的产成品的收入、发出和结存情况。该账户属于资产类账户,其借方登记已完工验收入库的各种产品的实际生产成本;贷方登记发出各种产品实际生产成本;期末余额在借方,表示期末库存产品的实际生产成本。该账户可按库存商品的种类、品种和规格进行明细核算。"库存商品"账户的结构可用图 5-17 表示。

借方	库存商品	贷方
完工入库产成品的实际生产成本	发出产成品的实际成本	
余额:期末库存产成品的实际成本		

图 5-17 "库存商品"账户结构

三、产品生产业务的总分类核算

【例 5-15】根据本月领料单汇总表,仓库发出的材料及用途如表 5-3 所示。

表 5-3 材料耗用汇总表

项 目	A 材料		B 材料		C 材料		合 计
	数量(千克)	金额(元)	数量(千克)	金额(元)	数量(千克)	金额(元)	
生产耗用	1 600	16 000	5 000	2 500	200	1 000	19 500
其中:甲产品	1 000	10 000	3 000	1 500	160	800	12 300
乙产品	600	6 000	2 000	1 000	40	200	7 200
车间一般耗用			1 000	500	100	500	1 000
合 计	1 600	16 000	6 000	3 000	300	1 500	20 500

这笔经济业务的发生,一方面使企业库存材料减少 20 500 元;另一方面使成本费用增加 20 500 元,其中,直接用于生产甲、乙产品的直接费用为 19 500 元,应计入产品的生产成本;用于车间一般耗用的间接费用为 1 000 元,应计入制造费用。因此,这项经济业务涉及"原材料"、"生产成本"和"制造费用"三个账户。原材料的减少是资产的减少,应记入"原材料"账户的贷方;生产耗用和车间一般耗用的增加,是成本的增加,应分别记入"生产成本"和"制造费用"的借方。此项经济业务应编制如下会计分录:

借:生产成本		19 500
制造费用		1 000
贷:原材料		20 500

【例5-16】承前例,月末,结算本月应付职工的工资15 000元。其中甲产品生产人员的工资8 000元,乙产品生产人员的工资5 000元,车间管理人员工资2 000元。

这笔经济业务的发生,一方面使企业应付职工薪酬增加15 000元;另一方面使成本费用增加15 000元,其中,生产工人的工资13 000元,应计入产品的生产成本;车间管理人员的工资为2 000元,应计入制造费用。因此,这项经济业务涉及"应付职工薪酬"、"生产成本"和"制造费用"三个账户。应付职工薪酬的增加是负债的增加,应记入"应付职工薪酬"账户的贷方;工资费用的增加是成本的增加,应分别记入"生产成本"和"制造费用"的借方。此项经济业务应编制如下会计分录:

借:生产成本		13 000
制造费用		2 000
贷:应付职工薪酬		15 000

【例5-17】承前例,从银行提取现金15 000元,准备发放工资。

这笔经济业务的发生,一方面使企业现金增加15 000元;另一方面使企业银行存款减少15 000元。因此,这项经济业务涉及"库存现金"和"银行存款"两个账户。现金的增加是资产的增加,应记入"库存现金"账户的借方;银行存款减少是资产的减少,应记入"银行存款"账户的贷方。此项经济业务应编制如下会计分录:

借:库存现金		15 000
贷:银行存款		15 000

【例5-18】承前例,以现金发放职工工资15 000元。

这笔经济业务的发生,一方面使企业现金减少15 000元;另一方面使应付职工薪酬减少15 000元。因此,这项经济业务涉及"库存现金"和"应付职工薪酬"两个账户。现金的减少是资产的减少,应记入"库存现金"账户的贷方;应付职工薪酬的减少是负债的减少,应记入"应付职工薪酬"账户的借方。此项经济业务应编制如下会计分录:

借:应付职工薪酬		15 000
贷:库存现金		15 000

【例5-19】承前例,按工资总额的14%计提职工福利费。

这笔经济业务的发生,一方面使企业应付福利费增加2 100元;另一方面使企业生产费用增加2 100元,其中,按生产工人工资总额计提的职工福利费1 820元,应计入产品的生产成本,按车间管理人员的工资总额计提的福利费280元,应计入制造费用。因此,这项经济业务涉及"生产成本"、"制造费用"和"应付职工薪酬"三个账户。应付福利费的增加是负债的增加,应记入"应付职工薪酬"账户的贷方;生产费用的增加是成本的增加,应分别记入"生产成本"和"制造费用"的借方。此项经济业务应编制如下会计分录:

借:生产成本		1 820
制造费用		280
贷:应付职工薪酬		2 100

第五章 企业主要经济业务的核算

【例5-20】承前例,计提本月生产部门使用的固定资产折旧1 000元。

这笔经济业务的发生,一方面使企业生产费用中的折旧费增加1 000元;另一方面使企业生产用固定资产的价值因损耗而减少1 000元,也就是累计折旧增加1 000元。这项经济业务涉及"制造费用"和"累计折旧"两个账户。累计折旧的增加实际是固定资产价值的减少,应记入"累计折旧"账户的贷方;折旧费用的增加是间接生产费用的增加,应记入"制造费用"账户的借方。此项经济业务应编制如下会计分录:

借:制造费用　　　　　　　　　　　　　　　　　　1 000
　贷:累计折旧　　　　　　　　　　　　　　　　　　　　　1 000

【例5-21】承前例,以银行存款支付车间办公费、水电费1 360元。

这笔经济业务的发生,一方面使企业制造费用增加1 360元;另一方面使企业银行存款减少1 360元。因此,这项经济业务涉及"制造费用"和"银行存款"两个账户。制造费用的增加是生产费用的增加,应记入"制造费用"账户的借方;银行存款的减少是资产的减少,应记入"银行存款"账户的贷方。此项经济业务应编制如下会计分录:

借:制造费用　　　　　　　　　　　　　　　　　　1 360
　贷:银行存款　　　　　　　　　　　　　　　　　　　　　1 360

【例5-22】承前例,将本月发生的制造费用5 640元全部分配转入甲、乙两种产品的生产成本。

这笔经济业务的发生,一方面使企业产品生产成本增加5 640元;另一方面使企业制造费用减少5 640元。因此,这项经济业务涉及"生产成本"和"制造费用"两个账户。生产成本的增加应记入"生产成本"账户的借方;制造费用的减少应记入"制造费用"账户的贷方。此项经济业务应编制如下会计分录:

借:生产成本　　　　　　　　　　　　　　　　　　5 640
　贷:制造费用　　　　　　　　　　　　　　　　　　　　　5 640

【例5-23】承前例,本月甲产品100件全部生产完工,并已验收入库,其实际生产成本共计24 890.77元;乙产品尚未完工。结转已完工入库的甲产品实际生产成本。

这笔经济业务的发生,一方面使企业产品生产成本减少24 890.77元;另一方面使企业库存产成品增加24 890.77元。因此,这项经济业务涉及"库存商品"和"生产成本"两个账户。库存产品成本的增加应记入"库存商品"账户的借方;生产成本的减少应记入"生产成本"账户的贷方。此项经济业务应编制如下会计分录:

借:库存商品　　　　　　　　　　　　　　　　　　24 890.77
　贷:生产成本　　　　　　　　　　　　　　　　　　　　　24 890.77

另外,由于乙产品尚未生产完工,因此月末"生产成本"账户的借方余额15 069.23元为乙产品的在产品生产成本。

【例5-15】~【例5-23】有关产品生产业务的会计分录登记总账的结果如图5-18所示。

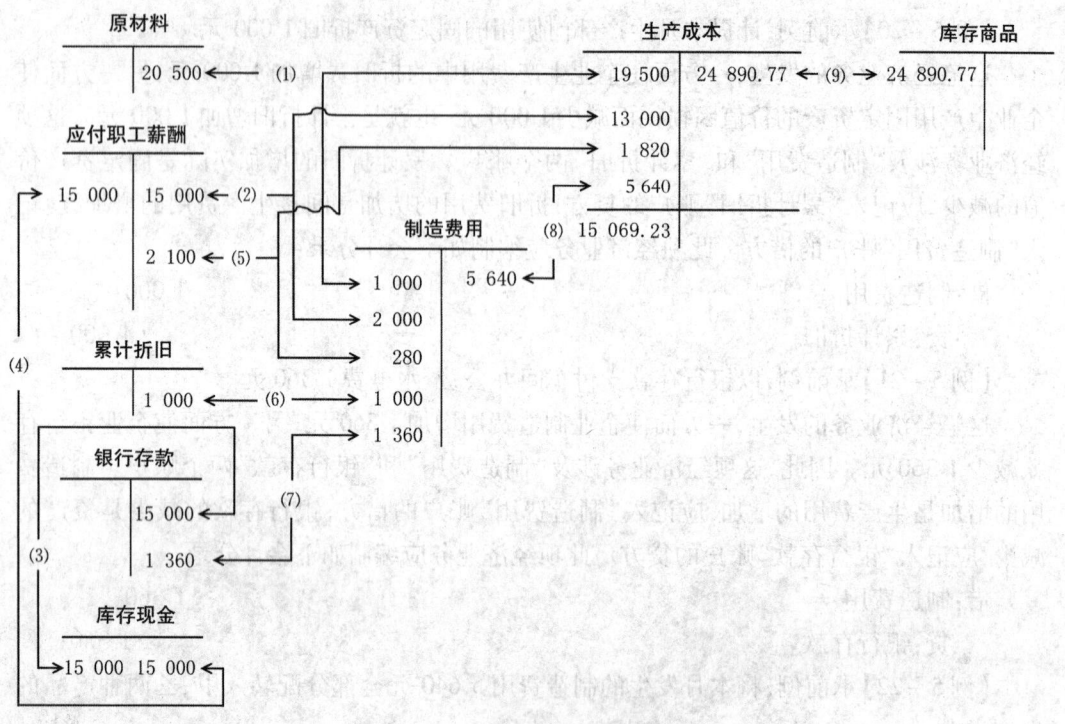

图5-18 产品生产业务总分类核算

四、产品生产成本的计算

产品生产成本的计算,就是将生产过程中发生的各种生产费用,按照产品的品种(即成本计算对象)和成本项目进行归集和分配,计算各种产品的总成本和单位成本。

计算产品的生产成本,一般按如下程序进行:

(一)确定成本计算对象

进行成本计算,首先要确定成本计算对象。所谓成本计算对象,就是指生产费用的归属对象。成本计算对象的确定,是设置产品成本明细账,归集生产费用,正确计算产品成本的前提。

成本计算对象的确定要适应企业生产组织的特点和管理的要求,生产特点不同和管理要求不同,成本计算对象也不一样。

工业企业的生产,按照生产组织可以划分为大量生产、成批生产和单件生产三种类型。

按照工艺技术过程可以划分为单步骤生产和多步骤生产。多步骤生产又分为装配式生产和连续式生产两种类型。单步骤生产一般为大量生产,要以产品品种为成本计算对象;多步骤装配式生产有大量生产、大批生产和单件生产,属于大量大批的生产,以产品及其所经过的步骤为成本计算对象,属于单件小批的生产,以产品批别为成本计算对象;多步骤连续式生产一般为大量生产,应以产品的品种和生产步骤为成本计算对象。

根据成本计算对象不同,产品成本计算的基本方法可分为品种法、分批法和分步法三种。不同的成本计算对象又决定了不同成本计算方法的特点。但是,不论采用哪种计算方法,最终都要按照产品品种计算出产品成本,因而,品种法是产品成本计算的最基本方法。

(二)按成本项目归集和分配生产费用

企业在生产过程中发生的各项费用,按其用途和产品成本的构成进行分类的项目,称为成本项目。工业企业一般应设立以下三个成本项目:

1. 直接材料,是指企业在生产产品和提供劳务过程中所消耗的直接用于产品生产并构成产品实体的原材料、主要材料、外购半成品以及有助于产品形成的辅助材料。

2. 直接人工,是指企业在生产产品和提供劳务过程中,直接参加产品生产的工人工资以及其他各种形式的职工薪酬。

3. 制造费用,是指基本生产车间为组织和管理生产活动而发生的各项间接费用。如生产车间管理人员的工资等职工薪酬、折旧费和修理费、办公费、水电费、机物料消耗、劳动保护费、季节性和修理期间的停工损失等。

产品成本明细账就是按照上述成本项目设置专栏或专行来归集应计入各种产品的生产费用的。在只生产一种产品的企业或车间中,成本计算对象只有一个,所发生的全部生产费用都是直接计入费用,可以直接计入产品成本明细账,不存在在各种成本计算对象之间分配生产费用的问题。但在生产多种产品的企业或车间里,由于成本计算对象有多个,需要按产品的品种分别设置明细账,所发生的生产费用,凡是能够分清是为哪种产品的生产而发生的,属于直接计入费用,应直接计入该种产品成本明细账,如直接材料、直接人工;凡为生产多种产品而共同发生的费用,属于间接计入费用,应按一定标准在这几种产品之间分配,然后计入各种产品成本明细账,如制造费用。

间接计入费用的分配方法有多种,但通常采用按照生产工人工资比例或生产工时比例进行分配。分配时,可先计算分配率,然后,据以计算每种产品应分配的间接计入费用。计算公式如下:

分配率 = 间接计入费用总额 ÷ 生产工人工资总额(或生产工人工时总额)

某种产品应分配的间接计入费用 = 该种产品工人工资(或生产工人工时)× 分配率

【例5-24】以【例5-15】~【例5-23】来说明制造费用的分配方法:

(1)计算制造费用分配率,即计算每元工资应负担的制造费用。

分配率 = 5 640/(8 000 + 5 000) = 0.433 8

(2)确定各种产品应分配的制造费用,编制制造费用分配表,如表5-4所示。

表5-4　　　　　　　　　　制造费用分配表　　　　　　　　金额单位:元

产品名称	分配标准(生产工人工资)	分配率	分配金额
甲产品	8 000	0.433 8	3 470.77
乙产品	5 000	0.433 8	2 169.23
合计	13 000		5 640

根据上述资料,将有关甲、乙两种产品的直接费用和间接费用,记入甲、乙两种产品生产成本明细账,如表5-5、5-6所示。

表5-5 生产成本明细账
产品名称:甲产品　　　　　　　　　　　　　　　　　　　　　金额单位:元

年		凭证号数	摘要	借方				贷方	借或贷	余额
月	日			直接材料	直接人工	制造费用	合计			
		1	生产领用材料	12 300			12 300		借	12 300
		2	生产工人工资		8 000		8 000		借	20 300
		5	职工福利费		1 120		1 120		借	21 420
		11	分配制造费用			3 470.77	3 470.77		借	24 890.77
		12	结转完工产品成本					24 890.77	平	0
			本期发生额及期末余额	12 300	9 120	3 470.77	24 890.77	24 890.77	平	0

表5-6 生产成本明细账
产品名称:乙产品　　　　　　　　　　　　　　　　　　　　　　　单位:元

年		凭证号数	摘要	借方				贷方	借或贷	余额
月	日			直接材料	直接人工	制造费用	合计			
		1	生产领用材料	7 200			7 200		借	7 200
		2	生产工人工资		5 000		5 000		借	12 200
		5	职工福利费		700		700		借	12 900
		11	分配制造费用			2 169.23	2 169.23		借	15 069.23
			本期发生额及期末余额	7 200	5 700	2 169.23	15 069.23			15 069.23

(三)计算产品生产成本

产品生产总成本和单位成本的计算,是根据"生产成本"明细账户的借方记录,通过编制"产品成本计算表"来完成的。

如果月末某种产品全部完工,该种产品成本明细账所归集的生产费用总额,就是该种完工产品的总成本,除以该种产品总产量即为单位成本;如果月末某种产品全部未完工,则该种产品成本明细账上所归集的生产费用,就是该种产品在产品的总成本;如果月末某种产品既有完工产品又有在产品,那么,该种产品成本明细账上所归集的生产费用总额,还应采用适当的方法在完工产品和在产品之间进行分配,然后才能计算出完工产品的总成本和单位成本。生产费用在完工产品和在产品之间进行分配的方法,将在成本会计中详细论述。

【例5-25】根据【例5-24】中甲产品生产成本明细账户的资料,编制产品生产成本计算表,如表5-7所示。

表5-7　　　　　　　　　　产品成本计算表　　　　　　　　金额单位:元

成本项目	甲产品	
	总成本(100件)	单位成本(元/件)
直接材料	12 300	123
直接人工	9 120	91.2
制造费用	3 470.77	34.71
合计	24 890.77	248.91

第四节　产品销售业务的核算

一、产品销售业务核算的主要内容

销售过程是企业生产经营的最后阶段,是企业产品进入流通领域,实现产品价值的过程。在销售过程中,企业要将制造完工的产成品及时地销售给购买单位,按销售价格收取货款,形成产品销售收入,同时,为了销售产品还会发生一定的产品销售费用。此外,在销售过程中,企业还应按照国家税法的规定计算并缴纳销售税金。企业的产品销售收入扣除产品销售成本、产品销售费用和产品营业税金及附加后的差额,即为产品销售利润或亏损。因此,销售过程核算的主要内容是:(1)确认产品销售收入的实现,与购买单位办理结算,收回货款;(2)支付产品的销售费用;(3)计算并缴纳产品营业税金及附加;(4)计算并结转产品销售成本;(5)确定产品销售利润或亏损。

二、产品销售业务核算应设置的主要账户

1."主营业务收入"账户。该账户是用来核算企业销售商品、产品、自制半成品和提供工业性劳务等主营业务所取得的收入的账户。该账户属于损益类账户,其贷方登记企业本期实现的销售收入;借方登记发生的销售退回或销售折扣与折让等冲减的销售收入;月末将本账户的贷方余额全部转入"本年利润"账户的贷方,结转后本账户应无余额。本账户可按主营业务的种类进行明细核算。"主营业务收入"账户的账户结构如图5-19所示。

借方	主营业务收入	贷方
(1)销售退回或销售折扣与折让冲减的主营业务收入 (2)期末转入"本年利润"账户贷方的主营业务收入		本期取得的主营业务收入

图5-19　"主营业务收入"账户结构

2. "主营业务成本"账户。该账户是用来核算企业确认销售商品、产品、自制半成品和提供工业性劳务等主营业务收入时应结转的成本的账户。该账户属于损益类账户,其借方登记应结转的本期销售各种商品、产品、自制半成品和提供工业性劳务等主营业务的成本;贷方登记发生的销售退回应冲减的成本;月末将本账户的借方余额全部转入"本年利润"账户的借方,结转后本账户应无余额。本账户可按主营业务的种类进行明细核算。"主营业务成本"账户的账户结构如图5-20所示。

借方	主营业务成本	贷方
本期销售商品、产品、自制半成品和提供工业性劳务等主营业务而发生的实际成本		(1) 销售退回冲减的主营业务成本 (2) 期末转入"本年利润"账户借方的主营业务成本

图5-20 "主营业务成本"账户结构

3. "营业税金及附加"账户。该账户是用来核算企业经营活动发生的营业税、消费税、城市维护建设税、资源税、土地增值税和教育费附加等相关税费的账户。该账户属于损益类账户,其借方登记企业按照规定计算确定的与经营活动相关的税费;月末将本账户的借方余额全部转入"本年利润"账户的借方,结转后本账户应无余额。"营业税金及附加"账户的账户结构如图5-21所示。

借方	营业税金及附加	贷方
本期经营活动应负担的相关税费		期末转入"本年利润"账户借方的营业税金及附加

图5-21 "营业税金及附加"账户结构

4. "销售费用"账户。该账户用来核算企业销售商品和材料、提供劳务的过程中发生的各种费用,包括保险费、包装费、展览费和广告费、商品维修费、预计产品质量保证损失、运输费、装卸费等,以及为销售本企业商品而专设的销售机构(含销售网点、售后服务网点等)的职工薪酬、业务费、折旧费等经营费用。该账户属于损益类账户,其借方登记企业销售商品过程中发生的各种费用;月末将本账户的借方余额全部转入"本年利润"账户的借方,结转后本账户应无余额。本账户可按费用项目进行明细核算。"销售费用"账户的账户结构如图5-22所示。

借方	销售费用	贷方
本期发生的销售费用		期末转入"本年利润"账户借方的销售费用

图5-22 "销售费用"账户结构

5."应收票据"账户。该账户用来核算企业因销售商品、产品、提供劳务等而收到的商业汇票,包括银行承兑汇票和商业承兑汇票。该账户属于资产类账户,其借方登记收到的商业汇票的票面金额;贷方登记商业汇票到期实际收回的票面金额;期末余额在借方,表示企业持有的商业汇票的票面金额。"应收票据"账户的账户结构如图5-23所示。

借方	应收票据	贷方
本期收到的商业汇票的票面金额		本期收回的商业汇票的票面金额
余额:期末持有的商业汇票的票面金额		

图5-23 "应收票据"账户结构

6."应收账款"账户。该账户用来核算企业因销售商品、产品、提供劳务等,应向购货单位或接受劳务单位收取的款项。该账户属于资产类账户,其借方登记发生的应收账款;贷方登记已收回的应收账款;期末余额一般在借方,表示尚未收回的应收账款。本账户可按债务人进行明细核算。"应收账款"账户的账户结构如图5-24所示。

借方	应收账款	贷方
本期发生的应收账款		已收回的应收账款
余额:期末尚未收回的应收账款		

图5-24 "应收账款"账户结构

7."预收账款"账户。该账户是用来核算企业按合同规定向购货单位预收的货款。该账户属于负债类账户,其贷方登记向购货单位预收的款项;借方登记发货后与购货单位结算的款项;期末余额在贷方,表示尚未结算的预收款项。预收账款不多的企业,也可以将预收的款项直接记入"应收账款"账户的贷方,不设本账户。本账户可按购货单位进行明细核算。"预收账款"账户的账户结构如图5-25所示。

借方	预收账款	贷方
本期用产品或劳务偿付的预收款项		本期预收的款项
		余额:期末尚未结算预收款项

图5-25 "预收账款"账户结构

三、销售过程的总分类核算

假定企业本月发生下列销售业务:

【例5-26】向科星公司销售甲产品1 000件,每件售价300元,价款共计300 000元,增值税税率为17%。货款已收到,存入银行。

这项经济业务的发生,一方面使企业银行存款增加351 000元;另一方面使企业的产品销售收入增加300 000元,应交增值税销项税额增加51 000元。因此,这项经济业务涉及"银行存款"、"主营业务收入"和"应交税费"三个账户。银行存款的增加是资产的增加,应记入"银行存款"账户的借方;产品销售收入的增加是收入的增加,应记入"主营业务收入"账户的贷方;应交税费的增加是负债的增加,应记入"应交税费"账户的贷方。这项经济业务应编制如下会计分录:

借:银行存款　　　　　　　　　　　　　　　　　　　　351 000
　　贷:主营业务收入　　　　　　　　　　　　　　　　　300 000
　　　　应交税费——应交增值税(销项税额)　　　　　　51 000

【例5-27】向红星工厂发出甲产品200件,每件售价300元,价款共计60 000元,增值税税率为17%,另以银行存款代垫运费500元,款项均未收到。

这项经济业务的发生,一方面使企业应收账款增加70 700元;另一方面使企业的产品销售收入增加60 000元,应交增值税销项税额增加10 200元,银行存款减少500元。因此,这项经济业务涉及"应收账款"、"银行存款"、"主营业务收入"和"应交税费"四个账户。应收账款的增加是资产的增加,应记入"应收账款"账户的借方;产品销售收入的增加是收入的增加,应记入"主营业务收入"账户的贷方;应交税费的增加是负债的增加,应记入"应交税费"账户的贷方;银行存款的减少是资产的减少,应记入"银行存款"账户的贷方。这项经济业务应编制如下会计分录:

借:应收账款　　　　　　　　　　　　　　　　　　　　70 700
　　贷:主营业务收入　　　　　　　　　　　　　　　　　60 000
　　　　应交税费——应交增值税(销项税额)　　　　　　10 200
　　　　银行存款　　　　　　　　　　　　　　　　　　　　500

【例5-28】向安信公司发出乙产品500件,每件售价150元,价款共计75 000元,增值税税率为17%,收到安信公司开出并承兑的期限为3个月的商业汇票一张。

这项经济业务的发生,一方面使企业应收票据增加87 750元;另一方面使企业的产品销售收入增加75 000元,应交增值税销项税额增加12 750元。因此,这项经济业务涉及"应收票据"、"主营业务收入"和"应交税费"三个账户。应收票据的增加是资产的增加,应记入"应收票据"账户的借方;产品销售收入的增加是收入的增加,应记入"主营业务收入"账户的贷方;应交税费的增加是负债的增加,应记入"应交税费"账户的贷方。这项经济业务应编制如下会计分录:

借:应收票据　　　　　　　　　　　　　　　　　　　　87 750
　　贷:主营业务收入　　　　　　　　　　　　　　　　　75 000
　　　　应交税费——应交增值税(销项税额)　　　　　　12 750

【例5-29】收到汇华公司预付购买甲产品货款40 000元,存入银行。

这项经济业务的发生,一方面使企业银行存款增加40 000元;另一方面使企业的预收款项增加40 000元。因此,这项经济业务涉及"银行存款"和"预收账款"两个账户。银行存款的增加是资产的增加,应记入"银行存款"账户的借方;预收款项的增加是负债的增加,应记入"预收账款"账户的贷方。这项经济业务应编制如下会计分录:

借：银行存款　　　　　　　　　　　　　　　　　　　　　　　　40 000
　　贷：预收账款　　　　　　　　　　　　　　　　　　　　　　　　40 000

【例5-30】以银行存款支付广告费3 000元。

这项经济业务的发生，一方面使企业产品销售费用增加3 000元；另一方面使企业的银行存款减少3 000元。因此，这项经济业务涉及"银行存款"和"销售费用"两个账户。产品销售费用的增加，记入"销售费用"账户的借方；银行存款的减少是资产的减少，应记入"银行存款"账户的贷方。这项经济业务应编制如下会计分录：

借：销售费用　　　　　　　　　　　　　　　　　　　　　　　　3 000
　　贷：银行存款　　　　　　　　　　　　　　　　　　　　　　　　3 000

【例5-31】向汇华公司发出甲产品100件，每件售价300元，增值税税率为17%，价税款合计为35 100元，冲销原预收货款，余款退回。

这项经济业务的发生，一方面使企业预收账款减少35 100元；另一方面使企业的产品销售收入增加30 000元，应交增值税销项税额增加5 100元。另外，企业退回多收的货款，一方面使企业预收账款减少4 900；另一方面使企业银行存款减少4 900元。因此，这项经济业务涉及"预收账款"、"主营业务收入"、"应交税费"和"银行存款"四个账户。预收账款的减少是负债的减少，应记入"预收账款"账户的借方；产品销售收入的增加是收入的增加，应记入"主营业务收入"账户的贷方；应交税费的增加是负债的增加，应记入"应交税费"账户的贷方；银行存款的减少是资产的减少，应记入"银行存款"账户的贷方。这项经济业务应编制如下会计分录：

借：预收账款　　　　　　　　　　　　　　　　　　　　　　　　40 000
　　贷：主营业务收入　　　　　　　　　　　　　　　　　　　　　　30 000
　　　　应交税费——应交增值税（销项税额）　　　　　　　　　　　5 100
　　　　银行存款　　　　　　　　　　　　　　　　　　　　　　　　4 900

【例5-32】收到销售给红星工厂甲产品的货款、税款及代垫运费共计70 700元，存入银行。

这项经济业务的发生，一方面使企业银行存款增加70 700元；另一方面使企业的应收账款减少70 700元。因此，这项经济业务涉及"银行存款"和"应收账款"两个账户。银行存款的增加是资产的增加，应记入"银行存款"账户的借方；应收账款的减少是资产的减少，应记入"应收账款"账户的贷方。这项经济业务应编制如下会计分录：

借：银行存款　　　　　　　　　　　　　　　　　　　　　　　　70 700
　　贷：应收账款　　　　　　　　　　　　　　　　　　　　　　　　70 700

【例5-33】按规定计算本月已售产品应负担的消费税、城市维护建设税等税费，共计1 320元。

这项经济业务的发生，一方面使企业负担的产品销售税金增加1 320元；另一方面使企业的应交税费增加1 320元。因此，这项经济业务涉及"营业税金及附加"和"应交税费"两个账户。产品销售税金的增加是费用的增加，应记入"营业税金及附加"账户的借方；应交税费的增加是负债的增加，应记入"应交税费"账户的贷方。这项经济业务应编制如下会计分录：

借:营业税金及附加　　　　　　　　　　　　　　　　　　　　　　　1 320
　　贷:应交税费　　　　　　　　　　　　　　　　　　　　　　　　　　　1 320

【例5-34】计算并结转本月已售产品的生产成本372 600元。

这项经济业务的发生,一方面使企业已售产品销售成本增加372 600元;另一方面使企业的库存产品减少372 600元。因此,这项经济业务涉及"主营业务成本"和"库存商品"两个账户。产品销售成本的增加是费用的增加,应记入"主营业务成本"账户的借方;库存商品的减少是资产的减少,应记入"库存商品"账户的贷方。这项经济业务应编制如下会计分录:

借:主营业务成本　　　　　　　　　　　　　　　　　　　　　　　372 600
　　贷:库存商品　　　　　　　　　　　　　　　　　　　　　　　　　372 600

本月销售的产品不一定都是本月生产的。由于各个月份生产的同一种产品的单位生产成本可能不相同,所以与确定仓库发出材料的实际成本一样,要计算本月销售产品的实际生产成本,就必须采用一定的存货计价方法,如先进先出法、加权平均法等,有关内容将在财务会计中详细介绍。

产品销售利润的确定,可按下列公式计算:

主营业务利润 = 主营业务收入 - 主营业务成本 - 营业税金及附加
　　　　　　　= 465 000 - 372 600 - 1 320 = 91 080(元)

上述有关产品销售业务的会计分录登记总账的结果如图5-26所示。

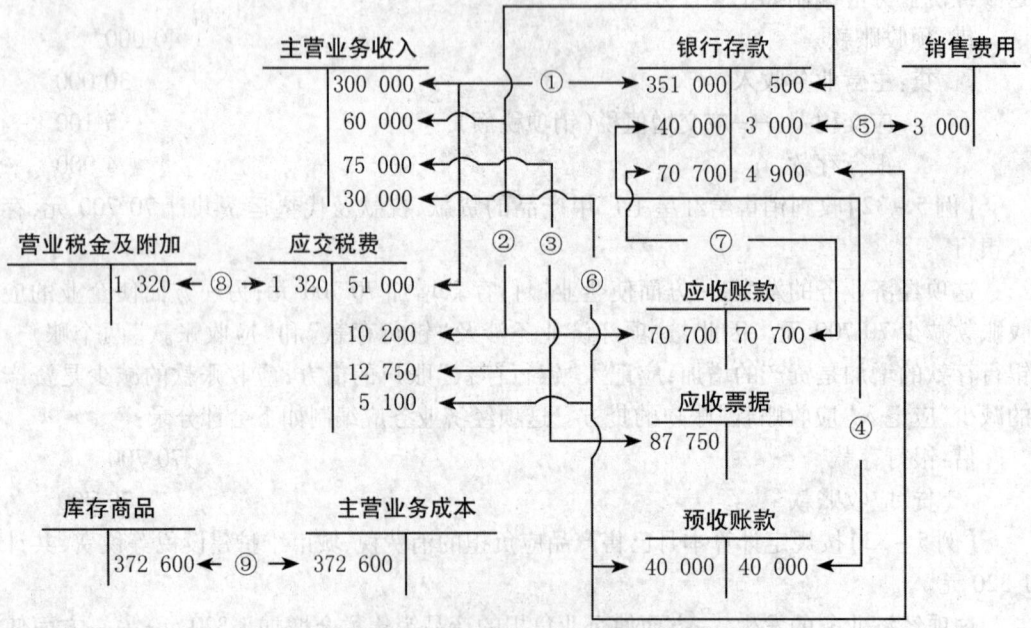

图5-26　销售业务总分类核算

第五节 财务成果业务的核算

一、财务成果业务核算的主要内容

财务成果是企业在一定会计期间生产经营活动的最终成果,是收入扣减费用后的净额。收入如大于费用,净剩余为正,形成利润;反之,则为亏损。利润是综合反映企业工作质量的一项财务指标,按其构成层次可分为营业利润、利润总额和净利润。

营业利润 = 营业收入 − 营业成本 − 营业税金及附加 − 销售费用 − 管理费用 − 财务费用 + 投资收益 + 公允价值变动损益 − 资产减值损失

利润总额 = 营业利润 + 营业外收入 − 营业外支出

净利润 = 利润总额 − 所得税费用

企业实现的净利润,除国家另有规定者外,应按照下列顺序进行分配:(1)提取法定盈余公积;(2)向投资者分配利润;(3)其他。

因此,企业财务成果业务核算的主要内容包括两部分,即利润形成的核算和利润分配的核算。

二、利润形成的核算

(一)期间费用的核算

期间费用是指虽与本期收入的取得密切相关,但不能直接归属于某个特定对象的各种费用。期间费用是企业当期发生的费用中重要的组成部分,包括销售费用、管理费用和财务费用。销售费用的核算已在本章第一节进行了介绍,这里仅介绍管理费用和财务费用的核算。

1. 期间费用核算的账户设置

(1)"管理费用"账户。该账户是用来核算企业为组织和管理企业生产经营活动所发生的管理费用的账户。该账户属于损益类账户,其借方登记本期发生的各项管理费用,包括企业在筹建期间内发生的开办费、董事会和行政管理部门在企业经营管理中发生的或者应由企业统一负担的公司经费(包括行政管理部门职工工资及福利费、物料消耗、低值易耗品摊销、办公费和差旅费等)、工会经费、董事会费、聘请中介机构费、咨询费、诉讼费、业务招待费、房产税、车船税、土地使用税、印花税、技术转让费、矿产资源补偿费、研究费用、排污费等;贷方登记期末转入"本年利润"账户借方的数额,结转后该账户应无余额。本账户可按费用项目进行明细核算。"管理费用"账户的账户结构如图5-27所示。

借方	管理费用	贷方
本期发生的各项管理费用		期末转入"本年利润"账户的数额

图 5-27 "管理费用"账户结构

【重要提示 5-3】房产税、车船税、土地使用税、印花税记入"管理费用"账户,而不是记入"营业税金及附加"账户。

(2)"财务费用"账户。该账户是用来核算企业为筹集生产经营活动所需资金等而发生的筹资费用的账户。财务费用包括利息支出(减利息收入)、汇兑损益以及相关的手续费、企业发生的现金折扣或收到的现金折扣等。该账户属于损益类账户,其借方登记本期发生的各项财务费用;贷方登记期末转入"本年利润"账户借方的数额,结转后该账户应无余额。本账户可按费用项目进行明细核算。"财务费用"账户的账户结构如图5-28所示。

借方	财务费用	贷方
本期发生的各项财务费用		期末转入"本年利润"账户的数额

图 5-28 "财务费用"账户结构

2. 期间费用的总分类核算

假定企业发生如下经济业务:

【例 5-35】以库存现金 240 元购买办公用品。

这项经济业务的发生,一方面使管理费用增加 240 元;另一方面使企业库存现金减少 240 元。因此,这项经济业务涉及"管理费用"和"库存现金"两个账户。管理费用的增加是费用的增加,应记入"管理费用"账户的借方;银行存款的减少是资产的减少,应记入"库存现金"账户的贷方。这项经济业务应编制如下会计分录:

借:管理费用   240
　　贷:库存现金   240

【例 5-36】计提本月行政管理部门使用的固定资产折旧 1 200 元。

这项经济业务的发生,一方面使管理费用增加 1 200 元;另一方面使固定资产累计折旧额增加 1 200 元。因此,这项经济业务涉及"管理费用"和"累计折旧"两个账户。管理费用的增加是费用的增加,应记入"管理费用"账户的借方;累计折旧的增加,实际上是固定资产价值的减少,应记入"累计折旧"账户的贷方。这项经济业务应编制如下会计分录:

借:管理费用   1 200
　　贷:累计折旧   1 200

【例 5-37】分配本月应付行政管理人员工资 4 000 元,应提取的职工福利费 560 元。

这项经济业务的发生,一方面使管理费用增加 4 560 元;另一方面使应付职工薪酬增加 4 560 元。因此,这项经济业务涉及"管理费用"和"应付职工薪酬"两个账户。管理费用的增加是费用的增加,应记入"管理费用"账户的借方;应付职工薪酬的增加是负债的增加,应记入"应付职工薪酬"账户的贷方。这项经济业务应编制如下会计分录:

借:管理费用   4 560
　　贷:应付职工薪酬   4 560

【例5-38】预提本月负担的银行借款利息200元。

这项经济业务的发生,一方面使财务费用增加200元;另一方面使应付利息增加200元。因此,这项经济业务涉及"财务费用"和"应付利息"两个账户。财务费用的增加是费用的增加,应记入"财务费用"账户的借方;应付利息的增加是负债的增加,应记入"应付利息"账户的贷方。这项经济业务应编制如下会计分录:

借:财务费用　　　　　　　　　　　　　　　　　　　　200
　　贷:应付利息　　　　　　　　　　　　　　　　　　　　　200

【例5-39】职工刘芳报销差旅费420元,支付其现金20元(原借款400元)。

这项经济业务的发生,一方面使管理费用增加420元;另一方面使企业现金减少20元,其他应收款减少400元。因此,这项经济业务涉及"管理费用"、"其他应收款"和"库存现金"三个账户。管理费用的增加是费用的增加,应记入"管理费用"账户的借方;现金和其他应收款的减少是资产的减少,应分别记入"库存现金"和"其他应收款"账户的贷方。这项经济业务应编制如下会计分录:

借:管理费用　　　　　　　　　　　　　　　　　　　　420
　　贷:库存现金　　　　　　　　　　　　　　　　　　　　　20
　　　　其他应收款　　　　　　　　　　　　　　　　　　　400

【例5-40】以银行存款1 200元支付研究费用。

这项经济业务的发生,一方面使管理费用增加1 200元;另一方面使企业银行存款减少1 200元。因此,这项经济业务涉及"管理费用"和"银行存款"两个账户。管理费用的增加是费用的增加,应记入"管理费用"账户的借方;银行存款的减少是资产的减少,应记入"银行存款"账户的贷方。这项经济业务应编制如下会计分录:

借:管理费用　　　　　　　　　　　　　　　　　　　　1 200
　　贷:银行存款　　　　　　　　　　　　　　　　　　　　　1 200

(二)营业外收支的核算

1. 营业外收支核算的账户设置

(1)"营业外收入"账户。该账户是用来核算企业发生的与日常活动无直接关系的各项利得的账户。该账户属于损益类账户,其贷方登记本期取得的各项营业外收入,包括非流动资产处置利得、非货币性资产交换利得、债务重组利得、政府补助、盘盈利得、捐赠利得等;借方登记期末转入"本年利润"账户贷方的数额,结转后该账户应无余额。该账户可按营业外收入项目进行明细核算。"营业外收入"账户的账户结构如图5-29所示。

借方	营业外收入	贷方
期末转入"本年利润"账户的数额		本期取得的各项营业外收入的数额

图5-29 "营业外收入"账户结构

(2)"营业外支出"账户。该账户是用来核算企业发生的与日常活动无直接关系的各项损失的账户。该账户属于损益类账户,其借方登记本期发生的各项营业外支出,包括非流动资产处置损失、非货币性资产交换损失、债务重组损失、公益性捐赠损失、非常损失、盘亏损失等;贷方登记期末转入"本年利润"账户借方的数额,结转后该账户应无余额。该账户可按支出项目进行明细核算。"营业外支出"账户的账户结构如图 5-30 所示。

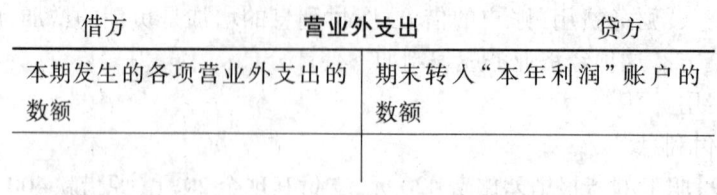

图 5-30 "营业外支出"账户结构

2. 营业外收支的总分类核算

【例 5-41】企业原欠北方公司一笔货款 2 000 元,因北方公司撤销已无法偿还,转为营业外收入。

这项经济业务的发生,一方面使企业的营业外收入增加 2 000 元;另一方面使企业的应付账款减少 2 000 元。因此,这项经济业务涉及"应付账款"和"营业外收入"两个账户。营业外收入的增加是收入的增加,应记入"营业外收入"账户的贷方;应付账款的减少是负债的减少,应记入"应付账款"账户的借方。这项经济业务应编制如下会计分录:

借:应付账款　　　　　　　　　　　　　　　　　　2 000
　　贷:营业外收入　　　　　　　　　　　　　　　　　　2 000

【例 5-42】企业进行公益性捐赠货币资金 1 000 元,以库存现金支付。

这项经济业务的发生,一方面使营业外支出增加 1 000 元;另一方面使企业库存现金减少 1 000 元。因此,这项经济业务涉及"营业外支出"和"库存现金"两个账户。营业外支出的增加是费用的增加,应记入"营业外支出"账户的借方;银行存款的减少是资产的减少,应记入"库存现金"账户的贷方。这项经济业务应编制如下会计分录:

借:营业外支出　　　　　　　　　　　　　　　　　　1 000
　　贷:库存现金　　　　　　　　　　　　　　　　　　　1 000

(三)所得税费用的核算

1. 所得税的计量

所得税是根据企业应纳税所得额的一定比例上缴的一种税金。应纳税所得额是在企业税前会计利润(即利润总额)的基础上调整确定的。计算公式为:

应纳税所得额 = 税前会计利润 + 纳税调整增加额 - 纳税调整减少额

纳税调整增加额主要包括税法规定允许扣除项目中,企业已计入当期费用但超过税法规定扣除标准的金额(如超过税法规定标准的工资支出、业务招待费支出),以及企业已计入当期损失但税法规定不允许扣除项目的金额(如税收滞纳金、罚款、罚金)。

纳税调整减少额主要包括税法规定弥补的亏损和准予免税的项目,如前五年内的未弥补亏损和国债利息收入等。

企业当期所得税的计算公式为:

应交所得税 = 应纳税所得额 × 所得税税率

2. 所得税费用核算的账户设置

"所得税费用"账户。该账户是用来核算企业确认的应从当期利润总额中扣除的所得税费用的账户。该账户属于损益类账户,其借方登记按规定计算的本期应交所得税;贷方登记期末转入"本年利润"账户借方的数额,结转后该账户应无余额。该账户可按"当期所得税费用"、"递延所得税费用"进行明细核算。"所得税费用"账户的账户结构如图5-31所示。

借方	所得税费用	贷方
应计入本期损益的所得税费用		期末转入"本年利润"账户的数额

图5-31　"所得税费用"账户结构

3. 所得税费用的总分类核算

【例5-43】按本月实现利润的25%计算应交所得税20 315元。

这项经济业务的发生,一方面使企业的所得税费用增加20 315元;另一方面使企业应交税费增加20 315元。因此这项经济业务涉及"所得税费用"和"应交税费"两个账户。所得税费用的增加是费用的增加,应记入"所得税费用"账户的借方;应交税费的增加是负债的增加,应记入"应交税费"账户的贷方。这项经济业务应编制如下会计分录:

　　借:所得税费用　　　　　　　　　　　　　　　　　　　　　　20 315
　　　　贷:应交税费　　　　　　　　　　　　　　　　　　　　　　　20 315

(四)利润形成核算的账户设置

1. 利润形成核算的账户设置

"本年利润"账户。该账户是用来核算企业当期实现的净利润(或发生的净亏损)的账户。该账户属于所有者权益类账户,其贷方登记期末由各收入账户转入的本期实现的各种收入;借方登记由各费用账户转入的本期发生的各种费用;将收入与费用相抵后,如收入大于费用,即为贷方余额,表示本期实现的净利润;如费用大于收入,即为借方余额,表示本期发生的净亏损。在年度中间,该账户的余额不予结转,表示截至本期本年度累计实现的净利润或发生的净亏损。年度终了,应将本账户余额转入"利润分配"账户,结转后该账户应无余额。"本年利润"账户的账户结构如图5-32所示。

借方	本年利润	贷方
期末从有关账户转入的各种费用支出		期末从有关账户转入的各种收入

图5-32　"本年利润"账户结构

2. 利润形成的总分类核算

【例5-44】期末结转本月发生的各项收入共计467 000元。其中,主营业务收入465 000元,营业外收入2 000元。

这项经济业务的发生,一方面使企业本年利润增加467 000元;另一方面使主营业务收入和营业外收入分别减少465 000元和2 000元。因此,这项经济业务涉及"本年利润"、"主营业务收入"和"营业外收入"三个账户。将各项收入转入"本年利润"账户的贷方,应编制如下会计分录:

借:主营业务收入　　　　　　　　　　　　　　　465 000
　　营业外收入　　　　　　　　　　　　　　　　　2 000
　　贷:本年利润　　　　　　　　　　　　　　　467 000

【例5-45】期末结转本月发生的各项费用共计385 740元。其中,主营业务成本372 600元,销售费用3 000元,营业税金及附加1 320元,管理费用7 620元,财务费用200元,营业外支出1 000元。

这项经济业务的发生,一方面使企业本年利润减少385 740元;另一方面使主营业务成本、销售费用、营业税金及附加、管理费用、财务费用和营业外支出分别增加372 600元、3 000元、1 320元、7 620元、200元和1 000元。因此,这项经济业务涉及"本年利润"、"主营业务成本"、"销售费用"、"营业税金及附加"、"管理费用"、"财务费用"和"营业外支出"七个账户。将各项支出转入"本年利润"账户的借方,应编制如下会计分录:

借:本年利润　　　　　　　　　　　　　　　　385 740
　　贷:主营业务成本　　　　　　　　　　　　　372 600
　　　　销售费用　　　　　　　　　　　　　　　3 000
　　　　营业税金及附加　　　　　　　　　　　　1 320
　　　　管理费用　　　　　　　　　　　　　　　7 620
　　　　财务费用　　　　　　　　　　　　　　　　200
　　　　营业外支出　　　　　　　　　　　　　　1 000

【例5-46】将本月的所得税费用转入"本年利润"账户。

这项经济业务的发生,一方面使企业的所得税费用减少20 315;另一方面使企业本年利润减少20 315元。因此这项经济业务涉及"所得税费用"和"本年利润"两个账户。所得税费用的减少是费用的减少,应记入"所得税费用"账户的贷方;本年利润的减少是所有者权益的减少,应记入"本年利润"账户的借方。这项经济业务应编制如下会计分录:

借:本年利润　　　　　　　　　　　　　　　　　20 315
　　贷:所得税费用　　　　　　　　　　　　　　20 315

上述利润形成业务的会计分录登记总账的结果如图5-33所示。

第五章 企业主要经济业务的核算

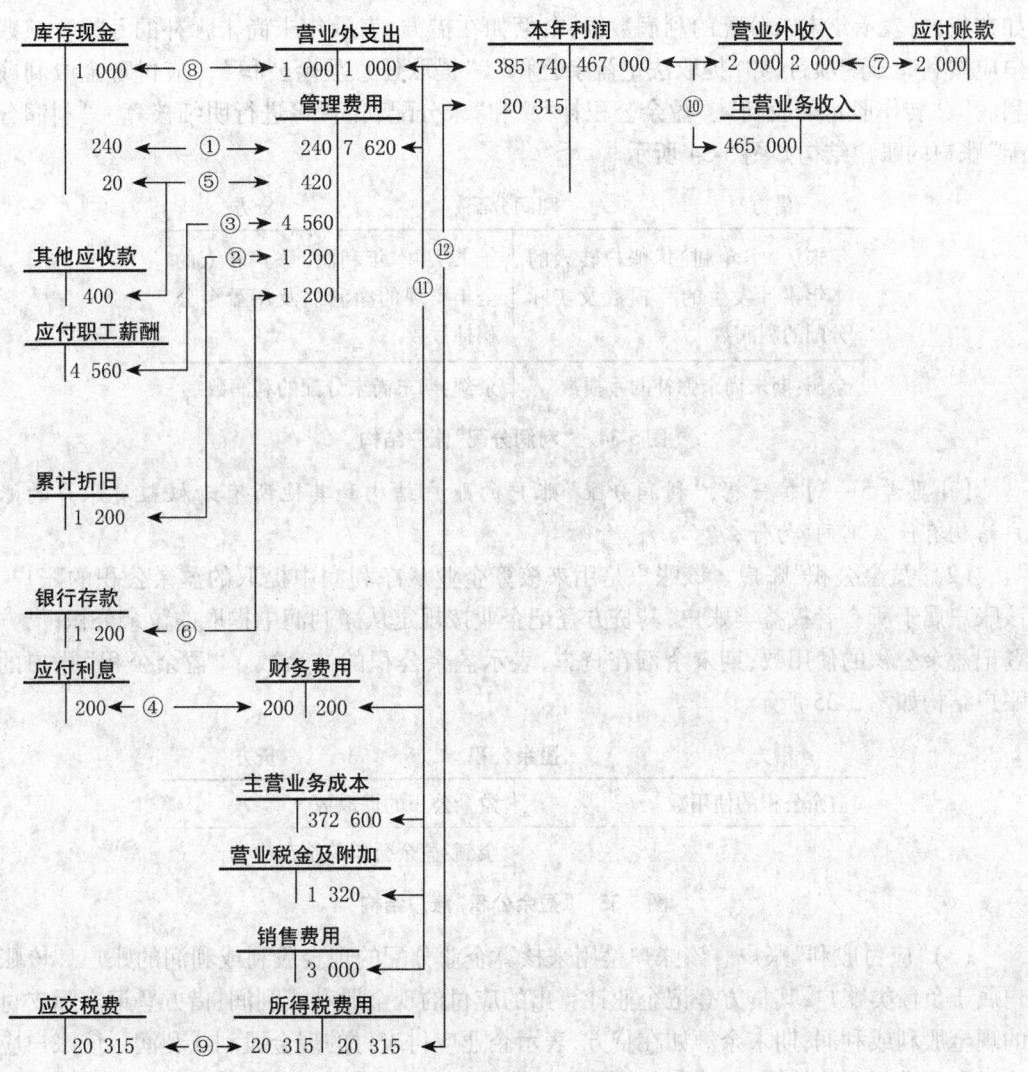

图 5-33 利润形成业务的总分类核算

二、利润分配的核算

企业实现的净利润应当按照规定的程序进行分配。企业如果发生亏损,可以用以后年度实现的利润弥补,也可以用以前年度提取的盈余公积金弥补。有关这方面的内容将在财务会计中详细介绍。

(一)利润分配核算的账户设置

为了反映和监督企业利润的分配情况,应设置以下账户:

(1)"利润分配"账户。该账户是用来核算企业利润的分配(或亏损的弥补)和历年分配(或弥补)后的积存余额的账户。该账户属于所有者权益类账户,其贷方登记年末由"本年利润"账户转来的全年实现的净利润额和用盈余公积弥补的亏损数;借方登记企业按规定实际分配的利润数和年末由"本年利润"账户转来的本年累计发生的亏损数;余额如在贷方,表示年末未分配的利润数额,余额如在借方,表示年末尚未弥补的亏损。该账户应按利润分配项目,如"提取法定盈余公积"、"提取任意盈余公积"、"应付现金股利或利润"、"转作股本的股利"、"盈余公积补亏"和"未分配利润"等进行明细核算。"利润分配"账户的账户结构如图5-34所示。

借方	利润分配	贷方
年末从"本年利润"账户转入的本年累计发生的亏损数及实际分配的利润数		年末从"本年利润"账户转入的全年实现的净利润及用盈余公积补亏数
余额:期末尚未弥补的亏损数		余额:期末尚未分配的利润数

图5-34 "利润分配"账户结构

【小思考5-3】想一想,"利润分配"账户的账户结构和其他所有者权益类账户的账户结构有什么不同,为什么?

(2)"盈余公积"账户。该账户是用来核算企业从净利润中提取的盈余公积的账户。该账户属于所有者权益类账户,其贷方登记企业按规定从净利润中提取的盈余公积;借方登记盈余公积的使用数;期末余额在贷方,表示盈余公积的结余数。"盈余公积"账户的账户结构如图5-35所示。

借方	盈余公积	贷方
盈余公积的使用数		盈余公积的提取数
		余额:盈余公积的结存数

图5-35 "盈余公积"账户结构

(3)"应付股利"账户。该账户是用来核算企业分配的现金股利或利润的账户。该账户属于负债类账户,其贷方登记企业计算出的应付的现金股利或利润;借方登记实际支付的现金股利或利润;期末余额如在贷方,表示企业应付未付的现金股利或利润。该账户应按投资者进行明细核算。"应付股利"账户的账户结构如图5-36所示。

借方	应付股利	贷方
实际支付给投资者的利润		计算出的应付的现金股利或利润
		余额:尚未支付的现金股利或利润

图5-36 "应付股利"账户结构

(二)利润分配的总分类核算

【例5-47】承【例5-46】,按净利润60 945元的10%计算提取盈余公积。

这项经济业务的发生,一方面使企业的盈余公积增加6 094.5元;另一方面使利润分配增加6 094.5元。因此,这项经济业务涉及"利润分配"和"盈余公积"两个账户。由于"利润分配"账户是"本年利润"账户的抵减账户,所以利润分配的增加使所有者权益中的利润减少,应记入"利润分配"账户的借方;盈余公积的增加是所有者权益的增加,应记入"盈余公积"账户的贷方。这项经济业务应编制如下会计分录:

借:利润分配　　　　　　　　　　　　　　　　　　　　　6 094.5
　　贷:盈余公积　　　　　　　　　　　　　　　　　　　　　　6 094.5

【例5-48】承前例,企业根据利润分配方案,向投资者分配利润30 472.5元。

这项经济业务的发生,一方面使企业的应付股利增加30 472.5元;另一方面使利润分配增加30 472.5元。因此,这项经济业务涉及"利润分配"和"应付股利"两个账户。由于"利润分配"账户是"本年利润"账户的抵减账户,所以利润分配的增加使所有者权益中的利润减少,应记入"利润分配"账户的借方;应付股利的增加是负债的增加,应记入"应付股利"账户的贷方。这项经济业务应编制如下会计分录:

借:利润分配　　　　　　　　　　　　　　　　　　　　　30 472.5
　　贷:应付股利　　　　　　　　　　　　　　　　　　　　　30 472.5

【例5-49】承前例,年末结转全年实现的净利润60 945元。

年度终了,企业应将本年实现的利润或发生的亏损总额,由"本年利润"账户转入"利润分配"账户,利润总额由"本年利润"账户的借方转入"利润分配"账户的贷方;亏损总额由"本年利润"账户的贷方转入"利润分配"账户的借方;结转后,"本年利润"账户无余额。因此,这项经济业务应编制如下会计分录:

借:本年利润　　　　　　　　　　　　　　　　　　　　　60 945
　　贷:利润分配　　　　　　　　　　　　　　　　　　　　　60 945

以上利润分配业务的会计分录登记总账的结果,如图5-37所示。

图5-37　利润分配业务的总分类核算

本章小结

资金的筹集业务、生产准备业务、产品生产业务、产品销售业务以及财务成果的形成和分配业务,共同构成了工业企业的主要经济业务。

资金筹集是企业资金运动的起点。企业筹集资金的渠道主要有两方面:一是企业所有者投入的资金,形成企业的所有者权益;二是企业向债权人借入的资金,构成企业的负债。主要设置"实收资本"和"短期借款"账户进行核算。

生产准备业务主要包括固定资产购入业务和材料采购业务。固定资产购入业务核算包括不需安装的固定资产的核算和需要安装的固定资产的核算,主要设置"固定资产"和"在建工程"两个账户。固定资产应按取得时的实际成本入账。固定资产的实际成本是指为购建某项固定资产达到预定可使用状态前所发生的一切合理、必要的支出,包括买价、运杂费、包装费、安装成本和税金及其他支出等。材料采购业务的核算包括与供应单位进行货款和增值税进项税额结算、材料采购成本计算及入库材料成本的结转等,主要设置"在途物资"、"应交税费——应交增值税(进项税额)"、"应付账款"、"应付票据"、"预付账款"和"原材料"等账户进行核算。材料采购的实际成本一般由买价和采购费用(包括运杂费、运输途中的合理损耗和入库前的挑选整理费用)构成。

产品生产业务的主要内容包括原材料的领用、职工工资及福利费的计提、固定资产折旧费和其他制造费用的发生、产品的生产成本计算与结转等。产品生产业务的核算主要设置"生产成本"、"制造费用"、"应付职工薪酬"、"累计折旧"和"库存商品"等账户。制造费用是指基本生产车间为组织和管理生产活动而发生的各项间接费用,如生产车间管理人员的工资等职工薪酬、折旧费和修理费、办公费、水电费、机物料消耗、劳动保护费、季节性和修理期间的停工损失等。产品生产成本的计算一般按如下程序进行:(1)确定成本计算对象;(2)按成本项目归集和分配生产费用;(3)计算产品生产成本。成本项目是企业在生产过程中发生的各项费用按其用途和产品成本的构成进行分类的项目,工业企业产品成本核算一般设直接材料、直接人工和制造费用三个成本项目。

产品销售业务的主要内容包括产品销售收入实现的确认、与购买单位办理货款和增值税销项税额结算、支付产品的销售费用、计算并缴纳产品营业税金及附加、计算并结转产品销售成本、确定产品销售利润或亏损。产品销售业务核算主要设置"主营业务收入"、"主营业务成本"、"营业税金及附加"、"销售费用"、"应收票据"、"应收账款"、"预收账款"、"应交税费——应交增值税(销项税额)"等账户。产品销售利润可按"主营业务利润=主营业务收入-主营业务成本-营业税金及附加"公式计算。

财务成果业务包括利润形成业务和利润分配业务两部分。利润按其构成层次可分为营业利润、利润总额和净利润,其计算公式分别是:(1)营业利润=营业收入-营业成本-营业税金及附加-销售费用-管理费用-财务费用+投资收益±公允价值变动损益-资产减值损失;(2)利润总额=营业利润+营业外收入-营业外支出;(3)净利润=利润总额-所得税费用。企业实现的净利润,除国家另有规定者外,应按照下列顺序进行分配:(1)提取法定盈余公积;(2)向投资者分配利润;(3)其他。财务成果的核算主要设置"管理费用"、"财务费用"、"营业外收入"、"营业外支出"、"所得税费用"、"本年利润"、"利润分配"、"应付股利"、"盈余公积"等账户。期间费用是指虽与本期收入的取得密切相关,但不能直接归属于某个特定对象的各种费用,包括销售费用、管理费用和财务费用。营业外收支是指企业发生的与日常活动无直接关系的各项利得或损失。

本章主题词

实收资本　固定资产原始价值　采购成本　采购费用　成本计算对象　产品成本项目　制造费用　累计折旧　营业外收入　营业外支出　所得税费用　期间费用　管理费用　财务费用　销售费用　产品销售成本　营业利润　利润总额　净利润　未分配利润

复习思考题

1. 如何在账户中反映资金筹集业务?

2. 说明材料采购业务核算的主要内容,"在途物资"账户的用途和结构特点以及与相关账户的对应关系是什么?

3. 进行产品生产业务核算为什么要分别开设"生产成本"和"制造费用"账户?核算的主要内容和相应的会计分录都包括哪些?

4. 简要说明产品成本核算的一般程序和产品成本计算的方法。

5. 说明产品销售业务核算中,收入账户与费用账户之间的关系。

6. 财务成果核算的主要内容包括什么?企业利润的构成内容及各项指标的关系是什么?

7. 说明"本年利润"账户与"利润分配"账户的用途和登记方法,以及两个账户之间的关系。

8. 简要说明利润分配的程序。

9. 营业外收入和营业外支出各包括哪些内容?

案例讨论

利得股份公司的张红,在出纳、材料会计等岗位上经过几年的磨炼之后,又接了会计稽核工作。在近半年的稽核工作实践中,张红由自视颇高到虚心学习,业务能力和职业素养有了很大的提高。张红在对利得股份公司2014年12月份的有关凭单审核中,发现如下的一些记录:

1. 公司在新产品发布会上公布了一款新研制的产品,该产品将在三个月以后投产,在会上收到了两项客户订单及客户预交的订货款500 000元,记账凭证和账簿记录为:

借:银行存款	500 000
应收账款	85 000
贷:主营业务收入	500 000
应交税费——应交增值税(销项税额)	85 000

2. 财务新购进两台电脑,总价16 800元,记账凭证和账簿记录为:

借:管理费用	16 800
贷:银行存款	16 800

3. 公司新安装一台设备,发生工人工资费用25 000元,记账凭证和账簿记录为:

借:生产成本	25 000
贷:应付职工薪酬	25 000

4. 公司新购进生产设备一套,购进价格为350 000元,增值税为59 500元,安装费(工人工资)为12 000元,有关记账凭证和账簿记录为:

借:在建工程	362 000
应交税费——应交增值税(进项税额)	59 500
贷:银行存款	409 500
应付职工薪酬	12 000
借:固定资产	362 000
贷:在建工程	362 000

张红认为,上述记录的执行人员在损益确认的观念上存在问题,在会计主管人员的支持下,张红和相关业务处理人员进行了座谈。在座谈会上,相关人员对上述财务处理的理由陈述如下:

对于业务1,相关人员认为,这样处理的原因有二:一是这500 000元终究是由于销售产品而引起的,作为销售收入来处理并无太大的不当之处;二是这样处理有利于国家税收。

对于业务2,相关人员认为,电脑使用率很高,同时也是高淘汰率产品,他自己在三年前购买了一台台式电脑,由于电压问题,买回的第二天即被击毁。无奈之下,又重新购买了一台。但当时价格不菲的配置,今天已成原始武器,电脑的贬值非常之快,因此作为当期费用处理是可以的。

对于业务3,相关人员认为,由于是本企业的生产工人进行的设备安装,将这些工人的工资按惯例计入生产成本无可厚非。

对于业务4,相关人员认为,固定资产购入时确实支付了增值税,这同购入原材料时支付的增值税应当抵扣是一样的。

张红在听了相关人员对上述财务处理的陈述后,根据自己在学校中学到的会计理论知识和工作实践经验,对上述问题作出了全面的阐述,相关人员在听了张红的论述后,心悦诚服,感到收获很大,他们愉快地接受了张红的意见,并做了相应的错账纠正。

案例来源:道客巴巴,http://www.doc88.com/p-902972656033.html.

问题:你知道张红是怎样阐述自己的观点的吗?假如你是张红,请你指出相关人员财务处理的错误之处及改正方法。

第六章 账户的分类

▶ **学习目标**

知识目标：通过本章的学习，要了解账户分类的意义和作用，掌握账户按经济内容和按用途与结构的分类，理解各类账户之间的区别和联系，掌握各类账户在提供核算指标方面的规律性。

能力目标：通过本章的学习，要能够区分各个账户按经济内容分类的归属，能够区分各个账户按用途和结构分类的归属，要能正确运用账户登记经济业务。

▶ **引导案例**

张敏同学在学习完上章内容后发现，企业主要经济业务核算时需要设置的账户有很多，感觉掌握会计账户体系是件很困难的事情。而且发现"累计折旧"和"固定资产"都是资产类账户，但它们的结构却不同，即"固定资产"账户增加额记借方，减少额记贷方；"累计折旧"账户恰恰相反，增加额记贷方，减少额记借方。又发现"利润分配"和"本年利润"都是所有者权益类账户，它们的结构也不相同，即"本年利润"增加额记贷方，而"利润分配"增加额却记借方。越想越感到困惑：是不是会计要素划分有问题呢？

同学们想一想，这是什么原因呢？是不是会计要素的划分真的存在问题呢？

账户是按照规定的会计科目在账簿中开设的户头。每一个账户都具有自己的性质、用途和结构，只能记录经济活动的某一个方面，不可能记录企业的全部经济业务。但是，这些账户并不是彼此孤立的，而是相互联系地组成了一个完整的账户体系。为了正确地运用和设置账户，有必要进一步研究账户的分类，即在了解各个账户本身特性的基础上，概括它们之间的共性，从理论上探讨账户之间的内在联系，探明各个账户在整个账户体系中的地位和作用，从而认识各类账户在提供核算指标方面的规律性，为进一步理解各类账户反映的经济内容、用途和结构，正确地设置和运用账户提供前提条件。

第一节 账户按经济内容的分类

账户的经济内容是指账户所反映的会计对象的具体内容。账户之间的最本质的差别在于其反映的经济内容的不同,因而账户的经济内容是账户分类的基础,账户按经济内容的分类是对账户的最基本的分类。如前所述,企业会计对象的具体内容,按其经济特征可以归结为资产、负债、所有者权益、收入、费用和利润六项会计要素。与此相对应,账户按经济内容分类,也可以分为资产类账户、负债类账户、所有者权益类账户、收入类账户、费用类账户和利润类账户等六大类账户。但是需要指出的是,账户按经济内容的分类并非简单地按会计要素分类,这是因为:①这里的经济内容通常是以最典型、最复杂的工业企业资金运动为代表,工业企业资金运动过程中,生产成本是资产的一种特殊形态,反映生产资金运动状态,因此,在对账户按经济内容分类时,就把反映生产成本的账户作为一类;②由于企业在一定期间内实现的利润最终要归属于所有者权益,因而,在对账户按经济内容分类时,可将利润并入所有者权益;③由于收入和费用两要素同属于损益计算要素,因而,在按经济内容对账户进行分类时,称为损益类。所以,账户按经济内容分类可分为资产类账户、负债类账户、所有者权益类账户、成本类账户和损益类账户等五大类。

一、资产类账户

资产类账户是反映资产增减变动及其实有数额的账户。按照资产的流动性和经营管理上的需要,资产类账户又分为反映流动资产的账户和反映非流动资产的账户。

(一)反映流动资产的账户。按照各项流动资产的经济内容,又可分为:反映货币资金的账户,如"库存现金"、"银行存款"等账户;反映结算债权的账户,如"应收账款"、"其他应收款"等账户;反映存货的账户,如"原材料"、"库存商品"、"周转材料"等账户。

(二)反映非流动资产的账户。按照各项非流动资产的经济内容,又可分为:反映固定资产的账户,如"固定资产"、"累计折旧"等账户;反映无形资产的账户,如"无形资产"等账户;反映长期投资的账户,如"长期股权投资"、"持有至到期投资"等账户。

二、负债类账户

负债类账户是反映企业负债增减变动及其实有数额的账户。按照负债的偿还期长短等特性,又可分为反映流动负债的账户和反映非流动负债的账户。

(一)反映流动负债的账户,如"短期借款"、"应付账款"、"应付职工薪酬"、"应交税费"、"应付股利"等账户。

(二)反映非流动负债的账户,如"长期借款"、"应付债券"、"长期应付款"等账户。

三、所有者权益类账户

所有者权益类账户是用来反映企业所有者权益增减变动及其结存情况的账户。按照

所有者权益来源的不同,这类账户又可以分为以下两类:

(一)反映所有者投资的账户,如"实收资本"、"资本公积"等账户。

(二)反映企业经营成果及其分配的账户,如"本年利润"、"利润分配"、"盈余公积"等账户。

(三)反映直接计入所有者权益的利得和损失的账户,如"其他综合收益"账户。

四、成本类账户

成本类账户是用来反映企业存货在取得或形成的过程中,其成本归集和计算过程的账户。在工业企业,按照生产经营过程的阶段划分,成本类账户又包括以下账户:

(一)反映物资采购过程的成本类账户:用来归集购入材料价款和采购费用,计算材料采购成本的账户,如"材料采购"账户。

(二)反映生产过程的成本类账户:用来归集制造产品的生产费用,计算产品生产成本的账户,如"制造费用"和"生产成本"账户。

(三)对外提供劳务的成本类账户:用来核算企业对外提供劳务的成本,如"劳务成本"账户。

成本类账户与资产类账户有着密切的联系。资产一经耗用就转化为成本费用,成本类账户的期末借方余额属于企业的资产,如材料按计划成本计价时,"材料采购"账户的借方余额为在途材料的实际成本,"生产成本"账户的借方余额为在产品的生产成本,它们都是企业的流动资产。从这种意义上来说,成本类账户也是资产类账户,分类时,有的账户,如"材料采购"账户,归入资产类账户。

五、损益类账户

损益类账户是指那些核算内容与损益的计算确定直接相关的账户。该类账户主要是指那些用来反映企业收入和费用的账户。这类账户按其与损益组成内容的关系,又可以分为以下三类:

(一)用来反映营业损益的账户和反映营业税等税费的账户,如"主营业务收入"、"主营业务成本"、"销售费用"、"营业税金及附加"、"管理费用"、"财务费用"等账户。这里的收入和费用之间有着直接配比或期间配比的关系。

(二)用来反映营业外收支的账户,如"营业外收入"、"营业外支出"账户。

(三)用来反映所得税费用的账户,如"所得税费用"账户。

账户按经济内容分类,可用图 6-1 表示。

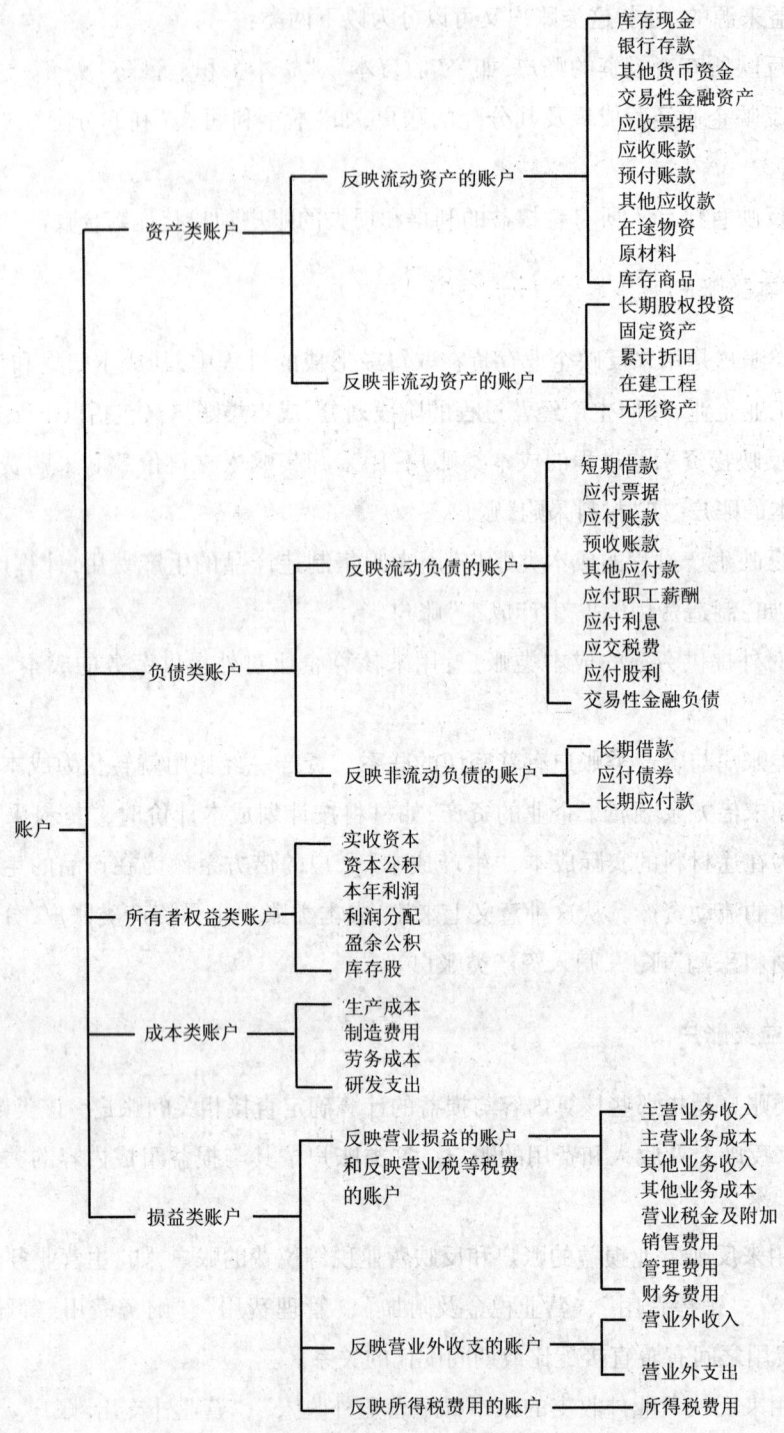

图 6-1 账户按经济内容分类

第二节 账户按用途和结构的分类

账户按经济内容分类,对于在反映经济业务过程及结果的会计核算中正确地区分账户的经济性质,合理地设置和运用账户,提供企业各种核算指标,满足信息使用者管理与决策的需要,具有重要的意义。但是,这种账户的基本分类方式,不能详细地反映各个账户的具体用途以及结构,因此,为了深入地理解和掌握账户在提供核算指标方面的规律性,正确地设置和运用账户来记录经济业务,有必要在对账户按经济内容分类的基础上,进一步研究账户按用途和结构的分类,作为对账户按经济内容分类的必要补充。

所谓账户的用途,是指设置和运用账户的目的,即通过账户记录提供什么核算指标。所谓账户的结构,是指在账户中如何记录经济业务,以取得所需要的各种核算指标,即账户借方记录什么,贷方记录什么,期末账户有无余额,如有余额,余额在账户的哪一方,表示什么。账户按用途和结构的分类,就是在对账户按经济内容分类的基础上,对用途和结构基本相同的账户进行归类,以便为准确地掌握账户和熟练地运用账户创造条件。

以工业企业为例,在借贷记账法下,账户按其用途和结构的不同,可分为盘存账户、结算账户、所有者投资账户、集合分配账户、跨期摊提账户、成本计算账户、收入账户、费用账户、财务成果计算账户、调整账户和计价对比账户共十一类账户。下面,分别介绍各类账户的用途和结构特点。

一、盘存账户

盘存账户是用来反映和监督各项财产物资和货币资金的增减变动及其结存情况的账户。可以归为这类账户的有:"库存现金"、"银行存款"、"原材料"、"库存商品"、"固定资产"等账户。当"生产成本"、"材料采购"账户有期初、期末余额时,分别表示在产品、在途材料,于是也具有盘存账户的性质。盘存账户的结构是:借方记录各项财产物资和货币资金的增加数,贷方则记录各项财产物资和货币资金的减少数,期末余额在借方,反映期末各项财产物资和货币资金的实际结余数。

盘存账户具有两方面的特点:其一,盘存账户可以通过财产清查的方法,确定其实有数,并通过将实有数与账面数进行核对,以查明实存的财产物资和货币资金在管理上及使用上存在的问题,并究其原因,改善管理。其二,盘存账户,除"库存现金"、"银行存款"账户外,其余账户,诸如"原材料"、"库存商品"、"固定资产"等账户,都可以设置明细账户,并在明细账户中提供金额和实物数量两种指标。盘存账户的结构,如图6-2所示。

借方	盘存账户	贷方
财产物资和货币资金的增加数		财产物资和货币资金的减少数
余:财产物资和货币资金的结余数		

图6-2 盘存账户的结构

二、结算账户

结算账户是用来反映企业同其他单位或个人之间发生的债权、债务及其结算情况的账户。按照结算账户的性质不同,结算账户可以分为债权结算账户、债务结算账户以及债权债务结算账户三类。

(一)债权结算账户

债权结算账户亦称资产结算账户,是专门用来反映企业同其他单位或个人之间的债权(应收、暂付)结算的账户。主要包括"应收账款"、"应收票据"、"预付账款"、"其他应收款"等账户。这类账户的结构是:借方记录债权的增加数,贷方记录债权的减少数,期末余额通常在借方,反映期末尚未收回的债权实有数。

债权结算账户的特点是:均以债务人的单位名称或个人姓名设置明细分类账户,且只进行金额核算,提供金额指标。债权结算账户的结构,如图6-3所示。

借方	债权结算账户	贷方
期初余额:期初尚未结算的应收款项或预付款项的实有数 发生额:本期应收款项或预付款项的增加额		发生额:本期应收款项或预付款项的减少额
期末余额:期末尚未结算的应收款项或预付款项的实有数		

图6-3 债权结算账户的结构

(二)债务结算账户

债务结算账户亦称负债结算账户,是专门用来反映企业同其他单位或个人之间的债务(应付、暂收)结算的账户。主要包括"短期借款"、"应付账款"、"应付票据"、"预收账款"、"应付职工薪酬"、"应交税费"、"应付股利"、"其他应付款"、"长期借款"、"应付债券"等账户。这类账户的结构是:贷方记录债务的增加数,借方记录债务的减少数,期末余额通常在贷方,反映期末尚未偿还债务的金额。

债务结算账户的特点是:均以债权人的单位名称或个人姓名设置明细分类账户,进行明细分类核算,提供金额指标。债务结算账户的结构,如图6-4所示。

借方	债务结算账户	贷方
发生额:本期应付款项及预收款项的减少额		期初余额:期初结欠的应付款项及未结算的预收款项的金额 发生额:本期应付款项及预收款项的增加额
		期末余额:期末结欠的应付款项及未结算的预收款项的金额

图6-4 债务结算账户的结构

(三) 债权债务结算账户

债权债务结算账户亦称资产负债结算账户或往来账户，是专门用来反映企业同其他单位或个人之间的往来结算业务的账户。企业在实际经营活动中，常常与某些企业发生往来业务，在与同一个单位发生往来业务的过程中，企业有时充当债权人的角色，有时又充当债务人的角色。于是，为了便于集中反映企业与同一单位发生的债权、债务的往来结算情况，就有必要设置和运用既属债权结算，又属债务结算的往来账户，即双重性账户。如：企业不单独设置"预收账款"账户，可按规定将预收销货款的业务并入"应收账款"账户核算，于是"应收账款"账户就成为债权债务结算账户，既要反映债权的发生及收回，又要反映债务的发生及偿还。与"应收账款"账户相似，对于不单独设置"预付账款"账户，而将预付购货款的业务并入"应付账款"账户核算的单位，"应付账款"账户也属于债权债务结算账户。这类账户的结构是：借方记录债权的增加及债务的减少（或偿还）；贷方记录债务的增加及债权的减少（或收回）；期末余额可能在借方，表示期末尚未收回的债权大于期末尚未偿还债务的差额，也可能在贷方，表示期末尚未偿还的债务大于期末尚未收回债权的差额。

债权债务结算账户的特点有：其一，以与企业发生往来的某一单位或个人设置明细分类账户，进行明细分类核算，提供金额指标；其二，期末余额，无论在借方还是在贷方，并不表示债权或债务的实存额，而只表示期末债权、债务增减变动后的差额；其三，该账户所属明细账户的借方余额之和与贷方余额之和的差额，应当与总账的余额相等；其四，期末不能根据总账账户的余额的方向，而是应根据明细分类账户余额的方向，来判断余额的性质是资产还是负债，从而填制资产负债表，以真实地反映债权债务的实际情况。债权债务结算账户的结构，如图6-5所示。

借方	债权债务结算账户	贷方
期初余额：期初债权大于债务的差额		期初余额：期初债务大于债权的差额
发生额：(1) 本期债权增加额 (2) 本期债务减少额		发生额：(1) 本期债务增加额 (2) 本期债权减少额
期末余额：期末债权大于债务的差额		期末余额：期末债务大于债权的差额

图 6-5 债权债务结算账户的结构

三、所有者投资账户

所有者投资账户亦称资本账户，是用来专门反映企业所有者投资的增减变动及其结存情况的账户。主要包括"实收资本"、"资本公积"、"盈余公积"、"未分配利润"等账户。这类账户的结构是：贷方记录所有者投资的增加额，借方记录所有者投资的减少额，期末余额在贷方，表示期末所有者投资的实有额。盈余公积金属于企业的留存收益，其最终所有权可归属于企业的投资人,其实质是企业所有者对企业的投资,故将其归入所有者投资账户。

所有者投资账户的特点是,按投资人设置明细账户进行明细分类核算,且只记录金额。所有者投资账户的结构,如图6-6所示。

借方	所有者投资账户	贷方
发生额:本期资本和公积金减少额	期初余额:期初资本和公积金实有额	
	发生额:本期资本和公积金增加额	
	期末余额:期末资本和公积金实有额	

图6-6 所有者投资账户的结构

四、集合分配账户

集合分配账户是用来归集和分配生产经营过程中某个阶段所发生的各种费用的账户。企业在生产经营过程中,往往会发生一些不能或不便于直接计入某一成本计算对象,而应由多个成本计算对象共同负担的生产费用,为减少计算分配的工作量及加强费用的预算控制,对这些费用先按其发生的地点进行归类集中,期末,再按一定的标准分配计入各个成本计算对象。属于这类账户的主要是"制造费用"账户,其账户结构是:借方记录车间各种间接生产费用的发生额,贷方记录期末按一定标准分配计入各个成本计算对象的分配额,期末无余额。

集合分配账户的特点是,由于各项间接生产费用在期末要全部分配到各有关成本计算对象,因而期末没有余额。集合分配账户的结构,如图6-7所示。

借方	集合分配账户	贷方
发生额:归集各种费用的发生额		发生额:分配到各受益对象的费用数额

图6-7 集合分配账户的结构

五、跨期摊提账户

跨期摊提账户是用来核算和监督先一次性支付但应由超过一个会计年度的会计期间共同负担的费用的发生、分期摊销及摊余情况的账户。企业在生产经营过程中发生的受益期超过一年的费用,按照权责发生制的要求,必须严格划分费用的归属期并合理地分摊到几个会计年度,以正确计算各个会计期间的损益。属于这类账户的主要是"长期待摊费用"账户,其账户结构是:借方登记费用的实际发生数或支付数,贷方登记应由某个会计期间负担的费用摊销数,期末为借方余额,反映已支付而尚未摊销的费用。跨期摊提账户的结构,如图6-8所示。

借方	跨期摊提账户	贷方
期初余额:期初已支付而尚未摊销的费用数 发生额:本期费用的实际支付数		发生额:本期费用的摊销数
期末余额:已支付而尚未摊销的费用数		

图6-8 跨期摊提账户的结构

六、成本计算账户

成本计算账户是用来反映生产经营过程中物资采购及产品生产过程中发生的应计入成本的全部费用,并据以确定其各个成本计算对象的实际成本的账户。其主要包括"材料采购"、"生产成本"等账户。这类账户的结构是:借方记录应计入成本的全部费用,包括直接计入各个成本计算对象的费用和分配转入各个成本计算对象的费用;贷方记录结转的已完成采购过程或生产过程的成本计算对象的实际成本;期末,该类账户可有余额,也可无余额。若有余额必在借方,表示尚未完成某一过程的成本计算对象的实际成本,如在途材料、在产品;若无余额,表示材料采购或生产过程各成本计算对象的实际成本已全部结转出去。

成本计算账户的特点有三个:其一,均按各成本计算对象设置明细分类账户,进行明细分类核算;其二,各明细分类账户既要进行数量记录,也要进行金额记录;其三,若有余额,亦可列入盘存账户。成本计算账户的结构,如图6-9所示。

借方	成本计算账户	贷方
期初余额:期初尚未完成某个生产经营阶段的成本计算对象的实际成本 发生额:汇集生产经营过程某个阶段发生的全部费用额		发生额:结转已完成某个生产经营阶段的成本计算对象的实际成本
期末余额:尚未完成该阶段的成本计算对象的实际成本		

图6-9 成本计算账户的结构

七、收入账户

这里的收入账户是指广义收入账户,是用来反映企业在一定会计期间所取得的全部收入的账户。主要包括"主营业务收入"、"其他业务收入"、"投资收益"、"营业外收入"等账户。该类账户的结构是:贷方记录本期收入的增加额,借方记录本期收入的减少额及期末结转"本年利润"账户的数额,期末无余额。收入账户的特点是只需用金额记录且期末无余额。收入账户的结构,如图6-10所示。

借方	收入账户	贷方
发生额:收入的减少额及期末转入"本年利润"账户的收入数		发生额:本期收入的增加额

图6-10 收入账户的结构

八、费用账户

这里的费用账户是指广义费用账户,是用来反映企业在一定会计期间内所发生的应由当期收入补偿的各种费用的账户。主要包括"主营业务成本"、"销售费用"、"营业税金及附加"、"管理费用"、"财务费用"、"营业外支出"、"所得税费用"等账户。该类账户的结构是:借方记录各种费用支出的增加额,贷方记录费用支出的减少额及期末转入"本年利润"账户的费用支出额,期末无余额。费用账户的特点是只需用金额记录,且期末无余额。费用账户的结构,如图6-11所示。

借方	费用账户	贷方
发生额:本期费用支出的增加额		发生额:费用支出的减少额及期末转入"本年利润"账户的费用支出额

图6-11 费用账户的结构

九、财务成果计算账户

财务成果计算账户是用来反映企业在一定时期内全部生产经营活动最终成果的账户。其主要是指"本年利润"账户。该账户的结构是:贷方记录期末从各收入账户结转计入的本期发生的收入额;借方记录期末从各费用账户结转计入的本期发生的费用额;期末余额若在贷方,则表示一定时期内收入大于费用的差额,即本期实现的净利润;期末余额若在借方,则表示一定时期内收入小于费用的差额,即本期发生的亏损总额。年末,需将"本年利润"账户实现的净利润或发生的亏损,从相反的方向结转至"未分配利润"账户,结转后无余额。但是,在年度内,财务成果账户为累计性账户,无论是何月,账面记录的净利润或亏损均表示为截至本月的累计发生额。故年度内各月,财务成果计算账户或有贷方余额,或有借方余额。

财务成果计算账户的特点有:其一,体现会计核算的配比原则,将一定时期发生的收入与形成这些收入的耗费在空间上、时间上通过该账户进行配比,反映经营结果;其二,任何一个报告期期末的余额,均为累计发生额;其三,只需提供价值指标;其四,年末结转其累计余额后,无余额。财务成果计算账户的结构,如图6-12所示。

借方	财务成果计算账户	贷方
发生额:转入的各项费用		发生额:转入的各项收入
期末余额:发生的亏损总额		期末余额:实现的利润总额

图6-12 财务成果计算账户的结构

十、调整账户

调整账户是用来调整被调整账户的余额,以求得被调整账户的实际余额而设置的账户。在会计核算中,由于经营管理的需要,往往对于某一会计要素,需设置两个账户,用两种数字从两个不同的方面进行记录。其中一个账户记录原始数字,反映原始状况,而另一个账户则反映对原始数字的调整,反映调整状况,将原始数字同调整数字相加或相减,则可求得被调整后的实际余额。调整账户按其调整方式不同,可分为备抵账户、附加账户和备抵附加账户三类。

(一)备抵账户

备抵账户又称抵减账户,是用来抵减被调整账户余额,以求得被调整账户实际余额的账户。备抵账户与被调整账户的关系,可用公式表示为:

被调整账户余额 – 备抵账户余额 = 被调整账户实际余额

可见,备抵账户与其被调整账户存在着反方向关系,即当被调整账户的余额为借方(或贷方)余额时,则备抵账户的余额为贷方(或借方)余额。所以,备抵账户,按被调整账户的性质,分为资产备抵账户和权益备抵账户两类。

1. 资产备抵账户

资产备抵账户是用来抵减某一资产账户(即被调整账户)余额,以求得该资产账户实际余额的账户。例如,"累计折旧"账户是"固定资产"账户的备抵调整账户;"坏账准备"账户是"应收账款"账户的备抵调整账户。固定资产作为企业的主要劳动资料,随着生产经营过程的使用而发生损耗,价值不断减少。但是,从管理的角度出发,需要"固定资产"账户提供能反映固定资产原始投资的价值指标,以反映原有的投资规模。于是,会计核算制度规定,固定资产因损耗而减少的价值不能直接记入"固定资产"账户的贷方,而需另外设置"累计折旧"账户,专门记录固定资产损耗的价值,即将提取的折旧额,记入"累计折旧"账户贷方。期末,将"固定资产"账户的借方余额(即现有固定资产原值)减去"累计折旧"贷方余额(即现有固定资产已累计提取的折旧额),则为现有固定的净值或折余价值。除此之外,还可以通过"固定资产"账户与"累计折旧"账户余额的对比分析,了解企业固定资产的新旧程度,以提供企业生产能力置换的依据。"累计折旧"账户对"固定资产"账户的备抵调整方式,如图6-13所示。

借方	固定资产	贷方	借方	累计折旧	贷方
期末余额:固定资产原始价值 200 000					期末余额:固定资产累计折旧 60 000

图6-13 资产备抵账户与被调整账户的结构关系

固定资产账面净值 = 固定资产原始价值 − 固定资产累计折旧 = 200 000 − 60 000 = 140 000

2. 权益备抵账户

权益备抵账户是用来抵减某一权益账户(即被调整账户)的余额,以获得该权益账户实际余额的账户。如,"利润分配"账户就是"本年利润"账户的备抵账户。前已述及,"本年利润"账户的期末贷方余额,反映企业期末累计实现的净利润,而对于净利润实现后,年度内的预分配及年终的分配,会计核算制度规定不能在"本年利润"账户的借方(即减少)记录,而是通过"利润分配"账户的借方专门记录分配的利润数,以保持全年净利润形成的原始状况。于是,用"本年利润"账户的贷方余额减去"利润分配"账户(不含"利润分配——未分配利润"明细账户)的借方余额,其差额反映企业期末尚未分配的利润数额。"本年利润"账户与"利润分配"账户的关系,即"利润分配"对"本年利润"账户的备抵调整方式,如图6-14所示。

借方	利润分配	贷方	借方	本年利润	贷方
期末余额:已分配的利润数 42 000					期末余额:已实现的利润数 68 000

图6-14 权益备抵账户与被调整账户的结构关系

未分配利润数 = 已实现的利润数 − 已分配的利润数 = 68 000 − 42 000 = 26 000

(二)附加账户

附加账户亦称增加账户,是用来增加被调整账户的余额,以求得被调整账户实际余额的账户。附加账户对被调整账户的调整方式,可用下列计算公式表示:

被调整账户余额 + 附加账户余额 = 被调整账户实际余额

可见,附加调整账户与被调整账户的余额在同一方,或同在借方或同在贷方。在实际会计核算工作中,附加账户的运用较少。

(三)备抵附加账户

备抵附加账户是指依据调整账户的余额方向不同,或用来抵减,或用来增加被调整账户的余额,以求得被调整账户实际余额的账户。它兼有备抵账户与附加账户的双重功能,属于双重性质的账户。但是,备抵附加账户不能对被调整账户同时起两种作用,只能起附加作用或者是抵减作用。备抵附加账户究竟在某一时期执行哪一种功能,发挥何种作用,取决于该账户的余额与被调整账户的余额是在同一方向还是相反方向。当其余额与被调整账户余额方向相同时,起附加调整的作用,而当其余额与被调整账户余额方向相反时,起备抵调整的作用。例如,工业企业对材料的日常核算采用计划成本计价时,所设置的"材料成本差异"账户就属于备抵附加调整账户。其调整的方式,如图6-15所示。

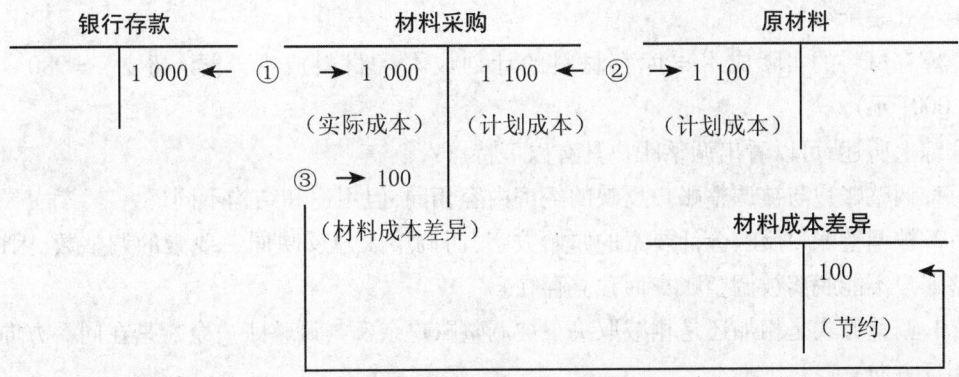

图 6-15 备抵附加账户与被调整账户的结构关系

图6-15业务说明:

(1)购进一批材料,用银行存款支付材料价款和运杂费共计1 000元,材料已验收入库。

(2)结转入库材料的计划成本1 100元。

(3)计算并结转材料成本差异100元(节约)。

上例中,"材料成本差异"账户是用来调整"原材料"(被调整)账户的余额,以求得库存材料实际余额(实际成本)的账户。由于此时调整账户与被调整账户余额的方向相反,因而调整方式是备抵,其相互关系用公式表示如下:

库存材料的实际成本 = 库存材料的计划成本 − 材料成本差异(节约) = 1 100 − 100 = 1 000(元)

如果上例出现如图6-16所示的情况,则"材料成本差异"账户是"原材料"账户的附加账户。

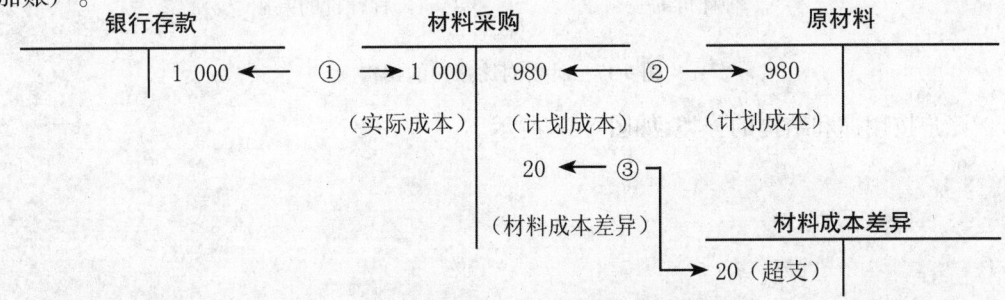

图 6-16 备抵附加账户与被调整账户的结构关系

图 6-16 业务说明：

(1) 购进一批材料，用银行存款支付材料价款和运杂费共计 1 000 元，材料已验收入库。

(2) 结转入库材料的计划成本 980 元。

(3) 计算并结转材料成本差异 20 元（超支）。

由于此时调整账户与被调整账户的余额在同一方向，因而调整方式是附加，其相互关系用公式表示如下：

库存材料的实际成本 = 库存材料的计划成本 + 材料成本差异（超支）= 980 + 20 = 1 000（元）

综上所述，可以看出调整账户具有以下特点：

1. 调整账户与被调整账户反映的经济内容相同，但用途和结构不同。

2. 被调整账户反映会计要素的原始数字，而调整账户反映同一要素的调整数，因此，调整账户不能脱离被调整账户而独立存在。

3. 调整方式是相加还是相减取决于被调整账户余额与调整账户余额是在同一方向还是相反方向。

十一、计价对比账户

计价对比账户是对某一要素的记录中，按照两种不同的计价标准进行计价、对比，确定其业务成果的账户。例如，按计划成本对企业材料进行日常核算的企业设置的"材料采购"账户，借方为采购的实际成本，贷方为采购的计划成本，差额表示为节约额或超支额；同样，像"固定资产清理"账户也具有类似的用途和结构。会计核算中，运用计价对比的形式主要是要反映经营管理的要求，因此，计价对比的结果，期末一般应从计价对比账户形成的差额的反方向转出。计价对比账户的结构，如图 6-17 所示。

借方	计价对比账户	贷方
发生额：业务的第一种计价		发生额：业务的第二种计价
期末余额：第一种计价大于第二种计价的差额		期末余额：第二种计价大于第一种计价的差额

图 6-17 计价对比账户的结构

账户按用途和结构的分类，如图 6-18 所示。

第六章 账户的分类

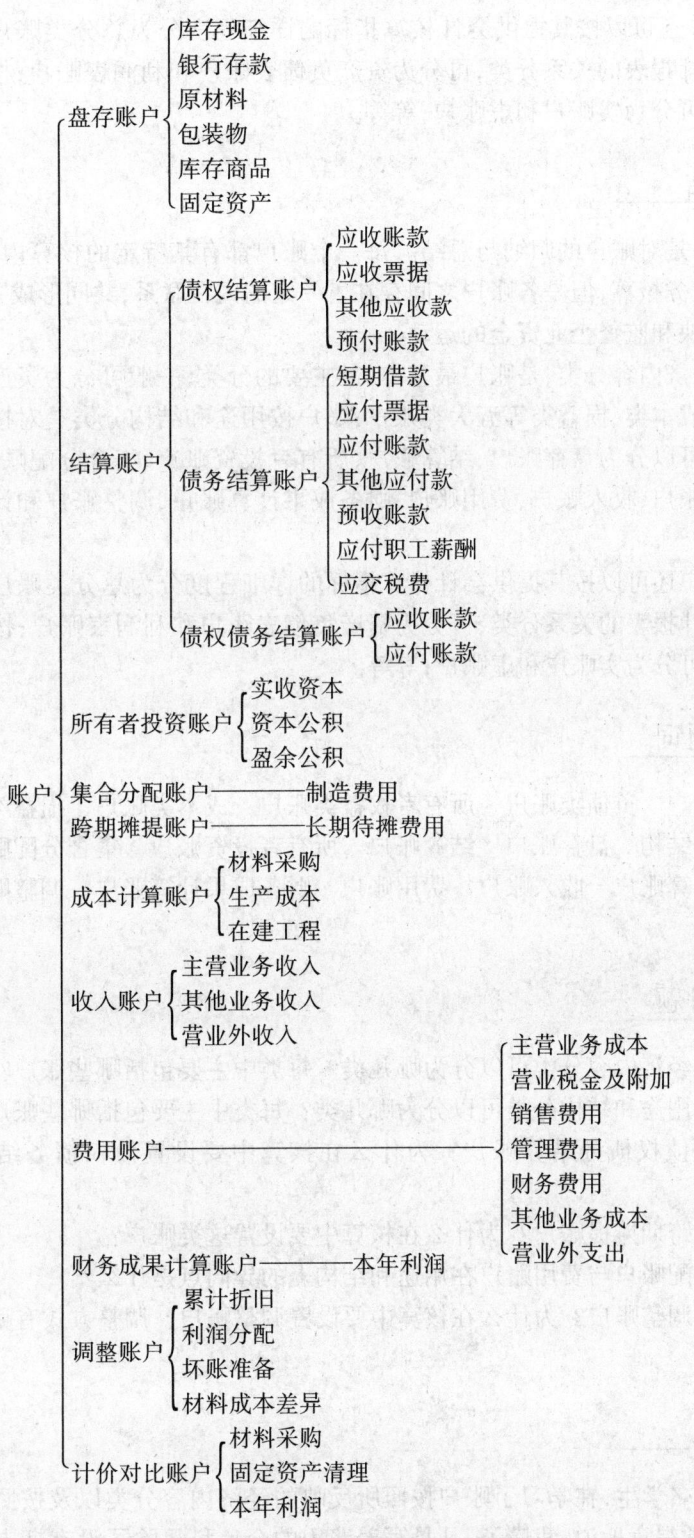

图 6-18 账户按用途和结构的分类

此外,账户还可以按其提供会计核算指标的详细程度分为总分类账户和明细分类账户;按其与会计报表的关系分类,可分为资产负债表账户和利润表账户;按账户期末是否有余额分类,可分为实账户和虚账户;等等。

▼ 本章小结

本章主要是对账户的归纳与总结。每一个账户都有其特定的核算内容,只能运用于特定的经济业务核算,但是各账户之间存在着一定的内在联系,共同形成了一个完整的账户体系,来反映和监督企业资金的运动。

账户按经济内容分类,是账户最基本、最主要的分类,一般可分为资产类、负债类、所有者权益类、成本类、损益类等五大类账户;账户按用途和结构分类是对按经济内容分类的必要补充,可以分为盘存账户、结算账户、所有者投资账户、集合分配账户、跨期摊提账户、成本计算账户、收入账户、费用账户、财务成果计算账户、调整账户和计价对比账户等十一大类账户。

此外,账户还可以按其提供会计核算指标的详细程度分为总分类账户和明细分类账户;按其与会计报表的关系分类,可分为资产负债表账户和利润表账户;按账户期末是否有余额分类,可分为实账户和虚账户;等等。

▼ 本章主题词

资产类账户　负债类账户　所有者权益类账户　成本类账户　损益类账户　账户的用途　账户的结构　盘存账户　结算账户　所有者投资账户　集合分配账户　跨期摊提账户　成本计算账户　收入账户　费用账户　财务成果计算账户　调整账户　计价对比账户

▼ 复习思考题

1. 账户按经济内容分类可以分为哪几类?每类中主要包括哪些账户?
2. 账户按用途和结构分类可以分为哪几类?每类中主要包括哪些账户?
3. 什么是债权债务结算账户?为什么在核算中要设置债权债务结算账户?举例说明。
4. 什么是跨期摊提账户?为什么在核算中要设置这类账户?
5. 集合分配账户与费用账户在用途和结构上的异同点是什么?
6. 什么是调整账户?为什么在核算中要设置调整账户?调整方式有哪几种?请举例说明。

▼ 案例讨论

武钢是一名学生,在学习了账户按照所反映的经济内容分类以及按照用途与结构的分类之后,非常得意地说,我懂了,凡是写着费用的会计科目除了没有期末余额之外都与资产类账户一样,凡是成本类账户一定没有期末余额,凡是应收款账户一定是资产类账户,凡是应付款账户一定是负债类账户,累计折旧也是资产类账户。

资料来源:百度文库,http://wenku.baidu.com/view/c4868d77f242336c1eb95eb6.html.

问题:

1. 武钢同学的说法是否正确?
2. 长期待摊费用和制造费用两个账户都写着费用,它们是费用类账户吗?
3. "累计折旧"账户结构为什么和"固定资产"账户结构不同?

第七章 会计凭证

▼ **学习目标**

　　知识目标：通过本章的学习，应了解原始凭证和记账凭证的作用；掌握原始凭证和记账凭证的类型；了解原始凭证的凭证要素和记账凭证的内容；掌握填制、审核原始凭证和记账凭证的内容；了解会计凭证如何传递和保管。
　　能力目标：能根据原始凭证的要素和填制要求进行原始凭证审核；能够编制各种记账凭证；能够明确记账凭证传递流程和保管注意事项。

▼ **引导案例**

　　俗话说"空口无凭，立字为据"，现实经济生活中人们普遍遵循这一规则。比如帮别人代买一件商品，我们会和商家索要发票，其目的主要有两个：一是说明商品的真实价格，二是明确商品的销售者并确定商品售后责任。企业在进行日常经济活动中会发生众多的交易和事项，如何证明其客观性或真实性？依据什么对业务进行一系列的会计处理？这就需要客观的证据作为佐证，根据会计确认、计量和报告的要求，这些证据还应具备一定的格式和内容。本章就是从认识凭证开始，了解会计凭证的种类、内容、填制要求等方面，帮助大家系统地学习和掌握会计的这一基本技能。

第一节　会计凭证及其意义

一、会计凭证的概念

　　会计凭证是记录经济业务、明确经济责任的书面证明，也是登记账簿的依据。任何单位在处理经济业务时，都必须由执行和完成该项经济业务的有关人员从单位外部或自行填制有关凭证，以书面形式记录和证明所发生的经济业务的时间、性质、内容、数量、金额等，并在会计凭证上签字盖章，以对会计凭证的合法性、凭证的真实性和凭证的完整性负责。一切会计凭证都必须经过有关人员的严格审核，只有经过审核无误的会计凭证才能作为登记账簿的依据。

二、会计凭证的意义

　　合法地取得、正确地填制和审核会计凭证，是会计核算的基本方法之一，也是会计工作的起点；是会计核算的基础工作，也是对经济活动进行核算和监督的基本环节。填制和审核会计凭证的意义归纳起来有以下几个方面：

（一）记录经济业务，提供记账依据

各经济单位通过会计凭证的填制，可以将日常发生的大量经济业务加以全面的记录；经过分类与汇总的会计凭证也是登记账簿的重要依据。

经济业务发生后，记录经济业务的会计凭证就按规定的流转程序最终汇集到财务会计部门，成为记账的基本依据。如果没有合法的凭证作依据，任何经济业务都不能登记到账簿中去。因此，做好会计凭证的填制和审核工作，是保证会计账簿资料真实性、正确性的重要条件。

（二）明确经济责任，强化内部监督

任何会计凭证除了记录有关经济业务内容外，还必须由有关部门和人员签章，对会计凭证所记录的经济业务内容的真实性、完整性、合法性负责。

各单位发生的经济业务，通过填制和审核会计凭证不仅将经办人员联系在一起，相互促进，相互监督，而且有利于划清经办单位或经办人员的责任。

（三）监督经济活动，控制经济运行

通过会计凭证的审核，可以监督各项经济业务的合法性，检查经济业务是否符合国家的有关法律、制度；有无铺张、浪费、贪污、盗窃等行为发生；是否符合企业目标和财务计划；可以及时发现经济管理中存在的问题和管理制度中存在的漏洞，及时加以制止和纠正。实现对经济活动的事中控制，保证经济活动健康运行。

（四）便于日后的检查和查账

由于各项业务的发生首先会在会计凭证上得到反映和记录，因而会计凭证就是反映各单位各部门经济业务的最原始的业务档案，为以后的各种检查和查账提供了必要的原始资料，尤其是在解决经济纠纷时可以提供有法律效力的原始证据。

企业发生的经济业务内容非常复杂丰富，用以记录、监督经济业务的会计凭证也必然是五花八门、名目繁多。为了具体地认识、掌握和运用会计凭证，首先要对会计凭证加以分类，按照会计凭证的填制程序和用途一般可以分为原始凭证和记账凭证两类，下面分别予以介绍。

第二节　原始凭证的种类及其填制和审核

原始凭证又称单据，是在经济业务发生或完成时取得或填制的用以记录或证明经济业务发生或完成情况的书面证据。如出差乘坐的车船票、采购材料的发货票、到仓库领料的领料单等。原始凭证是在经济业务发生的过程中直接产生的，是经济业务发生的最初证明，在法律上具有证明效力，所以也可叫做"证明凭证"。

原始凭证按其取得的来源不同，可以分为自制原始凭证和外来原始凭证两类。

一、自制原始凭证

自制原始凭证是指在经济业务发生、执行或完成时，由本单位的经办人员自行填制的原始凭证，如收料单、领料单、产品入库单等。

自制原始凭证按其填制手续不同,又可分为一次凭证、累计凭证、汇总原始凭证和记账编制凭证四种。

(一)一次凭证

一次凭证是指填制手续是一次完成的会计凭证。如报销人员填制的出纳人员据以付款的报销凭单,企业购进材料验收入库,由仓库保管员填制的收料单,以及向仓库领用材料时填制的领料单等。

领料单一般都一料一单。从仓库中领用各种材料,都应履行出库手续,由领料经办人根据需要材料的情况填写领料单,并经该单位主管领导批准到仓库领用材料。仓库保管员根据领料单,审核其用途,计量发放材料,并在领料单上签章。领料单一式三联,一联留领料部门备查,一联留仓库,据以登记材料物资明细账和材料卡片,一联转会计部门或月末经汇总后转会计部门据以进行总分类核算。领料单格式见表7-1。

表7-1　　　　　　　　　　　(企业名称)领料单

领料单位:一车间　　　　　201×年××月××日　　　　　凭证编号:1201

用　　途:制造A产品　　　　　　　　　　　　　　　　　发料仓库:5号库

材料类别	材料编号	材料名称及规格	计量单位	数量		单价	金额(元)
				请领	实发		
型钢	022	20m/m	公斤	500	500	3.20	1 600
备注				合计			1 600

主管(签章)　　　　记账(签章)　　　　发料人(签章)　　　　领料人(签章)

(二)累计凭证

累计凭证是指在一定期间内,连续多次记载若干不断重复发生的同类经济业务,直到期末,凭证填制手续才算完成,以期末累计数作为记账依据的原始凭证,如工业企业常用的限额领料单等。

限额领料单在有效期间内(一般为一个月),只要领用数量不超过限额就可以连续使用。限额领料单是由生产计划部门根据下达的生产任务和材料消耗定额按每种材料用途分别开出,一料一单,一式两联,一联交仓库据以发料,一联交领料部门据以领料。领料单位领料时,在该单内注明请领数量,经负责人签章批准后,持往仓库领料。仓库发料时,根据材料的品名、规格发料,同时将实发数量及限额余额填写在限额领料单内,领发料双方在单内签章。月末在此单内结出实发数量和金额转交会计部门,据以计算材料费用,并做材料减少的核算。

使用限额领料单领料,全月不能超过生产计划部门下达的全月领用限额量。使用这种凭证,既可以简化凭证填制手续,又可做到对领用材料的事前控制。限额领料单格式见表7-2。

第七章 会计凭证

表7-2　　　　　　　　　　　　　　限额领料单
　　　　　　　　　　　　　　　　　201×年××月

领料单位:二车间　　　　用途:制造B产品　　　　计划产量:6 000台
材料编号:212035　　　　名称规格:16 m/m圆钢　　计量单位:千克
单价:2.00元/千克　　　　消耗定量:0.2千克/台　　　领用限额:1 000
编号:1235

201×年		请领		实发					
月	日	数量	领料单位负责人	数量	累计	发料人	领料人		限额结余
10	5	200	李华	200	200	李四	王五		800
10	10	100	李华	100	300	李四	王五		700
10	15	300	李华	300	600	李四	王五		400
10	20	100	李华	100	700	李四	王五		300
10	25	150	李华	150	850	李四	王五		150
10	31	100	李华	100	950	李四	王五		50

累计实发金额(大写)壹仟玖佰元整　　　　　　　　　　　￥1 900.00
供应生产部门负责人　　　生产计划部门负责人　　　仓库负责人

(三)汇总原始凭证

汇总原始凭证是指在会计核算工作中,为简化记账凭证的编制工作,将一定时期内若干份记录同类经济业务的原始凭证按照一定的管理要求汇总编制一张汇总凭证,用以集中反映某项经济业务总括发生情况的会计凭证。

因为企业取得或填制的原始凭证,往往很多,如逐一填制记账凭证或逐一登记有关账簿,在手续上将不胜其烦。所以为了简化核算手续,对于经济业务内容相同的各类原始凭证,如收料单、领料单等,常将它们按期10天、15天或1个月先行填制收料、发料凭证汇总表,然后再根据收料、发料凭证汇总表填制记账凭证,登记有关账簿。差旅费报销单、工资汇总表等也是常用的汇总原始凭证。发料凭证汇总表格式见表7-3。

表7-3　　　　　　　　　　　发料凭证汇总表
　　　　　　　　　　　　　201×年××月××日　　　　　　　　　　单位:元

应借科目	应贷科目:原材料				辅助材料	发料合计
	明细科目:主要材料					
	1~10日	11~20日	21~30日	小计		
生产成本	15 000	22 000	20 000	57 000	3 000	60 000
制造费用		1 000		1 000	500	1 500
管理费用			2 000	2 000	1 500	3 500
合计	15 000	23 000	22 000	60 000	5 000	65 000

汇总原始凭证在大中型企业中使用得非常广泛,因为它可以简化核算手续,提高核算工作效率;能够使核算资料更为系统化,使核算过程更为条理化;能够直接为管理提供某

些综合指标。

（四）记账编制凭证

在企业自制的各种原始凭证中，一般都是以实际发生或完成的经济业务为依据，由经办人员填制并签章，但有些自制原始凭证，则是由会计人员根据已经入账的结果，对某些特定项目进行归类、整理而编制的，这种根据账簿记录而填制的原始凭证，称为记账编制凭证。例如在计算产品成本时，编制的制造费用分配表就是根据制造费用明细账记录的数字按费用的用途填制的。再如月末确定已销商品成本时根据库存商品账簿记录所编制的成本计算表，以及月末所编制的利润分配计算表等。制造费用分配表格式见表7-4。

表7-4　　　　　　　　制造费用分配表

201×年××月

应借科目		生产工时	分配率	分配金额(元)
生产成本	A产品	2 000	2	4 000
	B产品	3 000	2	6 000
合计		5 000	2	10 000

二、外来原始凭证

外来原始凭证，是指在同外单位发生经济往来关系时，从外单位取得的凭证。如企业购买材料、商品时从供货单位取得的发货票，付款时取得的收据、出差乘坐的车船票、货物运输发票等。外来原始凭证都是一次凭证。增值税专用发票的一般格式见表7-5。

表7-5　　　　　　　　河北省增值税专用发票

发票联

开票日期:201×年××月××日

购货单位	名称			××公司						纳税人登记号					×××				
	地址、电话									开户银行及账号					×××				
商品或劳务名称	计量单位	数量	单价	金额								税率(%)	税额							
				百	十	万	千	百	十	元	角	分		百	十	万	千	百	十	元	角	分
8m/m 螺母	个	4 000					1	0	0	0	0		17					1	7	0	0
6m/m 螺母	个	2 000					2	0	0	0	0		17					3	4	0	0
4m/m 螺母	个	4 000					3	0	0	0	0		17					5	1	0	0
合计							6	0	0	0	0						1	0	2	0	0
价税合计（大写）				柒仟零贰拾元整									￥7 020.00							
销货单位	名称			××公司						纳税人登记号					×××				
	地址、电话:			×××						开户银行及账号					×××				

收款人：　　　　　　　开票单位(未盖章无效)××公司

【小思考7-1】企业签订的购销合同、银行对账单、银行存款余额调节表是否属于原始凭证?

三、原始凭证的基本内容

原始凭证通常都不是由财会人员填制的,而是由有关单位或本单位有关业务人员填制的。但是,全部原始凭证都必须经过财会人员审核,才能登记入账。因此,财会人员不仅本身应掌握原始凭证的内容和填制方法,而且还要向有关业务人员说明原始凭证的重要作用,帮助他们掌握正确填制原始凭证的方法。

原始凭证的名称、格式和内容多种多样,其填制和审核的具体内容也会因此而多种多样。但是,所有的原始凭证,都是作为经济业务的原始证据,必须详细载明有关经济业务的发生或完成情况,必须明确经办单位和人员的经济责任。因此,各种原始凭证都应具备一些共同的基本内容。

原始凭证所包括的基本内容,通常称为凭证要素,主要有:

1. 原始凭证的名称。任何原始凭证都应有名称,例如,发票、领料单等。
2. 填制凭证的日期。原始凭证必须写明填制的日期。原始凭证上写明的日期,应是经济业务完成的日期。日期能反映经济业务发生的时间,同时起到监督、控制作用。有的凭证未填日期,例如支票是存在有限期的,签发时若不填日期,就无法起到控制作用。
3. 凭证的编号。原始凭证应按照一定的标准或顺序编号。
4. 填制和接受凭证的单位名称。编制原始凭证,一定要有填制单位和接受单位。
5. 经济业务的基本内容。包括经济业务所涉及的商品物资的品种、数量、单位、单价和金额等。
6. 填制单位和经办人员的签章。为了明确经济责任,原始凭证要由编制单位加盖公章,并由经办人员签字或盖章。

此外,为了更加充分地发挥原始凭证的作用,还可补充必要的内容。例如,为了掌握计划或合同的执行情况,可在有关的原始凭证上注明计划定额或合同编号等。

有些经济业务在不同单位中经常发生,为了使各单位所填制的原始凭证能够提供统一管理所需要的资料,主管部门可制定统一的凭证格式。例如,人民银行统一制定的现金支票、转账支票,铁道部统一制定的铁路运单,就是分别在各级银行法律效力和部门统一使用的原始凭证。

印制统一原始凭证,既可以加强对凭证和企业、行政事业等单位经济活动的管理,又可以节约印刷费用。

四、原始凭证的填制要求

原始凭证是具有法律效力的证明文件,是记账的原始依据。因此,原始凭证填制得正确与否,与整个核算工作的质量有着密切的联系。在填制原始凭证时,必须做到合法、真实、内容完整、书写规范、填制及时等。具体地说,必须符合下列要求:

1. 凭证所反映的经济业务必须合法,必须符合国家有关政策法规制度的要求,不符合要求的,不得列入原始凭证。
2. 填制原始凭证要真实。不允许歪曲或弄虚作假,也不能乱估计数字。

3. 填制原始凭证要内容齐全。各种凭证的内容必须逐项填写齐全,不得遗漏,必须符合手续完备的要求,经办业务的有关部门和人员要认真审查,并签字盖章。内容不齐备的不能作为经济业务的合法证明,也不能作为有效的会计凭证。

4. 手续要完备。单位自制的原始凭证必须有经办单位负责人签字盖章;对外开出的原始凭证要加盖单位公章;外来原始凭证必须盖有填制单位公章;从个人取得的原始凭证,必须有个人的签字盖章。

5. 书写格式要规范。原始凭证要用蓝色笔书写,字迹清楚、规范,填写支票必须使用碳素笔,属于需要用复写纸套写的凭证,必须一次套写清楚。合计的小写金额前应加注币值符号,如"￥"、"US $"等。大写金额有"分"的,后面不加"整"字,其余一律在末尾加"整"字;大写金额前还应加注币值单位,注明"人民币"、"美元"等字样,且币值单位与金额数字之间,以及各金额数字之间不得留有空隙。

凡阿拉伯数字前写有人民币符号"￥"的,数字后面不再写"元"字。阿拉伯数字,一律填写到角分,无角位和分位可写"00"或符号"—"。

汉字大写金额要规范,如壹、贰、叁、肆、伍、陆、柒、捌、玖、拾、佰、仟、万、亿、圆、角、分、零、整,不得用一、二(两)、三、四、五、六、七、八、九、十、毛、另(或0)等字样代替。

阿拉伯数字中间连续有几个"0"时,汉字大写金额中可以只写一个"零"字,如"￥1 004.56",汉字大写金额应写成"人民币壹仟零肆元伍角陆分"。

银行结算票据的出票日期采用中文大写。在填写月、日时,月为壹、贰和壹拾的,日为壹至玖和壹拾、贰拾、叁拾的,应在其前加"零";日为拾壹至拾玖的,应在其前加"壹"。如1月15日,应写成"零壹月壹拾伍日";10月20日,应写成"零壹拾月零贰拾日"。票据出票日期使用小写填写的,银行不予受理。大写日期未按要求规范填写的,银行可予受理,但由此造成损失的,由出票人自行承担。

【小思考7-2】会计上为什么要对涉及银行结算票据的出票日期采用中文大写?

6. 凭证不得随意涂改、刮擦、挖补。

原始凭证所记载的内容有错误的,应当由出具单位重开或者更正。

更正工作必须由原始凭证出具单位进行,并在更正处加盖出具单位印章;重新开具原始凭证也应当由原始凭证出具单位进行。

原始凭证金额有错误的不得更正,只能由原始凭证出具单位重开。因为原始凭证上的金额是反映经济业务事项情况的最重要数据,如果允许随便更改,易产生舞弊。

原始凭证开具单位应当依法开具准确无误的原始凭证,对于填制有误的原始凭证,负有更正和重新开具的法律义务,不得拒绝。

7. 支付款项的原始凭证,必须有收款单位和收款人的收款证明。

如发生销货退回时,退款时必须取得对方的收款收据或汇款银行的汇出凭证,不得以退货发票代替收据。

8. 一式几联的原始凭证,必须用复写纸套写,并连续编号。应当注明各联的用途。

9. 各种凭证应当编号,以便查考。各种凭证如果已预先印定编号,在写坏作废时,应当加盖"作废"戳记,全部保存,不得撕毁。

10. 各种凭证必须及时填制,一切原始凭证都应按照规定程序,及时送交财会部门,由财会部门加以审核,并据以编制记账凭证。

五、原始凭证的审核

各种原始凭证,除由经办业务的有关部门审核外,最后要由会计部门进行审核。

及时审核原始凭证,是对经济业务进行的事前监督。

只有经过审核确认无误的原始凭证,才能作为编制记账凭证、登记账簿的依据。原始凭证的审核主要包括以下两个方面的内容:

(一)真实合法性审核

审核原始凭证所反映的经济内容与实际情况是否相符。具体包括:经济业务双方当事单位和当事人必须真实;经济业务发生的时间、地点和填制凭证的时间必须真实;经济业务的内容必须真实;经济业务的数量和金额必须真实。根据有关的法令、制度、政策等,审核原始凭证所记录的经济业务是否合规、合法,有无违反法令、制度的行为,审核经济业务是否按规定的程序予以办理。对于经审核确认不真实、不合法的原始凭证,会计机构和会计人员有权不予接受,并向单位负责人报告。

(二)准确完整性审核

根据原始凭证的基本内容,逐项审核原始凭证的内容是否准确、完整,原始凭证的各项目是否按规定填写齐全,是否按规定手续办理。

具体应审核原始凭证是否无名称;是否填写日期;是否填写接受凭证单位的名称;业务内容、数量、金额填写是否齐全;原始凭证是否有相关的公章和经办人签章;审核有关金额的计算是否正确;审核多联复写的原始凭证所送交的联次是否正确,是否是一次复写填制;是否书写潦草,难以辨认;大写金额前是否注明"人民币"字样,是否留有空余;大小写是否相符;有无编号、编号是否连续等。

必要时,审核相关的合同、文件、授权和验收等手续是否齐全。对于记载不准确、不完整的原始凭证,会计人员应当将原始凭证退回给经办人或者报销人,并要求按照国家统一的会计制度的规定进行更改或者补充。

原始凭证的审核,是一项严肃而细致的工作,会计人员必须坚持制度和原则。

【知识链接7-1】按照《中华人民共和国会计法》规定:"会计机构、会计人员必须按照国家统一的会计制度的规定对原始凭证进行审核,对不真实、不合法的原始凭证有权不予接受,并向单位负责人报告;对记载不准确、不完整的原始凭证予以退回,并要求按照国家统一的会计制度的规定更正、补充。"

第三节 记账凭证的种类及其填制与审核

一、记账凭证概述

记账凭证是会计人员根据审核无误的原始凭证或汇总原始凭证,按经济业务性质加以分类,用来确定经济业务应借、应贷的会计科目和金额而填制的,作为登记账簿直接依据的会计凭证。

填制具有统一格式的记账凭证后,要将相关的原始凭证附在后面,这样也有利于原始凭证的保管,便于对账和查账。

记账凭证和原始凭证同属于会计凭证,原始凭证与记账凭证之间存在着密切的联系。原始凭证是记账凭证的基础,记账凭证是根据原始凭证编制的。在实际工作中,原始凭证附在记账凭证后面,作为记账凭证的附件。两者的差别如下:

1. 原始凭证是由经办人员填制的;记账凭证一律由会计人员填制。
2. 原始凭证是根据发生或完成的经济业务填制;记账凭证是根据审核后的原始凭证填制。
3. 原始凭证仅用以记录、证明经济业务已经发生或完成;记账凭证要依据会计科目对已经发生或完成的经济业务进行归类、整理,确认会计分录。
4. 原始凭证是填制记账凭证的依据;记账凭证是登记账簿的依据。

二、专用记账凭证和通用记账凭证

记账凭证按其适用的经济业务,分为专用记账凭证和通用记账凭证两类。

(一)专用记账凭证

专用记账凭证是用来专门记录某一类经济业务的记账凭证。专用记账凭证按其所记录的经济业务是否与现金和银行存款的收付有关,又分为收款凭证、付款凭证和转账凭证三种。

货币资金的管理是财会人员的一项重要工作,为了单独反映货币资金收付情况,货币资金收付的业务量较多的单位,往往对货币资金的收付业务编制专用的记账凭证。

1. 收款凭证。收款凭证是用来记录现金和银行存款等货币资金收款业务的凭证,它是根据现金和银行存款收款业务的原始凭证填制的。收款凭证格式见表7-6。

表7-6　　　　　　　　　　收款凭证

借方科目:银行存款　　　　　20××年××月××日　　　　　银收字第×号

摘要	贷方科目		金额									附单据3张
	总账科目	明细科目	百	十	万	千	百	十	元	角	分	
售出甲产品10件	主营业务收入	甲产品			2	0	0	0	0	0	0	
	应交税费	应交增值税(销项税额)				3	4	0	0	0	0	
	合计金额				2	3	4	0	0	0	0	

财务主管　　　　　记账　　　　　审核　　　　　出纳　　　　　制单

2. 付款凭证。付款凭证是用来记录现金和银行存款等货币资金付款业务的凭证,它是根据现金和银行存款付款业务的原始凭证填制的。付款凭证格式见表7-7。

表 7-7　　　　　　　　　　　付款凭证
贷方科目:银行存款　　　　　20××年××月××日　　　　　　银收字第×号

摘要	借方科目		金额									附单据4张
	总账科目	明细科目	百	十	万	千	百	十	元	角	分	
购入钢管一批	原材料	钢管			5	0	0	0	0	0	0	
	应交税费	应交增值税（进项税额）				8	5	0	0	0	0	
		合计金额			5	8	5	0	0	0	0	

财务主管　　　　　记账　　　　　审核　　　　　出纳　　　　　制单

收款凭证和付款凭证是用来记录货币收付业务的凭证,既是登记现金日记账、银行存款日记账及总分类账等账簿的依据,也是出纳人员收、付款项的依据。为了会计对经营活动的事中控制,出纳人员一般不能依据现金、银行存款收付业务的原始凭证收付款项,而是应当根据会计主管人员或指定人员审核批准的收款凭证和付款凭证来收付款项,以加强对货币资金的管理,有效地监督货币资金的使用。

【重要提示7-1】涉及货币资金相互转化的业务,为避免重复记账,规定只编制付款凭证,不编制收款凭证。如将现金存入银行业务,编制库存现金付款凭证,而不编制银行存款收款凭证;从银行提取现金业务,只编制银行存款付款凭证,不编制库存现金收款凭证。

3.转账凭证。转账凭证是用来记录与现金、银行存款等货币资金收付款业务无关的转账业务的凭证,它是根据有关转账业务的原始凭证填制的。转账凭证格式见表7-8。

表 7-8　　　　　　　　　　　转账凭证
　　　　　　　　　　　201×年××月××日　　　　　　　　　　　转字第×号

摘要	会计科目		借方金额	贷方金额	账页	附凭证1张
	总账科目	明细科目				
一车间领用钢管	原材料	钢管		10 000.00		
	生产成本	甲产品	10 000.00			
		合计	10 000.00	10 000.00		

会计主管　　　　　记账　　　　　审核　　　　　制证

（二）通用记账凭证

通用记账凭证的格式,不再分为收款凭证、付款凭证和转账凭证,而是以一种格式记录全部经济业务。在经济业务比较简单的经济单位,为了简化凭证可以使用通用记账凭证,记录所发生的各种经济业务。通用记账凭证格式见表7-9。

表 7-9   记账凭证

201×年×月×日   第×号

摘要	会计科目		借方金额	贷方金额	账页
	总账科目	明细科目			
预借差旅费	库存现金			500.00	
	其他应收款	李强	500.00		
合计			500.00	500.00	

附凭证 1 张

会计主管   记账   审核   制证   出纳

三、复式记账凭证和单式记账凭证

记账凭证按其包括的会计科目是否单一,分为复式记账凭证和单式记账凭证两类。

(一)复式记账凭证

复式记账凭证又叫做多科目记账凭证,是将某项经济业务所涉及的全部会计科目集中填列在一张记账凭证上。

复式记账凭证可以集中反映账户的对应关系,因而便于了解经济业务的全貌和资金的来龙去脉;便于查账,同时可以减少填制记账凭证的工作量,减少记账凭证的数量;但是不便于汇总计算每一会计科目的发生额,不便于分工记账。

一般企业的核算通常都用复式记账凭证。上述收款凭证、付款凭证和转账凭证的格式都是复式记账凭证的格式。

(二)单式记账凭证

单式记账凭证又叫做单科目记账凭证,要求将某项经济业务所涉及的每个会计科目,分别填制记账凭证,每张记账凭证只填列一个会计科目,其对方科目只供参考,不据以记账。也就是把某一项经济业务的会计分录,按其所涉及的会计科目,分散填制两张或两张以上的记账凭证。单式记账凭证分为借项记账凭证和贷项记账凭证,其格式见表 7-10 和表 7-11。

单式记账凭证便于汇总计算每一个会计科目的发生额,便于分工记账,但是填制记账凭证的工作量变大,而且出现差错不易查找。

表 7-10   借项记账凭证

201×年××月××日   凭证编号:记字×$\frac{1}{2}$号

摘要	一级科目	明细科目	记账	金额
从新红工厂购入甲材料	材料采购	甲材料	√	70 000
对应一级科目:银行存款		合计		¥70 000

付凭证 2 张

会计主管   记账   复核   出纳   制证

表 7-11　　　　　　　　　贷项记账凭证

201×年××月××日　　　　　　凭证编号：记字×$\frac{2}{2}$号

摘要	一级科目	明细科目	记账	金额
从新红工厂购入××材料	银行存款		√	70 000
对应一级科目：材料采购	合计			￥70 000

付凭证2张

会计主管　　　　记账　　　　复核　　　　出纳　　　　制证

四、单一记账凭证、汇总记账凭证和科目汇总表

记账凭证按是否经过汇总分类，可以分为单一记账凭证、汇总记账凭证和科目汇总表（亦称记账凭证汇总表）三类。

（一）单一记账凭证

单一记账凭证是指只包括一笔会计分录的记账凭证。前面介绍的收款凭证、付款凭证和转账凭证以及通用记账凭证都是单一记账凭证，可以将单一记账凭证称为分录凭证。

（二）汇总记账凭证

汇总记账凭证是指根据许多同类的单一记账凭证定期加以汇总而重新编制的记账凭证。其目的是简化总分类账的登记手续。汇总记账凭证又可以进一步分为汇总收款凭证、汇总付款凭证和汇总转账凭证。

（三）科目汇总表

科目汇总表，是指根据一定时期内所有的单一记账凭证定期加以汇总而重新编制的记账凭证。其目的也是为了简化总分类账的登记手续。

科目汇总表和汇总记账凭证将在第十一章账务处理程序中详细讲解。

会计凭证的分类小结如图 7-1 所示。

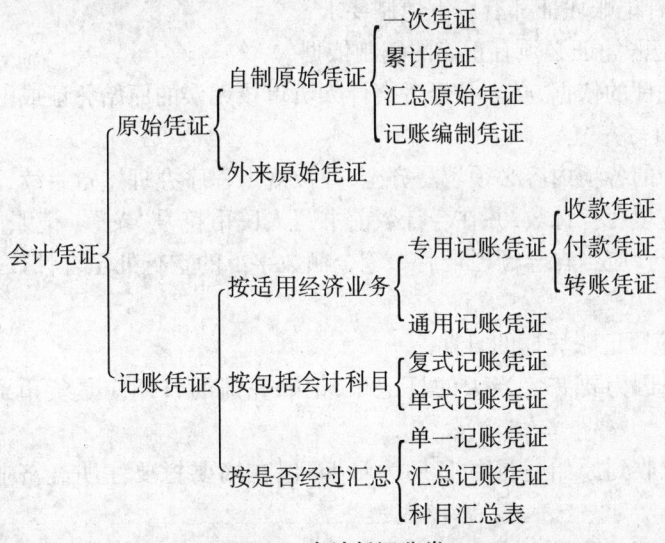

图 7-1　会计凭证分类

五、记账凭证的基本内容

记账凭证虽然种类不一,编制依据也各有不同,但各种记账凭证的主要作用都在于对原始凭证进行归类整理,编制会计分录,明确有关人员的责任,为登记账簿提供直接依据。因此,所有的记账凭证都应具有一些基本内容,主要包括:

1. 凭证名称。如采用专用格式,则分别称为"收款凭证"、"付款凭证"、"转账凭证";通用记账凭证就称为"记账凭证"。

2. 填制凭证的日期。即填制凭证的当日,以年、月、日表示。

3. 凭证编号。应按月编制记账凭证的统一序号。

4. 经济业务内容摘要。记账凭证是对原始凭证直接处理的产物,因此,在记账凭证摘要栏应简明、扼要地说明它所处理的经济业务的内容。

5. 会计科目和记账方向。即所涉及的会计科目以及借贷方向,会计科目包括对应的一级科目和明细科目。

6. 记账金额。即会计科目的应计金额。

7. 所附原始凭证张数。为了表明记账凭证所记载的会计分录有确实凭据,应将原始凭证附在记账凭证后面,同时,在记账凭证上注明所附原始凭证张数。通过核对记账凭证和所附的原始凭证,可以确定会计处理是否正确。

8. 填制凭证人员、稽核人员、记账人员、会计主管人员的签字或盖章。收款和付款凭证还应当由出纳人员签字或盖章。这样可以明确各人应负的责任,同时通过多人检查,有利于防止记账过程出现差错,保证记账凭证所提供信息的真实、可靠。

六、记账凭证的填制要求

填写记账凭证,就是要由会计人员将各项记账凭证的基本内容按规定方法填写齐全,便于账簿登记。记账凭证虽有不同格式,但就记账凭证确定会计分录,便于保管和查阅会计资料来看,各种记账凭证都有以下填制要求:

(一)填制记账凭证必须有正确的编制依据

填制记账凭证的依据,必须是经过会计人员审核无误的原始凭证或汇总原始凭证。

(二)内容填写齐全

记账凭证中的各项内容必须填写齐全,并按规定程序办理签章手续,不得简化。记账凭证的合计行应填写合计数,并在合计数前书写人民币符号"¥"。记账凭证填制完经济业务后,如有空行,应当自金额栏最后一笔金额数字下的空行处至合计数上的空行处划线注销。

(三)正确填写记账凭证的日期

收付款业务因为要登入当天的日记账,记账凭证的日期应是货币资金收付的实际日期。

转账凭证以收到原始凭证的日期为日期,但在摘要栏要注明经济业务发生的实际日期。

如果记账凭证日期与原始凭证日期相距太远,特别是本单位开出的收据与记账凭证日期相差时间较长,则意味着可能有挪用或贪污公款问题存在;如果记账凭证日期超前于原始凭证日期,则意味着弄虚作假。

(四)业务记录明确

每个原始凭证不必要做一张记账凭证,如果原始凭证内容一样,可以合在一起做。比如,可以将几份领料单汇总后做一张记账凭证,免得登账麻烦。但在一张记账凭证上,只能反映某一项经济业务或若干同类的经济业务,而不能把不同类型的经济业务合并填制在一张记账凭证上。这主要是为了明确经济业务的来龙去脉和账户对应关系。

(五)摘要简明真实

记账凭证的摘要应简明扼要,能概括出经济业务的主要内容,同时又要全面、清楚,应能够正确、完整地反映经济活动和资金变化的来龙去脉,切忌含糊不清。例如:现金、银行存款的收付款项应写明收付对象、来源渠道及用途;财产物资的收付事项应写明物资名称和收付单位;往来款项应写明对方单位及款项内容。

(六)科目运用准确

必须按会计制度统一规定的会计科目填写,不得任意简化或改动,不得只写科目编号,不写科目名称;凡有明细科目者,必须填齐。应借、应贷的记账方向和账户对应关系必须清楚。

(七)附件齐全

记账凭证所附的原始凭证必须完整无缺,并在记账凭证上注明原始凭证的张数,以便核对。

对于同一张原始凭证须填制两张记账凭证的,应在未附原始凭证的记账凭证上注明"附件××张,见第××号记账凭证",以便查阅。

如果一张原始凭证所列支出需要几个单位共同负担的,应将其他单位负担的部分,开给对方"原始凭证分割单"。原始凭证分割单必须具备原始凭证的基本内容,另外还要有费用的分摊情况。

对于结账和更正错账的记账凭证,可以不附原始凭证。

对于数量过多的原始凭证,如收、发料单等,可以单独装订编号保管,在封面上说明记账凭证日期、种类、编号,同时在记账凭证上注明"附件另订"和原始凭证名称、编号。各种经济合同、保险单据以及涉外文件等重要原始凭证,应另编目录,单独存卷保管,并在有关的记账凭证上相互注明日期、编号等。

购买如电脑、打印机等的发票应复印,修理时出示复印件,原始凭证原件应当附在记账凭证的后面。

(八)凭证连续编号

记账凭证应按业务发生的顺序按月连续编号,不得间断。

采用通用记账凭证,可按全部经济业务发生的先后顺序编号;采用专用记账凭证,可按凭证类别分类编号,即在编号前冠以"收"、"付"、"转"等字样,按不同字别顺序编号。采用字号编号法时,具体地编为"收字第××号"、"付字第××号"、"转字第××号"。例如,2月20日收到一笔现金,是该月第30笔收款业务,记录该笔经济业务的记账凭证的编号为"收字第30号",也可更细地编为"现收字第××号"。若一笔经济业务须填制多张记账凭证,可采用分数编号法,即按该项经济业务的记账凭证数量编列分号。例如,某笔经济业务须编制三张转账凭证,凭证的顺序号为32时,这三张凭证的编号应分别为"转字第 $32\frac{1}{3}$ 号"、"转字第 $32\frac{2}{3}$ 号"、"转字第 $32\frac{3}{3}$ 号"。

每月末最后一张记账凭证的号旁边要加注"全"字,以免凭证散失。

(九)如果在填制记账凭证时发生错误,应当重新填制

已经登记入账的记账凭证,在当年内发现填写错误时,可以用红字填写一张与原内容相同的记账凭证,在摘要栏注明"注销某月某日某号凭证"字样,同时再用蓝字重新填制一张正确的记账凭证,注明"订正某月某日某号凭证"字样。

(十)正确选择凭证类别填制

在采用"收款凭证"、"付款凭证"和"转账凭证"等专用记账凭证的情况下,凡涉及现金和银行存款的收款业务,填制收款凭证;凡涉及现金和银行存款的付款业务,填制付款凭证;涉及转账业务,填制转账凭证。但涉及现金和银行存款之间的划转业务,按规定只填制付款凭证,以免重复记账。如现金存入银行只填制一张现金付款凭证。对于从银行提取现金的经济业务,只填制一张银行存款付款凭证。对于以上现金、银行存款之间划转业务所填制的付款凭证,应据以同时登记现金日记账和银行存款日记账。

在同一项经济业务中,如果既有现金或银行存款的收付业务,又有转账业务时,应相应地填制收、付款凭证和转账凭证。如李强出差回来,报销差旅费500元,出差前已预借700元,剩余款项交回现金。对于这项经济业务应根据收款收据的记账联填制200元的现金收款凭证,同时根据差旅费报销凭单填制500元的转账凭证。

(十一)记账凭证签字和盖章

记账凭证填写完毕,应进行复核与检查,相关人员均要签字盖章。出纳人员根据收款凭证收款,或根据付款凭证付款时,均要在凭证上加盖"收讫"、"付讫"的戳记,以免重收重付,防止差错。

七、记账凭证的审核

为了正确登记账簿和监督经济业务,除了编制记账凭证的人员自审外,还应建立专人审核制度。

如前所述,记账凭证是根据审核后的合法的原始凭证填制的。因此,记账凭证的审核,除了要对原始凭证进行复审外,还应注意以下几点:

(一)合规性审核

即审核记账凭证是否附有原始凭证,原始凭证是否齐全,内容是否合法,记账凭证所记录的经济业务与所附原始凭证所反映的经济业务是否相符。

(二)技术性审核

即审核记账凭证的应借、应贷科目是否正确,账户对应关系是否清晰,所使用的会计科目及其核算内容是否符合会计制度的规定,金额计算是否准确,摘要是否填写清楚,项目填写是否齐全,如日期、凭证编号、明细会计科目、附件张数以及有关人员签章等。

在审核过程中,如果发现差错,应查明原因,按规定办法及时处理和更正。

只有经过审核无误的记账凭证,才能据以登记账簿。

【知识链接7-2】
原始凭证和记账凭证的区别

第一,填制人员不同。原始凭证大多是由本单位或外单位的业务经办人员填制的,而记账凭证则一律是由本单位的会计人员填制的。

第二,填制依据不同。原始凭证是根据已经发生或完成的经济业务填制的,而记账凭证则是根据经审核后的原始凭证填制的。

第三,填制方式不同。原始凭证只是经济业务发生或完成情况的原始证明,而记账凭证则要依据会计科目对已经发生或完成的经济业务进行初步归类、整理。

第四,发挥作用不同。原始凭证是填制记账凭证的依据,而记账凭证则是登记会计账簿的依据。

第四节 会计凭证的传递和保管

一、会计凭证的传递

会计凭证的传递主要包括凭证的传递路线、传递时间和传递手续三个方面的内容。

组织好凭证的传递,才能及时地把有关部门和人员组织起来,分工协作,使经济活动得以顺利实现;经办业务的有关部门和人员按照规定的凭证手续办事,也就落实了管理上的责任制。

会计凭证的传递应当在会计制度中作出明确的规定。

科学的传递程序,应该使会计凭证沿着最迅速、最合理的流向运行,在制定会计凭证传递程序时,应当注意考虑下列四个问题:

1. 要根据经济业务的特点,企业内部机构的设置和人员分工的情况,以及经营管理上的需要,恰当地规定各种会计凭证的联数和所流经的必要环节。做到既要使各有关部门和人员能利用凭证了解经济业务情况,并按照规定手续进行处理和审核,又要避免凭证传递通过不必要的环节,影响传递速度。

2. 要根据有关部门和人员对经济业务办理必要手续(如计量、检验、审核、登记等)的需要,确定凭证在各个环节停留的时间,保证业务手续的完成。但又要防止不必要的耽搁,从而使会计凭证以最快的速度传递,以充分发挥它及时传递经济信息的作用。

3. 建立凭证交接的签收制度。为了确保会计凭证的安全和完整,在各个环节中都应指定专人办理交接手续,做到责任明确,手续完备、严密、简便易行。

4. 各种会计凭证,它们所记录的经济业务不尽相同,所要据以办理的传递路线、传递时间和传递手续也不尽相同,应当为每种会计凭证的传递制定其合理的传递制度。

【同步案例7-1】耀华公司规定一些原始凭证必须复写多份。例如,库存商品的售出单据必须复写5份,分别在财会部门、销售部门、仓库、门卫各留一份。因为填写、传递这些会计凭证比较麻烦,小王认为这是烦琐哲学,建议应该取消,只需要复写两份就够了,一份留财务,另一份对方带回去报销。你如何看待此事?

案例分析:这样复写多份原始凭证不是烦琐哲学,而是为了合理地进行会计凭证的传递。组织会计凭证传递,除了考虑业务流程的特点,提高经营管理的效率,还必须遵循内部控制系统要求的内部牵制原则,力求做到及时反映、记录经济业务。内部牵制制度特别强调相互制约的关系,要求在处理各项经济业务时,应由多人负责,共同完成,并相互制约,防止一人包办,尤其要将钱、物、账分管,同时建立复核查对制度。因此,在组织会计凭证传递时,应当根据各单位经济业务的特点、企业内部机构组织、人员分工情况以及经营管理的需要,从完善内部牵制制度的角度出发,规定各种原始凭证的联次及其流程,使经办业务的部门及其人员及时办理各种凭证手续,既符合内部牵制原则,又提高工作效率。

二、会计凭证的保管

会计凭证的保管,是指会计凭证登账后的整理、装订和归档存查。

会计凭证是记账的依据,是重要的经济档案和历史资料,所以对会计凭证必须妥善整理和保管。会计凭证的保管,既要做到会计凭证的安全和完整无缺,又要便于凭证的事后调阅和查找。会计凭证归档保管的主要方法和要求是:

1. 每月记账完毕,要将本月各种记账凭证加以整理,检查有无缺号和附件是否齐全,然后按顺序号排列,装订成册。

为了便于事后查阅,应加具封面,封面上应注明:单位的名称、所属的年度和月份、起迄的日期、记账凭证的种类、起迄号数、总计册数等,并由有关人员签章。为了防止任意拆装,在装订线上要加贴封签,并由会计主管人员盖章。会计凭证封面如表7-12所示。

表7-12　　　　　　　　　　会计凭证封面

年月份第　册	（企业名称）					
	年　　　月份　共　　　册第　　　册					
	收款					
	付款	凭证	第　　号至第　　号共　　　张			
	转账					
	附:原始凭证共　　　　　张					
	会计主管（签章）　　　　　　　保管（签章）					

2. 如果在一个月内,凭证数量过多,可分装若干册,在封面上加注共几册字样。如果某些记账凭证所附原始凭证数量过多,也可以单独装订保管,但应在其封面及有关记账凭证上加注说明;对重要原始凭证,如合同、契约、押金收据以及需要随时查阅的收据等在需要单独保管时,应编制目录,并在原记账凭证上注明"附件另订",以便查核。

3. 装订成册的会计凭证应集中保管。每年的会计凭证都应由会计部门按照归档的要求,负责整理立卷或装订成册。当年形成的会计凭证,在会计年度终了后,可暂由会计部门保管一年,期满后,应由会计部门编制移交清册,移交本单位档案部门统一保管。

4. 查阅时,要有一定的手续制度。

5. 会计凭证的保管期限和销毁手续,必须严格执行会计制度的规定。会计凭证的保管期限,一般为15年。保管期未满,任何人都不得随意销毁会计凭证。报经批准后,由档案部门和会计部门共同派员监督销毁。

本章小结

会计凭证是记录经济业务、明确经济责任的书面证明,也是登记账簿的依据。会计凭证的填制和审核的重要意义在于:(1)记录经济业务,提供记账依据;(2)明确经济责任,强化内部监督;(3)监督经济活动,控制经济运行;(4)便于日后的检查和查账。

原始凭证是记录经济业务,用以明确经济责任,作为记账依据的最初的书面证明文件。原始凭证按其取得的来源不同,可以分为自制原始凭证和外来原始凭证两类。自制原始凭证按其填制手续不同,又可分为一次凭证、累计凭证、汇总原始凭证和记账编制凭证四种。原始凭证所包括的基本内容,通常称为凭证要素,主要有:原始凭证的名称,填制凭证的日期,凭证的编号,填制和接受凭证的单位名称,经济业务的基本内容,填制单位和经办人员的签章等。在填制原始凭证时,必须做到合法、真实、内容完整、书写规范、填制及时等。原始凭证的审核主要包括真实合法性审核和准确完整性审核。

记账凭证是会计人员根据审核无误的原始凭证或汇总原始凭证,按经济业务性质加以分类,用来确定经济业务应借、应贷的会计科目和金额而填制的,作为登记账簿直接依据的会计凭证。记账凭证按其适用的经济业务,分为专用记账凭证和通用记账凭证两类。专用记账凭证又分为收款凭证、付款凭证和转账凭证三种。记账凭证按其包括的会计科目是否单一,分为复式记账凭证和单式记账凭证两类。记账凭证按是否经过汇总分类,可以分为单一记账凭证、汇总记账凭证和科目汇总表三类。记账凭证的内容主要包括:凭证名称,填制凭证的日期,凭证编号,经济业务内容摘要,会计科目和记账方向,记账金额,所附原始凭证张数,填制凭证人员、稽核人员、记账人员、会计主管人员的签字或盖章。记账凭证的审核包括合规性审核和技术性审核。

会计凭证的传递主要包括凭证的传递路线、传递时间和传递手续三个方面的内容。会计凭证的保管,是指会计凭证登账后的整理、装订和归档存查。会计凭证是记账的依据,是重要的经济档案和历史资料,所以对会计凭证必须妥善整理和保管。

本章主题词

会计凭证 原始凭证 记账凭证 一次凭证 累计凭证 汇总原始凭证 记账编制凭证 收款凭证 付款凭证 转账凭证 通用凭证 单一记账凭证 汇总记账凭证 科目汇总表 会计凭证的传递 会计凭证的保管

复习思考题

1. 什么是会计凭证?会计凭证怎样分类?填制和审核会计凭证有何作用?
2. 什么是原始凭证?它应具备哪些基本内容?怎样填制和审核原始凭证?
3. 什么是记账凭证?它应具备哪些基本内容?怎样填制和审核记账凭证?
4. 试述会计凭证传递和保管的基本要求。

基础会计

案例讨论

成先生是企业财务方面的主要负责人,一次在复核时发现,由于会计小代不小心丢了三张记账凭证,成先生在审核原始凭证后,批评小代工作太马虎,同时让他重新编制三张记账凭证。另外一次,成先生在复核时发现小陈编制的银行存款付款凭证所附 20 万元的现金支票存根丢失,同时发现还有几张现金付款凭证所附原始凭证与凭证所注张数不符,成先生马上让小陈停止工作,并且与他一起回忆、追查这张支票的去向。小陈对此非常不满,认为成先生小题大做,故意整他,偏向小代。

问题:你如何看待这件事?

第八章 会计账簿

▶ 学习目标

知识目标：通过本章的学习，了解账簿的意义和种类，记账方法和规则，掌握会计账簿的开启、登记、对账、结账和更正方法。

能力目标：通过本章的学习，能够正确设置、开启和保管会计账簿，能熟练登记日记账、总分类账和明细分类账，能正确进行对账和结账工作，能运用正确方法进行错账更正。

▶ 引导案例

刘林在一家上市公司做会计主管，发现该公司的"原材料"账户和"应收账款"账户平常不登记总分类账，只是登记明细分类账，往往是等一段时间才补登总分类账；而"固定资产"账户平时不登记明细分类账，只是登记总分类账。他提出这种做法不符合总分类账与明细分类账之间的平行登记原则，但是财会部门经理认为这样做没有违反平行登记。你认为谁的看法对？

第一节 会计账簿的意义和种类

一、会计账簿的意义

会计账簿是以会计凭证为依据，由具有专门格式而又相互联系的账页组成，用以连续、系统、全面地记录和反映各项经济业务的簿记。设置和登记账簿是会计核算的方法之一。

任何一个单位发生经济业务之后，必然要取得原始凭证，并且根据原始凭证填制记账凭证，从而证明该项经济业务的完成情况。但由于会计凭证数量多，格式不一，又很分散，每张凭证只能反映个别经济业务的内容，不能全面、连续、系统地反映和监督一个单位在某一类和全部经济业务的增减变动情况，而且不便于查阅。因此，各单位必须在会计凭证的基础上设置和登记有关账簿，使分散的资料按照账户归类汇总，形成系统化的会计资料，从而为编制会计报表提供必要的数据资料，而且也便于日后对会计资料的保管和查阅。

在整个会计核算体系中，账簿处于中间环节，对于会计凭证和会计报表起到承前启后的作用，所以科学地设置和登记账簿对于实现会计工作目标具有重要意义。

基础会计

（一）可以为经济管理提供连续、系统、全面的会计信息

登记会计账簿时，是按照经济业务发生的时间顺序，毫无遗漏地进行登记各账户，因此账簿能全面而系统地反映和监督各项经济业务的发生和完成情况，这样提供的会计信息就具有连续性、全面性；同时有关账户之间又是相互联系地进行登记，所以提供的会计信息就具有系统性，有利于加强单位内部经济管理，有助于正确进行经营决策。

（二）有利于保护财产物资的安全完整，检查、校正会计信息

通过设置和登记账簿，可以全面深入地了解企业各项财产物资、货币资金、负债及所有者权益等的增减变动情况，有利于保证其安全、完整和起到监督的作用。借助于账簿记录，定期进行账实核对，可以监督各项财产物资的保管情况，防止损失浪费，保护财产的安全完整。账实相符是提供可靠会计信息的基础。

（三）有利于及时结算对账，促使企业加速资金周转

通过账簿记录，有利于同有关单位及时结算对账，及时清理应收、应付往来款项，加速企业资金周转，提高企业资金使用效率。企业通过定期将银行存款日记账和银行对账单核对，以保证银行存款记录的正确性。通过应收、应付往来款项的明细核算，可以了解人欠、欠人的情况，便于及时同对方对账、结算，积极催收应收款项，按时支付应付款项，认真清理账目，促使企业加速资金的周转，减少坏账损失。

（四）便于企业考核成本、费用和利润计划的完成情况

通过账簿记录，可以把经济活动过程中所发生的各种费用，按照经济内容和用途加以归集，正确地计算成本、费用以及确定最终经营成果和分配情况。通过和企业制定的计划成本、目标利润相比较，考核出计划成本、目标利润的完成情况，评价企业经营成果和财务状况的好坏，有利于企业发现生产经营中存在的问题，总结经验教训，挖掘降低成本的潜力，提高经济效益。

（五）可以为编制财务报告提供依据

企业定期编制的资产负债表、损益表和现金流量表等的主要依据来自账簿记录。账簿记录是否真实，决定会计报表的内容是否真实；账簿记录是否及时，决定会计报表编制是否及时；账簿记录是否完整，决定会计报表的指标是否完整。另外，企业编制财务情况说明书对生产经营情况、利润实现及分配情况、税金交纳情况等的说明也要借助于账簿记录才能完成。所以账簿设置的科学性、账簿记录的正确性与及时性，直接影响企业财务报告的质量。

二、会计账簿设置的原则

任何一个企业单位，不论其规模大小，为了提供经营管理所需要的信息，都应设置账簿。但企业的账簿并非千篇一律，一个企业应设置哪些账簿，要结合生产的规模、性质等具体条件结合实际加以考虑。企业规模决定设置账簿的多少；企业的生产性质决定设置账簿的格式；企业的生产经营管理水平决定账簿设置的繁简。但任何一个企业单位的账簿设置都要包括账簿的种类、内容和登记方法等，因此，又有共同应遵循的原则：

（一）统一性原则

各单位应当按照企业会计准则规定和会计业务的需要设置账簿，设置的账簿应能够全面反映经济活动和财务收支情况,满足经营管理的需要,有利于企业记账、算账、报账和用账。

(二)科学性原则

账簿组织要严密,既要避免重复设账,又要避免设账过简,防止出现重记和漏记现象。账簿之间既要有统驭的制约关系,又要有平行的有机联系。只有这样,才有利于全面、系统、正确、及时地提供会计信息,满足日常管理和经营决策的需要。

(三)实用性原则

根据单位经济规模的大小、经济业务的繁简、会计人员的多少,在保证会计记录完整的前提下,账簿格式要简单明了,账册不要过多,账页不宜过长,要便于日常使用和保管。企业设置账簿应力求精简,节约人力、物力,提高工作效率。但也不能为了简便,以单代账或以表代账。

此外,在设置账簿过程中,还应考虑到能否全面、系统地核算和监督经济活动情况;能否有利于会计工作分工和加强岗位责任制;充分发挥账簿之间的牵制作用,为经营管理提供所需的各项指标。

三、会计账簿的种类

会计账簿的种类多种多样,不同的账簿其用途、形式、内容和登记方法都各不相同。为便于了解和运用各种账簿,按照不同的标准可以分为以下几类:

(一)账簿按用途分类

账簿按用途可以分为三大类,即序时账簿、分类账簿和备查账簿。

1. 序时账簿

序时账簿也称日记账,是按照经济业务发生时间的先后顺序逐日逐笔进行连续登记的账簿。序时账簿有两种:一种是普通日记账,用来登记全部经济业务,即对发生的所有经济业务都要在该账簿中确定应借、应贷账户名称及金额,并予以全面连续的登记;另一种用来登记某一类经济业务,称特种日记账,如现金日记账和银行存款日记账。

【小贴士8-1】在会计工作发展的早期,就要求必须将每天发生的经济业务逐日登记,以便记录当天业务发生的金额,因而习惯地称序时账簿为日记账。

2. 分类账簿

分类账簿是对各项经济业务按照账户进行分类登记的账簿,按照反映内容的详细情况的不同,分为总分类账和明细分类账。

总分类账(简称总账)是根据一级账户设置的,总括反映全部经济业务增减变化及其结果的账簿。明细分类账(简称明细账)是根据二级或明细账户,详细记录某一种经济业务增减变化及其结果的账簿。明细账是对总账的补充和具体化,并受总账的控制和统驭。

在实际工作中,分类账还可以和日记账结合起来,在一本账簿中既序时又分类的登记,这种账簿称为联合账簿。日记总账便是典型的联合账簿。

3. 备查账簿

备查账簿也称辅助登记簿,是对某些在日记账和分类账等主要账簿中未能记载的事项或记载不全的经济业务,进行补充登记的账簿。可以为某些经济业务提供必要的参考资料,如租入固定资产登记簿、受托加工材料登记簿等。备查账簿没有固定的格式,可由企业根据管理的需要自行设计。

企业应设置哪些账簿,设置多少账簿,主要取决于各企业的实际情况和具体条件,但企业必须设置日记账和总账以及必要的明细账。

(二)账簿按其外表形式分类

账簿按其外表形式可以分为订本式账簿、活页式账簿和卡片式账簿三种。

1. 订本式账簿

订本式账簿也称订本账,是在未启用之前,就把编有序号的若干账页固定装订成册的账簿。应用订本账簿,最大的优点就是可以避免账页散失和防止抽换。但同一本账簿在同一时间内只能由一人登记,不便于分工记账,而且订本式账簿不能根据需要进行增减,必须为每一账户预留空白账页,留页过多,会造成浪费,留页过少,不够用,会影响账簿记录的连续性登记。在实际工作中,总账、现金日记账和银行存款日记账一般都采用订本式账簿。

2. 活页式账簿

活页式账簿,是在启用和使用过程中,把一定数量的账页置于活页账夹内,可根据实际需要随时加入或抽出账页,不会造成浪费,使用起来比较灵活,也便于分工记账、分类计算和汇总,但是账页容易散失和被抽换。因此,在使用时对空白账页进行编号,由有关人员在账页上盖章,也能起到防止散失或抽换的作用。年度终了时,更换新账后,应将活页式账簿装订成册。活页式账簿一般用于各种明细账的登记。

3. 卡片式账簿

卡片式账簿是由许多分散的、具有一定格式的卡片式的账页组成,存放在专设的卡片箱中保管的账簿。其优缺点和活页式账簿优缺点相同,卡片式账页也可以根据需要随时增加,便于随时查阅,但也存在账页易散失和被抽换的问题。实际工作中,卡片式账页也应连续编号,卡片箱应由专人保管。卡片账可以跨年度使用,更换新账后也应装订保管。卡片式账簿一般适用于固定资产、低值易耗品等资产的明细分类账。

(三)账簿按其账页格式分类

账簿按其账页格式可分为三栏式账簿、数量金额式账簿、多栏式账簿等。

1. 三栏式账簿

是指由设置借方、贷方和余额三个金额栏的账页组成的账簿。日记账、总账的账页格式多是三栏式。

2. 数量金额式账簿

是指在收入、发出、结存三大栏内又设置有数量、单价、金额等小栏目的账页组成账簿。存货明细账的格式多是数量金额式。

3. 多栏式账簿

多栏式账簿是指由三个以上金额栏的账页所组成的账簿。一些成本、费用账簿多采用此种形式。

会计账簿的分类如图8-1所示。

第八章 会计账簿

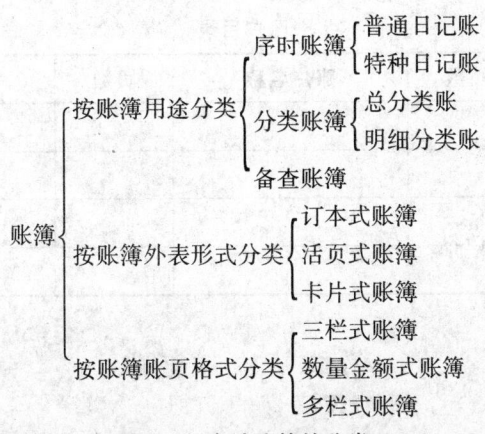

图 8-1 会计账簿的分类

四、会计账簿的基本内容

由于经济业务各不相同,账簿的格式及种类很多,但各类账簿的主要内容却是基本相同的,都应具备以下基本内容:

(一)封面

主要标明账簿名称和记账单位名称,如××企业总账、日记账等。

(二)扉页

主要填列账簿启用日期和截止日期,页数、册次,经管账簿人员一览表和签章,账户目录,会计主管人员签章等。其格式如表 8-1 和表 8-2 所示。

(三)账页

账页是账簿的主要内容,账页的格式因反映经济业务内容的不同,其格式也不相同,但基本内容应包括:账户的名称(会计科目、二级或明细科目);登记日期栏;凭证种类和号数栏;摘要栏(记录经济业务内容的简要说明);余额的方向及金额栏(记录经济业务的增减变动);页次等。

表 8-1 账簿启用及经管人员一览表

单位名称:_____ 账簿名称:_____
启用日期:____ 年 ____ 月 ____ 日 账簿页数:_____ 记账人员:_____
会计主管:_____ 单位公章:_____

移交日期		接管					
月	日	移交人		日期	接管人		会计主管
		姓名	盖章	月 日	姓名	盖章	姓名	盖章

表 8-2　　　　　　　　　　　账户目录

账户名称	页数	账户名称	页数	账户名称	页数

第二节　日　记　账

日记账也称序时账,它是每日按照经济业务完成时间的先后顺序进行序时记录和反映全部经济业务或某一类经济业务的发生和完成情况。前者称为普通日记账,后者称为特种日记账。一般企业只设置现金和银行存款这两个特种日记账。

一、日记账的作用

日记账是账簿体系中的重要组成部分,其作用表现在以下几方面:

(一)可以提供连续、分类的会计信息

日记账的特点是逐日逐笔地记录经济业务的发生和完成情况,可以提供一定时期内连续的会计信息。

(二)可以为有关总账的登记、核对提供依据

日记账中的多栏式日记账分别按有关账户设置专栏,通过对有关专栏的序时记录,期末可以计算出各账户当期发生额的合计数,以便据以登记总账,从而简化总账的登记工作。另外,日记账与总账相互核对,可以检查各自记录的正确性。

(三)可以保护财产,特别是货币资金的安全完整

现金日记账和银行存款日记账是日记账中必不可少的账簿,各单位必须设置并登记,以反映货币资金的收入、支出和结存情况。

二、现金日记账

现金日记账是用来逐日反映库存现金的收入、付出及结余情况的特种日记账,由出纳人员根据与现金收付有关的记账凭证(收款凭证和付款凭证),按时间逐日逐笔登记。日记账必须采用订本式账簿。其账页格式一般采用三栏式和多栏式。

(一)三栏式现金日记账

三栏式现金日记账是指在同一张账页上分设"收入"、"支出"和"结余"三栏。为清晰反映现金收付业务的具体内容,在"摘要"栏后,还应设置"对应账户"栏,登记对方账户名称。其格式如表8-3所示。

表 8-3　　　　　　　　　三栏式现金日记账　　　　　　　　　第　页

年		凭证字号	摘要	对应账户	收入	支出	结余
月	日						
1	1		月初余额				2 000
	5	现付1	购办公用品	管理费用		500	1 500
	5	现付2	支付采购用	材料采购		1 000	500
			本日小计			1 500	500
	8	银付1	提取现金	银行存款	2 000		2 500
	10	现收1	销售材料	其他业务收入	300		2 800
	28	现付3	支付水电费	管理费用		700	2 100
	31		本月合计		2 300	2 200	2 100

说明：

"凭证字号"栏登记记入账簿所依据的收、付款凭证号数，以便日后查对。

"摘要"栏根据记账凭证的摘要填写，简单说明经济业务内容。如为年初或月初，则在摘要栏注明"上年结转"、"月初余额"等字样。

"对应账户"栏可根据记账凭证所填对应账户进行登记，可以说明每笔收入的来源和支出的去向。

"收入"栏根据收款凭证登记。但对于从银行提取现金的业务，由于填制的是银行付款凭证，因此登记的现金收入依据的是银行存款付款凭证。

"支出"栏根据付款凭证登记。

"余额"栏于每日终了后，结出账面余额，并将现金日记账的账面余额与库存现金实存额核对相符。

三栏式现金日记账的优点是序时地反映了每笔现金的收入、支出及结余情况，而且清晰地反映了每笔现金收入、支出的来龙去脉。但由于只设一个"对应账户"栏，所以不能反映对应账户经济业务的全部情况，不便于总账的登记，但由于其登记方法简单，三栏式现金日记账被广泛采用。

(二) 多栏式现金日记账

现金日记账也可以采用多栏式的格式，把收入栏和支出栏分别按照对应账科目设置若干专栏，如表8-4所示。

表 8-4　　　　　　　　　多栏式现金日记账　　　　　　　　　第　页

年		凭证字号	摘要	收入			支出			余额
				贷方科目			借方科目			
月	日					合计			合计	
			期初余额							
			本月合计							
			过总账页							

基础会计

多栏式现金日记账的登记方法是:逐日逐笔登记现金收入和支出金额,即将对应科目的金额登入"贷方科目"栏或"借方科目"栏,月末,会计人员根据各栏的合计数,登记各有关总账。但银行存款总账除外,因为对于存入现金或提取现金的业务,现金日记账和银行存款日记账都进行了登记,为了避免重复记账,故现金日记账中的银行存款专栏就不再过入"银行存款"总账了。

采用多栏式现金日记账,如果"库存现金"账户的对应科目较多,账页会很大,给登账带来一定困难,为解决这一问题,可以分别设置现金收入日记账和现金支出日记账,其格式如表8-5、表8-6 所示。

多栏式现金收入、支出日记账的登记方法与多栏式现金日记账的登记方法基本相同,只是每日应将现金支出合计数记入现金日记账中的"现金支出合计"栏内,以便计算出当日现金余额。

表8-5　　　　　　　　　　　现金收入日记账　　　　　　　　　第　页

年		凭证字号	摘要	贷方科目			现金收入合计	现金支出合计	余额
月	日								
			期初余额						
			本月合计						
			过总账页						

表8-6　　　　　　　　　　　现金支出日记账　　　　　　　　　第　页

年		凭证字号	摘要	借方科目			现金支出合计
月	日						
			期初余额				
			本月合计				
			过总账页				

多栏式现金日记账的优点是既可以反映每笔现金收入、支出业务的来龙去脉,又通过"库存现金"科目的对应科目的若干专栏的设置,反映出相同业务在一定时期内的全貌。多栏式现金日记账适用于现金收付业务比较频繁的单位。

二、银行存款日记账

银行存款日记账是用来逐日反映银行存款的增减变化和结余情况的特种日记账,一般也是有出纳人员根据各种银行存款的收、付款凭证按时间顺序逐日逐笔的登记。通过银行存款日记账的设置和登记,可以加强对银行存款进行日常的监督和管理,并便于与开户银行进行核对。

银行存款日记账的格式也有三栏式和多栏式两种,其基本结构与现金日记账相似。由于银行存款的结算都是通过特定的凭证进行的,因此银行存款日记账增设"结算凭证——种类、编号"栏,分别注明结算凭证的种类(如支票、信汇凭证、进账单等)及编号。

(一)三栏式银行存款日记账

三栏式银行存款日记账主要设有"收入"、"支出"、"余额"三个金额栏,具体格式如表8-7所示。

表8-7　　　　　　　　　　三栏式银行存款日记账　　　　　　　　　　第　页

年		凭证字号	摘要	结算凭证		对应账户	收入	支出	余额
月	日			种类	编号				
9	1		月初余额						40 000
	1	银付1	支付货款	转支	略	材料采购		15 000	25 000
	2	银收1	销售产品	转支	略	产品销售收入	10 000		35 000
	30		本月合计				10 000	15 000	35 000

三栏式银行存款日记账的登记方法与三栏式现金日记账的登记方法基本相同,只是要将结算凭证的种类、编号填写到"结算凭证"栏。另外对于将现金存入银行的业务,由于填制的是现金付款凭证,因此银行存款的收入数是根据现金付款凭证登记的。每日终了时要结出余额,做到日清,以便检查监督各项收支款项,避免出现透支现象。

(二)多栏式银行存款日记账

多栏式银行存款日记账是分别按银行存款收入和支出的对应科目设若干专栏,以便详细反映银行存款收入来源和支出去向。具体格式如表8-8所示。

表8-8　　　　　　　　　　多栏式银行存款日记账　　　　　　　　　　第　页

年		凭证字号	摘要	收入				支出				余额
月	日			贷方科目			合计	借方科目			合计	
			期初余额									
			本月合计									
			过总账页									

多栏式银行存款日记账与多栏式现金日记账的登记方法基本相同,也是逐日逐笔登记银行存款的收入数和支出数,以及其对应科目的金额,月末,会计人员根据多栏式银行存款日记账的各个专栏本月合计数登记有关总账。但现金总账除外,因为银行存款日记账中的现金收入、支出,在现金日记账中已进行了记录,为避免重复过入总账,故银行存款日记账中的现金专栏金额就不再过入现金总账了。

同样,如果"银行存款"账户对应科目过多,也可分设多栏式银行存款收入日记账和多栏式银行存款支出日记账,其格式和登记方法可参照多栏式现金收入、支出日记账。

三栏式、多栏式银行存款日记账与三栏式、多栏式现金日记账的账簿格式及优缺点基本相同,因此两者的适用范围也是一致的。

第三节 分类账

一、分类账的种类与作用

(一)分类账的种类

分类账是按账户分别反映不同类别经济业务的增减变动的账簿,设立分类账的目的是要从各个账户中取得总括或详细的核算资料。按提供资料的详细程度不同,分类账可以分为总分类账和明细分类账。

总分类账簿,简称总账,是根据总分类账户开设的,由若干具有一定格式的总账账页组成的簿籍。总分类账可以为经营管理提供总括的核算资料,是账簿体系的重要组成部分。

明细分类账簿,简称明细账,是根据总分类账户所属明细分类账户开设的,由若干具有一定格式的明细账户账页组成的簿籍。明细分类账对总分类账起着补充说明的作用,能为经营管理提供某方面详细的核算资料,因此,也是会计账簿体系中不可缺少的部分。

(二)分类账的作用

1. 设置总分类账,能够对企业一定时期的经济活动进行分类、总括、连续的反映,即能够连续、全面、总括地提供企业的经济活动及资产、负债、所有者权益、收入、费用、利润等状况,对于全面掌握企业的财务状况和经营成果、加强经济管理具有重要作用。

2. 设置明细账,可以对有关总账进行补充说明,便于了解经济业务的详细情况。对于加强财产物资管理、往来款项结算等有着重要作用。

3. 分类账是编制会计报表的主要依据。资产负债表和损益表的许多项目的数据是依据分类账簿直接取得或分析填列、汇总填列。

二、总分类账的格式及登记方法

总分类账只运用货币量度,所以总分类账的登记只是各账户增减金额的登记,因此,总分类账一般采用借方、贷方、余额三栏式的订本账。其账页格式如表8-9所示。总账的登记可以根据记账凭证逐笔登记,也可以通过一定的方式按日、按旬、按月进行汇总登记。由于订本式账簿页次固定,不能随时增添账页,也不能任意抽掉账页,因而在启用总分类账簿时,应根据各科目发生业务的多少适当预留页数。根据实际需要,在总分类账中也可增设对方科目栏。

表 8-9 总分类账 总页 分页

账户名称:原材料

年		凭证字号	摘要	借方	贷方	借或贷	余额
月	日						
3	1		月初余额			借	30 000
	5	银付3	购入材料	10 000		借	40 000
	6	转5	领用材料		25 000	借	15 000
	⋮						
	31		本月发生额及余额	10 000	25 000	借	15 000

有些企业的总账也可以采用多栏式。多栏式总账是把所有的总账科目合设在一张账页上,其具体的设计又有两种方法:一是按会计科目分设专栏,如表 8-10 所示。所有经济业务根据记账凭证直接登记总账,也称日记总账。二是按经济业务的性质分设专栏,所有经济业务根据记账凭证汇总后的数字定期登记。其格式如表 8-11 所示。

表 8-10 总分类账 年 月

年		凭证字号	摘要	发生额	科目		略	科目	
月	日				借方	贷方		借方	贷方
			本月合计						

表 8-11 总分类账 年 月

账户名称	期末余额		本期发生额						期末余额	
			借方			贷方				
	借方	贷方	银行存款业务	现金业务	转账业务	银行存款业务	现金业务	转账业务	借方	贷方

总分类账可以直接根据各种记账凭证逐笔登记,也可以通过一定的汇总方法,把各种记账凭证进行汇总,编制汇总记账凭证或科目汇总表,再据以登记总账。总账采用什么格式,根据什么方式登记,取决于各单位所采取的账务处理程序。有关总账的登记方法,将在账务处理程序一章加以阐述。

三、明细分类账的格式及登记方法

明细分类账,简称明细账。它是按照明细科目或明细项目设置,比较详细地反映企业某类经济活动及资产、负债及所有者权益等的增减变化情况及其实有数额。明细分类账对于加强监督、控制财产物资的收发和保管、往来款项的结算、收入的取得、费用的开支等都有重要作用。

明细分类账应根据原始凭证或原始凭证汇总表登记,如果记账凭证已列有明细项目,也可根据记账凭证登记。

明细分类账一般采用活页式账簿,根据所反映的经济业务内容的特点,以及实物管理的不同要求,账页格式的设计有三栏式、数量金额式和多栏式三种。

(一)三栏式明细账

三栏式明细账的格式和三栏式总账的格式相同,主要设置"借方"、"贷方"、"余额"三个金额栏。这种格式适用于只需要进行金额核算,不需要提供数量变化情况的账户。如"应收账款"、"应付账款"、"其他应收款"、"预收账款"、"预付账款"等结算业务的明细分类核算。具体格式如表8-12所示。

表 8-12　　　　　　　　　　应收账款明细账

明细科目:××公司　　　　　　　　　　　　　　　　　　　　　　第　页

2014年		凭证字号	摘要	借方	贷方	借或贷	余额
月	日						
10	1		月初余额			借	3 000
	5	转1	销售产品	20 000		借	23 000
	7	银收2	收到货款		3 000	借	20 000
	10	转5	销售产品	10 000		借	30 000
	31		本月发生额及余额	30 000	3 000	借	30 000

三栏式明细账的登记方法是:根据有关记账凭证逐笔进行借方、贷方金额登记,而后结出余额。并在"借或贷"栏填写余额的性质。

(二)数量金额式明细账

数量金额式明细账适用于既需要金额核算,又需要反映实物度量核算的经济业务,如"原材料"、"产成品"等的明细分类账。该账簿的格式是设"收入"、"发出"、"结余"三栏,每栏分别按"数量"、"单价"、"金额"进行登记。具体格式如表8-13所示。

表 8-13　　　　　　　　　　　　原材料明细账

材料名称:甲材料　　　　　编号:(略)　　　　　最低储量:(略)
规格:(略)　　　　　　　　计量单位:千克　　　最高储量:(略)

年		凭证字号	摘要	收入			发出			结余		
月	日			数量	单价	金额	数量	单价	金额	数量	单价	金额
10	1		月初余额							100	10	1 000
	6	银付1	购进材料	200	10	2 000				300	10	3 000
	7	转1	生产领用				150	10	1 500	150	10	1 500
	31		本期发生额及期末余额	200	10	2 000	150	10	1 500	150	10	1 500

数量金额式明细账的登记方法是:根据材料、产品等收入、发出的原始凭证或原始凭证汇总表分别进行"收入"栏、"发出"栏的登记,而后计算出"结余"栏的数量、单价、金额。由于企业每次购料的单价有可能不一样,就需要确定发出材料的单价,一般方法有先进先出法、后进先出法、移动平均法、加权平均法、个别计价法等,这些内容将在财务会计讲述。

(三)多栏式明细账

多栏式明细账是指根据经济业务的内容和提供资料的要求,在明细账页中设置若干专栏,用以登记某一个明细账户增、减变动详细核算资料的账簿。与其他两种明细账相比,多栏式明细账不仅要按明细账户分设账页,而且各账页要设若干专栏,这样就能将各明细项目的核算资料集中反映在同一张账页上,能够详细反映各明细账户的核算情况。这种账户一般适用于"管理费用"、"生产成本"、"本年利润"等的明细核算。管理费用明细账户需要反映行政管理部门为组织和管理生产所发生的各种费用项目;生产成本明细账户需要反映生产过程中消耗的项目;本年利润明细账则需要反映利润的组成项目等。具体格式如表 8-14 所示。

表 8-14　　　　　　　　　　　　生产成本明细账

产品名称:甲产品　　　　　　　　　　　　　　　　　　　　　第　　页

年		凭证字号	摘要	借方(成本项目)				贷方	余额
月	日			直接材料	直接人工	制造费用	合计		
10	5	转3	生产领料	50 000			50 000		50 000
	31	转7	工人工资		17 000		17 000		67 000
	31	转8	分配制造费用			3 000	3 000		70 000
	31		结转完工产品成本					70 000	0
	31		本期发生额及期末余额	50 000	17 000	3 000	70 000	70 000	0

多栏式明细账的登记方法是：根据有关原始凭证、记账凭证、费用分配计算表等进行登记。如生产成本明细账，就可以根据发料凭证汇总表、工资及制造费用分配的转账凭证等进行借方若干项目的登记；贷方则根据结转完工产品成本的转账凭证登记，而后结出余额。

四、总分类账与明细分类账的平行登记

（一）总分类账与明细分类账的关系

总分类账是根据总分类账户设置的，明细分类账是根据总账所属明细分类账户设置的，两者的关系主要表现在以下三方面：

1. 从提供会计核算指标的角度来看，两者反映的经济业务内容是相同的，只不过提供核算指标的详细程度不同，总分类账提供某类经济业务总括的核算指标，明细分类账则提供该类经济业务详细的核算指标。

2. 从提供会计核算资料的角度来看，总分类账是对所属明细分类账的总括，对明细分类账起控制、统驭作用，即总分类账控制明细分类账的核算内容和核算数据。明细分类账是总分类账户的详细记录，对总分类账起着辅助和补充说明的作用，是总分类账户的从属账户。

3. 从提供会计核算资料的数量上来看，总分类账户借（贷）方本期发生额，应与其所属明细分类账户借（贷）方本期发生额的合计数相等。总分类账户的期末余额应与所属明细分类账户余额的合计相等。

（二）总分类账户和明细分类账户的平行登记

由于总分类账户和所属明细分类账户反映的内容相同，因而要保持总分类账和明细分类账记录的一致，就应采取平行登记的方法，即一方面登记有关总分类账户，另一方面登记所属的明细分类账户。两者都根据会计凭证独立地、互不联系地进行记录。通过平行登记，并且相互核对，才能检验账户登记是否正确。平行登记的要点如下：

1. 登记的会计期间一致。对所发生的经济业务，同一会计期内，一方面要在总分类账户中进行总括的登记，另一方面要记入其所属的有关明细分类账户。

2. 登记的方向相同。一般情况下对所发生的经济业务进行登账时，如果在总分类账户中登记借方，在所属明细分类账户中也应登记借方；如果在总分类账户中登记贷方，在所属明细分类账户中也应登记贷方。但有些账户在账页设置上存在特殊性，登记中只能表现为变动方向相同，如成本费用总分类账和明细分类账登记。

【重要提示 8-1】登记的会计期间一致，并不是说要同时登记；登记方向相同并非一定是借贷方向相同，而是指增减变动方向相同。

3. 登记的金额相等。一般情况下总账与明细账分类双方进行了同方向登记后，记入总分类账户的金额必须与记入所属明细分类账户的金额之和相等。但有些账户在账页设置上存在特殊性，登记中只能表现为变动金额相等，如成本费用总分类账和明细分类账登记。

根据上述三点登账的结果，必然是总分类账的借方、贷方发生额和期末余额，与其所属各有关明细分类账的借方、贷方发生额和期末余额之和相等，利用这种关系，可以检查

第八章 会计账簿

总分类账和明细分类账的记录是否完整和正确。

第四节 记账规则

一、账簿启用的规则

账簿是重要的会计档案,为了确保账簿记录的合规和完整,明确记账责任,在登记账簿之前,应在账簿封面上写明单位名称和账簿名称;在账簿扉页上填写账簿使用登记表或账簿启用表(活页账和卡片账应在装订成册后填列),主要内容有:启用日期、账簿页数、记账人员和会计主管人员姓名,并加盖经管人员和会计主管人员名章、单位公章。记账人员调换工作时,应注明交接日期、接办人员和监交人员姓名,由交接双方人员签字或盖章。

启用订本式账簿,应当从第一页到最后一页顺序填写页数,不得跳页、缺号;活页式账簿,应按账户顺序编号,装订成册后再按实际使用的账页顺序编定页码,另加目录,记明每个账户的名称和页次。

以上内容填写完毕之后,应在该页上贴印花税票,并划线注销,表明该账的合法性。

【小贴士8-2】印花税票应粘贴在账簿的右上角,并且需要进行划线注销。印花税票就是和邮票一样的东西,每个账簿的封面都应贴具,还应在上面用两条红色横线表示划线注销。

二、账簿登记的规则

会计人员根据审核无误的会计凭证登记账簿时,一般应遵循以下规则,以保证账簿所提供信息的质量。

(一)必须用钢笔或蓝黑墨水记账

登记账簿时,应用蓝黑墨水或碳素墨水书写,不得使用铅笔或圆珠笔(银行的复写账除外)。因为各种账簿的归档保管年限,国家规定一般都在10年以上,有些重要经济资料的账簿,还要长期保管,所以,要求账簿记录清晰、耐久,防止涂改。红色墨水只能在划线、改错、冲账时使用。另外,不得刮擦、挖补、涂抹或用退字药水更改账簿。

(二)必须按顺序逐页、逐行登记

记账时,应根据账页项目要求和账页、行次顺序连续登记,不得发生跳行、隔页。如果发生跳行、隔页,应将空行、空页用红线对角划掉,或注明"此行空白"、"此页空白"字样,并由记账人员签字或盖章。

(三)根据会计凭证登记账簿

记账时,每一笔账都应将会计凭证上的日期、凭证号、业务内容摘要、金额和其他有关资料逐项记入账内,做到数字准确、摘要清楚、登记及时、字迹工整。同时,在记账凭证上注明账簿页数或划"√"符号,表示已经记账,防止漏记和重记,并便于核对。

(四)文字和数字的书写必须规范

账簿中书写的文字和数字应紧靠行格底线书写,仅占全格的1/2的位置,上面要留有适当空距,以便更正错账时书写正确的文字或数字。

（五）每页登记完毕,应办理转页手续

当账页记到本页倒数第二行时,应留出末行,加记本月发生额合计数和结出余额,并在摘要栏注明"转次页"字样,并将本月发生额合计和余额转入下一页的第一行,在摘要栏注明"承前页"字样。一般分三种情况:需要结计本月发生额的账户,结计"过次页"的本页合计数应为自本月初起至本页末止的发生额合计数;需要结计本年累计发生额的账户,结计"过次页"的本页合计数应当为自年初起至本页末止的累计数;既不需要结计本月发生额也不需要结计本年累计发生额的账户,可以只将每页末的余额结转次页。

（六）在账页上注明账户余额方向

凡需结出余额的账户,结出余额后,应在"借或贷"栏内写明"借"或"贷"字样,表明余额的性质。没有余额的账户,应在"借或贷"栏内写"平"字,并在余额栏"元"位上用"0"表示。现金日记账和银行存款日记账必须逐日结出余额。

（七）期末各种账簿应进行结账

各种账簿期末时都应计算出每个账户的本期发生额和期末余额,进行结账,并将余额转入下一会计期间,作为该账户的期初余额。在摘要栏分别注明"本月合计"、"月初余额"等字样。年初开始启用新账簿时,也应将上年年末各账户余额转入账户余额栏内,并在摘要栏注明"上年结转"或"年初余额"字样。

（八）实行会计电算化的单位,总账和明细账应定期打印

发生收款和付款业务的,在输入收款凭证和付款凭证的当天必须打印出现金日记账和银行存款日记账,并与库存现金核对无误。

三、更正账簿的规则

账簿登记要求正确、及时、完整,使提供的会计信息便于会计信息使用者使用,因此会计人员必须认真、细致地做好记账工作。如果出现登账错误,必须遵循一定的规则进行更正,不得任意刮、擦、挖补、涂抹等。更正错账的规则或错账更正方法有三种,分别是:划线更正法、红字更正法、补充登记法。三种方法适用于不同错误的更正。

（一）划线更正法

在结账以前,如果发现账簿记录中有数字或文字错误,而记账凭证没有错误,采用划线更正法。具体做法是:先在错误的数字或文字上划一条红线,表示注销,并使原来的字迹仍可辨认。然后在划线上方空白处用蓝字填写正确的数字或文字,并在更正处加盖更正人员的名章,以明确责任。应注意的是,对于错误的数字,必须全部用红线划掉,不能只划去整个数字中的个别错误数字。如将"3 300"错写成"3 800",整个数字全部用红线划去,而不是只将"8"划去,然后再在红线上面空白处用蓝字写"3 300",予以更正。对于文字的错误,可只用红线划去错误的部分,然后在上方用蓝字书写正确的文字。

如果凭证中的文字或数字发生错误,在尚未登账前,也可用划线更正法更正。

（二）红字更正法

红字更正法又称红字冲销法,适用于两种情况:

1. 在记账以后,发现记账凭证中会计科目、记账方向或记账金额有误,造成账簿登记的错误。

更正方法是:用红字填制一张内容与原错误凭证完全相同的记账凭证,在摘要栏写明"更正某月某日第×号凭证的错误";填制日期写更正日期;凭证编号接本日已编凭证号编写;以红笔注销金额栏空行、填写合计金额,并据以用红字登记入账,冲销原有的错误记录。然后再用蓝字重新填写一张正确的记账凭证,在摘要栏写明"重填某月某日第×号凭证",填制日期仍写更正日期;凭证编号接上述更正错账的凭证编号编写,并用蓝字登记入账。

【例8-1】某企业以银行存款2 000元支付广告费,编制会计分录时误记入"管理费用"账户(应记入"销售费用"账户),并已登记入账。

　　借:管理费用　　　　　　　　　　　　　　　　　　　　　　　2 000
　　　　贷:银行存款　　　　　　　　　　　　　　　　　　　　　　　2 000

发现这一错误时,用红字更正法更正如下:

先用红字金额冲销原错误记录,其分录如下:

　　借:管理费用　　　　　　　　　　　　　　　　　　　　　　　[2 000]
　　　　贷:银行存款　　　　　　　　　　　　　　　　　　　　　　　[2 000]

用以冲销原错误记录,带框数字表示红字金额,下同。

再编制一张正确的记账凭证,其分录如下:

　　借:销售费用　　　　　　　　　　　　　　　　　　　　　　　2 000
　　　　贷:银行存款　　　　　　　　　　　　　　　　　　　　　　　2 000

上述分录记账后,有关账户中的记录如下:

借	银行存款	贷		借	管理费用	贷		借	销售费用	贷
	2 000				2 000				2 000	
	[2 000]	原记			[2 000]					
	2 000									

2. 记账凭证中会计科目、记账方向正确,但所记金额大于应记金额,导致账簿登记错误。

更正方法是:将多记金额用红字填制一张会计科目、记账方向与原记账凭证相同的记账凭证,并以红字金额登记入账即可。

【例8-2】企业购入材料一批,贷款共计38 000元,货款已经支付。填制记账凭证时,误将金额记为88 000元,已登记入账。

　　借:原材料　　　　　　　　　　　　　　　　　　　　　　　88 000
　　　　贷:银行存款　　　　　　　　　　　　　　　　　　　　　　88 000

发现上述错误时,可将多记的50 000元用红字编制会计分录,更正原记错误:

　　借:原材料　　　　　　　　　　　　　　　　　　　　　　　[50 000]
　　　　贷:银行存款　　　　　　　　　　　　　　　　　　　　　　[50 000]

上述分录过账后,有关账户中的记录如下:

借	银行存款	贷		借	原材料	贷
	88 000		原记		88 000	
	50 000		冲销		50 000	
	38 000				38 000	

如果记账凭证记录的文字与账簿记录的文字也不相符,则先用划线更正法更正文字,然后再用红字更正法冲销多记金额。另外,【例8-2】的更正方法也可以采用【例8-1】的更正方法,将88 000元全部用红字冲销,并用红字入账。再用蓝字填制一张38 000元的正确凭证,并据以入账。

(三)补充登记法

在记账以后,如果发现记账凭证中应借、应贷科目虽无错误,但所填金额小于应填金额,可用补充登记法进行更正。更正时,把少记金额用蓝字编制一笔与记账凭证相同的记账凭证,摘要栏写明"补记某月某日第×号凭证少记金额";填制日期写更正日期;凭证编号接本日已编凭证号,以此补记入账。

【例8-3】收到某单位归还欠款65 000元存入银行,编制会计分录时把金额误写为56 000元,并已登记入账。

借:银行存款　　　　　　　　　　　　　　　　　　　　　　　　56 000
　　贷:应收账款　　　　　　　　　　　　　　　　　　　　　　　　56 000

发现上述错误,可将少记的9 000元(65 000-56 000)再编制一张蓝字的记账凭证,其会计分录为:

借:银行存款　　　　　　　　　　　　　　　　　　　　　　　　9 000
　　贷:应收账款　　　　　　　　　　　　　　　　　　　　　　　　9 000

上述分录过账后,有关账户中的记录如下:

借	应收账款	贷		借	银行存款	贷
	56 000		原记		56 000	
	9 000		补记		9 000	
	65 000				65 000	

综上所述,针对账簿记录错误的不同情况,应采用不同的更正错账方法。

第五节　对账与结账

为了保证账簿登记的正确性,必须定期进行账目核对与结账。

一、对账

对账是指定期将各种账簿记录进行核对,以保证账簿核算资料正确可信的会计工作。在会计核算中,由于种种原因,难免发生各种差错和账实不符的情况,通过对账,可以发现和更正记账差错,做到账证相符、账账相符、账实相符,为编制会计报表提供正确、可信的会计资料。

(一)对账的内容

对账的内容一般包括以下几方面：

1. 账证核对

指各种账簿记录与其所依据的会计凭证进行核对，核对账簿记录与会计凭证的内容是否吻合。账证核对，日常核算中即可进行，及时更正错账，保证账簿记录的正确性。

具体核对方法是：检查账户记录是否与记账凭证中的会计科目相同，业务内容的摘要、凭证号、记账方向、金额等与记账凭证中相应的内容是否一致。

2. 账账核对

是指各种账簿之间的核对，要求做到账账相符。包括：

(1)所有总分类账户的本期借方发生额合计数与所有总分类账户的本期贷方发生额合计数相核对；总分类账户期末借、贷方余额合计数相核对，以检查总分类账户的登记是否正确。

(2)总分类账户余额与所属明细分类账户余额之和进行核对，以检查总分类账户与明细分类账户登记是否正确。

(3)现金、银行存款日记账余额应同现金总账、银行存款总账余额进行核对，以检查现金、银行存款账户的登记是否正确。

(4)会计部门各种财产物资明细账余额应同财产物资保管部门账面余额进行核对，以检查双方登记是否正确。

3. 账实核对

是指账簿记录余额与各项财产物资、现金、银行存款及各种有价证券的实存数核对，做到账实相符。包括：

(1)现金日记账余额每天应与库存现金实有数进行核对。

(2)银行存款日记账余额应与银行对账单定期核对。

(3)各种财产物资明细账余额与实际结存数核对。

(4)各种债权、债务账面余额与对方单位相应的债务、债权核对。

(二)对账的方法

对账的方法取决于对账的内容，对账的一般方法如下：

1. 账证核对

是将账簿记录与记账凭证所附的原始凭证核对，检查会计科目运用是否正确，内容、数量、金额等是否相符。因此，此项核对应逐笔进行，如果发现差错，应查出差错的原因，及时更正。

【重要提示8-2】在实际工作中，账证之间一笔笔的核对应是在依据记账凭证登记账簿时进行，而在核对时，可以应用科目汇总表进行核对工作，更加快捷。

2. 账账核对

账账核对一般有以下几种方法：

(1)检查总分类账的记录是否有差错

可以通过编制试算平衡表，将总分类账户的本期发生额和期末余额的借、贷双方进行试算平衡,如果借、贷双方的金额不相等,说明记账有差错,要作进一步的检查核对。

(2)总分类账户与明细分类账户之间的核对方法

加计各明细账户的余额合计数直接与总分类账户的相应余额核对,或者编制明细分类账户本期发生额及余额明细表与总分类账户相核对。

(3)财产物资明细账与保管账之间的核对,一般是将财产物资明细账户的数量、金额等余额直接与保管账的余额核对,如有不符,找出差错及原因。

3.账实核对

账实核对一般采用财产清查的方法。对固定资产、原材料、在产品、产成品、现金等均应通过实地盘点,并与账面余额核对,如有不符,首先调整账面余额,使账存数和实存数相符。然后再查明原因,作进一步处理。对于银行存款的清查,可以通过和银行对账单进行核对的方法。对于债权、债务的清查,可以通过对账单、询证函、面询等方式向对方核对。账实核对的方法将在财产清查一章详细讲述。

二、结账

(一)结账的含义及意义

结账就是把一定时期发生的经济业务全部登记入账后,在期末时结算出本期发生额及余额。根据会计凭证将经济业务记入账簿后,还不能直接获取所需的各项数据资料,必须通过结账,才能反映出一定时期发生的经济业务引起的资产、负债、所有者权益、收入、费用、利润的增减变动及结果。

期末结账不能提前,也不能滞后。会计分期一般为月、季、年,所以结账分为月结、季结和年结。

(二)结账的程序

1.结账前,必须将本期内发生的各项经济业务全部入账。对需要期末转账的业务,如制造费用的分配、本年利润的结转、有关费用的摊销等,应编制转账凭证并登记到有关账簿。

2.结账时,应结出每个账户的本期借、贷方发生额和期末余额。

【重要提示8-3】不能为了赶编报表而提前结账,也不能将本期发生的经济业务延至下期登账,也不能先编会计报表后结账。一般公司结账都在最后一天,不过有些单位是25日结账,从26日起的业务就算在下个月了,严格来讲这种做法是不符合要求的。

(三)结账的一般方法

结账是在将本期内所发生的经济业务全部登记入账的基础上,按照规定的方法对该期内的账簿记录进行小结,结算出本期发生额合计和余额,并将其余额结转下期或者转入新账。为了正确反映一定时期内在账簿记录中已经记录的经济业务,总结有关经济业务活动和财务状况,各单位必须在会计期末进行结账,不得为赶编会计报表而提前结账,更不得先编制会计报表后结账。结账时,应当根据不同的账户记录,分别采用不同的方法:

第一,对不需要按月结计本期发生额的账户,如各项应收应付款明细账和各项财产物资明细账等,每次记账以后,都要随时结出余额,每月最后一笔余额即为月末余额。也就是说,月末余额就是本月最后一笔经济业务记录的同一行内的余额。月末结账时,只需要在最后一笔经济业务记录之下通栏划红单线,不需要再结计一次余额。划线的目的,是突出有关数字,表示本期的会计记录已经截止或者结束,并将本期与下期的记录明显分开。

第二,现金、银行存款日记账和需要按月结计发生额的收入、费用等明细账,每月结账时,要在最后一笔经济业务记录下面通栏划红单线,结出本月发生额和余额,在摘要栏内注明"本月合计"字样,在下面再通栏划红单线。

第三,需要结计本年累计发生额的明细账户,每月结账时,应在"本月合计"行下结出自年初起至本月末止的累计发生额,登记在月份发生额下面,在摘要栏内注明"本年累计"字样,并在下面再通栏划红单线。12月末的"本年累计"就是全年累计发生额,全年累计发生额下通栏划红双线。

第四,总账账户平时只需结出月末余额。年终结账时,为了总括反映本年全年各项资金运动情况的全貌,核对账目,要将所有总账账户结出全年发生额和年末余额,在摘要栏内注明"本年合计"字样,并在合计数下通栏划红双线。采用棋盘式总账和科目汇总表代总账的单位,年终结账,应当汇编一张全年合计的科目汇总表和棋盘式总账。

年度终了结账时,有余额的账户,要将其余额结转下年。结转的方法是,将有余额的账户的余额直接记入新账余额栏内,不需要编制记账凭证,也不必将余额再记入本年账户的借方或者贷方,使本年有余额的账户的余额变为零。因为,既然年末是有余额的账户,其余额应当如实在账户中加以反映,否则,容易混淆有余额的账户和没有余额账户的区别。

对于新的会计年度建账问题,一般来说,总账、日记账和多数明细账应每年更换一次。但有些财产物资明细账和债权债务明细账,由于材料品种、规格和往来单位较多,更换新账,重抄一遍工作量较大,因此,可以跨年度使用,不必每年度更换一次,各种备查账簿也可以连续使用。

(四)结账具体方法

1. 月结。每月终了,应在各账户最后一笔业务下面划一条通栏红线,表示本月结束;然后在红线下结算出本月借、贷方发生额和期末余额(月末无余额的,可在"借或贷"栏写"平"字,或在余额栏"元"位上写"0"),在摘要栏注明"本月合计"字样;最后再在下面划一条通栏红线,表示完成月结工作。对于应收、应付款明细账和各项财产物资明细账,由于每次记账后都要结出余额,每月最后一笔余额即为月末余额;因此,月末结账时,只需在最后一笔经济业务之下划单红线,不需再结计一次余额。

2. 季结。每季度终了时,在各账户的本月份最后一个月的月结下面,划一条通栏红线,表示本季结束;然后在红线下结出本季借、贷方发生额和期末余额;在摘要栏注明"本季合计"字样,并在下面划一条通栏红线,表示完成季结工作。

3. 年结。年末时,在办理了第四季度季结后,在下面划一条通栏红线,表示年度终了;然后,在红线下面结算出全年借、贷方发生额和期末余额,在摘要栏注明"本年合计"字样,并在下面划两条通栏红线,表示完成年结工作;最后将年末借方或贷方余额填入本年发生额合计下一行的贷方或借方,在"摘要"栏注明"结转下年"字样,并在其下方划一条通栏红线,以示封账。需要更换新账簿的,应在进行年结的同时,在新账簿中有关账户的

■ 基础会计

第一行"摘要"栏内注明"上年结转"或"年初余额"字样,并将上年末的余额以同方向记入新账中的余额栏内。新旧账有关账户余额的转记事项,不编制记账凭证。

结账的具体方法见表8-15。

表8-15　　　　　　　　　　总分类账

总　页
分　页

账户名称:应付账款

年		凭证字号	摘要	借方	贷方	借或贷	余额
月	日						
1	1		上年结转			借	
	31		本月合计			借	
2	1					借	
	28	…	本月合计				
3	31		第一季度合计			借	
			……				
			……				
			……				
12	31		本月合计				
			第四季度合计				
			本年合计				
			结转下年				

对登记会计账簿的有关规定,除特别指出的之外,主要适用于手工记账,实行会计电算化的单位,登记会计账簿还应当符合财政部关于会计电算化的有关规定。

三、账簿的更换与保管

（一）账簿的更换

会计年度末,进行了会计年度结账后,应将本年账簿更为下年新账。更换的规则为:总分类账、日记账和大部分明细账必须每年更换一次,只有少部分明细账,如固定资产明细账(固定资产卡片明细账)等不必每年更换,可以跨年度使用。

更换新账的程序是:

首先,检查本年度账簿记录,将全部账户结清后,余额转入下年。

其次,根据本年度有余额的账户,直接将余额数字记入次年新账中相应账户的第一行"余额"栏内,并在"借或贷"栏注明余额的方向。在"日期"栏注明1月1日,在"摘要"栏内注明"上年结转"或"年初余额"字样。需注意的是,该项结转不必编制会计分录,也不用记入借方或贷方栏,而是直接记入"余额"栏。

(二)账簿的保管

账簿记载着单位的重要会计资料,是单位的会计信息载体和储存器,因此,必须建立账簿的管理制度,妥善保管。账簿管理可分为日常管理和归档保管两方面内容。

1.账簿的日常管理

(1)各种账簿应分工明确,由专人负责保管,一般由账簿的记账人员负责保管,账簿经管人员既要负责记账、对账、结账等工作,还要负责账簿安全、完整。

(2)会计账簿未经有关领导或会计负责人批准,非经管人员不得随意查阅、摘抄、复制。

(3)会计账簿一般不得随意携带外出,特殊情况需要带出(如与外单位核对等),应经单位领导或会计主管人员批准,并指定专人负责外出会计账簿的安全、完整。

(4)会计账簿不得随意交予其他人员管理,防止涂改、毁坏账簿等问题的发生。

2.旧账归档保管的要求

年度终了更换新账后,对旧账应当整理装订,按规定办理移交手续,归档保管。

(1)归档前,应检查更换的旧账是否齐全,是否全部结账,余额是否都已结转;订本式账簿应注销空行及空页;活页式账簿应抽出未使用的空白账页,装订成册并注明账页的总页码及每一账户的分页码。

(2)更换下来的旧账簿,在进行整理的基础上装订成册。装订时应注意,活页账一般按账户分类装订成册,加具封面,一个账户可装订一册或数册,某些账户账页较少的,也可以几个账户合并装订成一册。装订时,应检查账簿的扉页内容是否齐全,手续是否完备。装订后,由经办人员、装订人员和会计主管人员在封口处签字或盖章。

(3)旧账整理装订后应编制目录,填写移交清单,办理移交手续,归档保管。将账簿名称、册数、页数、保管期限等填入会计账簿归档保管登记表,其具体格式如表8-16所示。

表8-16 会计账簿归档保管登记表

××年度

账簿名称	页数	经管人	保管期限	册数	备注

(4)各种账簿同会计凭证、会计报表一样,都是重要的经济档案,必须按照会计制度统一规定的保管期限妥善保管,不得丢失和任意销毁,保管期满后,应按照规定的审批程序报经批准后才能销毁。

【知识链接8-1】根据《会计档案管理办法》的规定,总分类账、明细分类账、辅助账、日记账均应保存15年。其中,现金、银行存款日记账要保存25年,涉外和对私改造账簿应永久保存。

本章小结

会计账簿是以会计凭证为依据，由具有专门格式而又相互联系的账页组成，用以连续、系统、全面地记录和反映各项经济业务的簿记。设置和登记账簿是会计核算的方法之一。

在整个会计核算体系中，账簿处于中间环节，对于会计凭证和会计报表起到承前启后的作用。账簿设置遵循统一性、科学性、实用性原则。

账簿按用途可以分为三大类，即序时账簿、分类账簿和备查账簿；账簿按其外表形式可以分为订本式账簿、活页式账簿和卡片式账簿三种；账簿按其账页格式可分为三栏式账簿、数量金额式账簿、多栏式账簿等。账簿的基本内容包括封面、扉页和账页。

日记账也称序时账，它是每日按照经济业务完成时间的先后顺序进行序时记录和反映全部经济业务或某一类经济业务的发生和完成情况。日记账分为普通日记账和特种日记账。一般企业只设置现金和银行存款这两个特种日记账。日记账通常采用三栏式账页，逐日逐笔登记收支金额并于每日结出余额，做到日清月结。

分类账是按账户分别反映不同类别经济业务的增减变动的账簿，设立分类账的目的是要从各个账户中取得总括或详细的核算资料。按提供资料的详细程度不同，分类账可以分为总分类账和明细分类账。总分类账只运用货币量度，所以总分类账的登记只是各账户增减金额的登记，因此，总分类账一般采用借方、贷方、余额三栏式的订本账。明细分类账一般采用活页式账簿，根据所反映的经济业务内容的特点，以及实物管理的不同要求，账页格式的设计有三栏式、数量金额式和多栏式三种。总分类账与明细分类账要平行登记。

账簿启用和登记要遵循一定的规则，账簿中错账更正也要遵循一定的方法，期末要对账簿进行对账和结账工作，年终要按照要求对账簿进行装订归档保管。

本章主题词

账簿　序时账簿　总分类账簿　明细分类账簿　划线更正法　补充登记法　红字更正法　对账　结账

复习思考题

1. 什么是账簿？设置和登记账簿的意义有哪些？
2. 现金和银行存款日记账通常包括哪些栏次？如何登记？
3. 账簿按用途可以分为哪几类？
4. 账簿按照账页格式可以分为哪几类？
5. 总分类和明细分类账平行登记的要点是什么？
6. 错账更正有哪几种方法？使用条件分别是什么？
7. 对账工作主要内容有哪些？
8. 结账工作的内容有哪些？

第八章 会计账簿

▼ 案例讨论

孟先生应聘一家外国公司的会计，发现这家公司有几个与其他公司不一样的地方：一是公司的所有账簿都使用活页账，理由是这样便于改错；二是公司的往来账簿都是采用抽单核对的方法，直接用往来会计凭证控制，不再记账；三是在记账时发生了错误允许使用涂改液，但是强调必须由责任人签字；四是经理要求孟先生在登记现金总账的同时也要负责出纳工作。经过不到3个月的试用期，尽管这家公司的报酬高出其他类似公司，孟先生还是决定辞职。

问题：他为什么会辞职？你如果处在他的位置你会辞职吗？

第九章 财产清查

▼ 学习目标

知识目标：通过本章学习，了解财产清查的意义、种类、存货盘存制度、财产清查的组织，掌握货币资金、实物资产和往来款项的清查方法和账务处理。

能力目标：能够对现金、实物资产和往来款项进行清查并进行账务处理，能够编制银行存款余额调节表。

▼ 引导案例

很多企业在日常运营过程中经常会出现如下现象：存货短少；存货因产品设计变更成为呆滞存货；应收账款因账务不清而无法收回；固定资产因保管制度不完备而报废或遗失。这些问题出现的原因在哪里？企业该如何结合自身的特点建立起内部财产清查制度呢？

第一节 财产清查概述

企业在生产经营过程中，当交易或者事项发生或完成后，要填制和审核原始凭证，并以此为依据编制记账凭证、登记账簿，从而如实记录企业发生的经济活动，向会计信息的使用者提供可靠的会计信息。但是，由于各种主观和客观因素的影响，账簿中所记录的会计信息，尤其是各项财产物资的实存数额，可能与实际发生偏差，为了保护企业财产物资的安全完整，并为编制财务会计报告提供真实的依据，必须进行财产清查，使账面数与实际数保持一致，真实反映企业财产物资的实际情况。财产清查是指通过对货币资金、实物资产和往来款项等财产物资进行盘点或核对，确定其实存数，查明账存数与实存数是否相符的一种专门方法。

一、账实不符的主要原因

一般来说，造成账实不符的原因主要有以下几个方面：

1. 在收发财产物资时，由于计量、检验不准确而发生品种、数量或质量上的差错。
2. 在财产增减变动时没有填制凭证、登记入账；或者在填制财产收、发凭证，登记财产账目时，发生了计算上或登记上的错误。在凭证和账簿中，出现漏记、重记、错记或计算上的错误。
3. 在运输、保管过程中，由于受到各种自然条件（如霉烂、变质等）的影响，财产物资发生了损耗;或由于管理人员管理不善、工作失职而发生了财产物资的损坏、变质或短缺,使财产物资在数量和质量上发生变化。

4. 由于结算凭证传递不及时而造成了未达账项。

5. 由于不法分子的营私舞弊、贪污盗窃而发生的财产物资损失。

6. 由于自然灾害或意外事故造成的财产物资损失等。

上述原因中,有些是可以避免的,有些则是难以避免的。无论是何种原因造成的账实不符,都会影响会计核算的质量,因此,必须做好财产清查工作。

二、财产清查的作用

财产清查的作用,概括起来主要有以下四个方面:

(一)有利于保证会计资料的真实性和准确性

通过财产清查,确定财产物资及债权债务的实有数额,并与账簿记录相核对。发现差异,查明产生差异的原因和责任,以便及时调整账簿记录,做到账实相符,为经营管理工作提供切实可靠的信息资料。

(二)有利于挖掘财产物资潜力、加速资金周转、提高资金效率

通过财产清查,可以查明各项财产物资的储备和利用情况,有无储备不足或积压、呆滞及不配套现象,以便采取措施及时处理,提高资金周转率。对于储备不足的,应设法及时补充,以保证正常生产经营的需要;对于积压、呆滞和不配套的,应及时进行处理,避免损失浪费,以充分挖掘财产物资的潜力,提高其使用效能;对往来结算账款的数额,应进行清查核对,特别是针对应收账款的规模和质量状况,看有无呆、坏账现象,加速应收账款的回收,提高资金使用效率。

(三)有利于加强财产物资的保管、维护所有者权益

通过财产清查,可以查明各项财产物资的保管情况,以及在收发、保管中存在的问题,有无因管理不善而造成的财产损失浪费、霉烂变质、短缺丢失、非法挪用、贪污盗窃等情况,并及时查明原因,采取必要的措施,改善管理工作,建立健全财产物资管理的岗位责任制度和内部控制制度,以确保各项财产物资的安全完整。

(四)有利于维护财经纪律和各项规章制度

通过财产清查,可以查明与有关单位各项往来款项的结算是否符合财经纪律和结算制度,有无不合理的债权债务关系;银行借款是否按计划使用,是否按期偿还;现金管理是否遵循现金管理制度要求。从而促使各单位经办人员自觉遵守财经纪律和规章制度,及时结算债权债务,遵守现金管理规定,有效维护财经纪律。

三、财产清查的种类

企业在日常工作中,在考虑成本、效益的前提下,可选择范围大小适宜、时机恰当地进行财产清查。按清查范围、清查时间、执行单位等可把财产清查工作适当地进行分类,如图9-1所示。

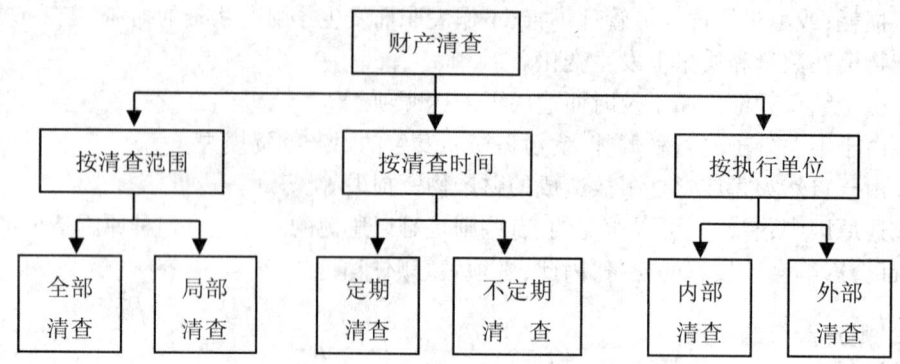

图9-1　财产清查的分类

（一）按财产清查的范围可分为全面清查和局部清查

1. 全面清查

全面清查就是对企业单位的所有财产物资进行清查、盘点、核对。一般来说，在年终决算之前，为了确保会计资料的真实、正确，要进行一次全面清查；在单位撤销、合并或改变隶属关系时，需进行全面清查；在清产核资时，为了摸清资产情况，准确核定资金数额，需进行全面清查。全面清查的内容一般包括：

（1）各种货币资金，包括现金、银行存款、其他货币资金和各种有价证券等。

（2）各种实物资产，包括材料、在产品、半成品、产成品、商品、包装物、低值易耗品、固定资产、未完工程等。

（3）各种往来结算款项，包括各项应收、应付款项，预收、预付款项，银行借款，预算缴拨款和其他债权债务等。

（4）各项投资，包括长期投资和短期投资。

（5）各项在途材料、在途商品、在途物资等。

（6）委托其他单位加工、保管的材料、物资等，受托保管、代购、代销的财产物资等。

全面清查的特点是：范围广，内容多，工作量大，涉及人员多。

2. 局部清查

局部清查与全面清查相对照，是指对一部分财产物资、债权债务所进行的清查，在日常经营活动中，主要是对那些流动性较大、变现能力较强的财产、贵重物品进行盘点和核对。在财产物资遭受非正常损失和更换有关管理人员的时候，也要对有关财产物资进行局部清查，以确保账实相符和财产物资的安全完整。如现金的清查应由出纳员在每日业务终了时，进行清点核对，对于银行存款、银行借款每月应同银行核对一次；对于流动性大的材料、物资或贵重物品，除了年度清查外，应根据需要随时轮流盘点或重点抽查；而对于债权债务，在年度内至少要核对一次。

局部清查的特点是：范围小，内容少，专业性强，涉及人员少。

（二）按财产清查的时间可分为定期清查和不定期清查

1. 定期清查

定期清查是指按计划预先安排的时间对财产进行清查，通常在月末、季末、年终结账时进行。清查的范围一般是年终决算前进行全面清查，月末和季末对贵重财产物资及货币资金进行盘点和抽查,实施局部清查。

2. 不定期清查

不定期清查是指根据实际需要,事前不规定清查时间,临时实施的财产清查。不定期清查可以是全部财产物资清查,也可以是局部财产物资清查。一般来说,单位在更换财产物资保管人员、财产物资遭受非正常损失、发生产权转移或变动、领导或工作人员发生贪污盗窃行为时,应进行不定期清查。

(三)按照清查的执行单位可分为内部清查和外部清查

1. 内部清查

内部清查是由本单位内部自行组织清查工作小组所进行的财产清查工作。

2. 外部清查

外部清查是由上级主管部门、审计机关、司法部门、注册会计师根据国家有关规定或情况需要对本单位所进行的财产清查。

四、财产清查的一般程序

财产清查是改善经营管理、加强会计核算的一项重要工作,其涉及面广、工作量大、牵涉的人员多,因此,财产清查必须做好各方面准备工作,有计划、有组织、有领导,按一定程序进行。

(一)做好清查前的准备工作

1. 组织准备

在总会计师及有关主管厂长的领导下,成立由财会部门牵头,由设备、技术、生产、行政及各有关部门参加的财产清查领导小组,具体负责财产清查的领导和组织工作。该领导小组的主要任务是:根据管理制度或有关部门的要求拟定财产清查工作的具体程序,确定财产清查对象和范围,安排财产清查工作的详细步骤,配备财产清查人员等;在财产清查过程中,及时掌握工作进度,进行检查和督促,研究和解决财产清查工作中出现的问题;在财产清查工作结束后,写出财产清查工作的书面报告,对发生的盘盈、盘亏提出处理意见,将清查结果和处理意见报上级领导和有关部门审批处理。

2. 业务准备

业务准备是进行财产清查的前提条件,各业务部门特别是会计部门和会计人员应主动配合,做好准备工作。

(1)财会部门和会计人员应在财产清查之前将所有的经济业务登记入账,将有关账簿登记齐全并结出余额。总分类账中反映货币资金、实物资产和债权债务的有关账户应与所属明细分类账核对清楚,做到账账相符,账证相符,为财产清查提供可靠依据。

(2)财产物资保管部门和人员应将截止到财产清查时点之前的各项财产物资的出入办好凭证手续,全部登记入账,结出各账户余额,并与会计部门的有关总分类账核对相符,同时财产物资保管人员应将其所保管的各种实物资产码放整齐,挂上标签,标明品种、规格和结存数量,以便进行实物盘点。

(3)财产清查小组应组织有关部门准备好计量器具,印制好各种登记表册。对银行存款、银行借款和结算款项,还应取得对账单。

(二)做好清查及记录工作

1. 清查时,应深入仓库和财产物资使用部门,利用各种适当的计量、检测手段,确定各项财产物资的实存数量与金额,并将清查结果登记在盘存单上。

2. 将盘存单中所记录的实存数额与账面结存余额相核对,检查账实是否相符,据以编制账存实存对比表,按财务制度及规定程序报经有关部门审批后,作出相应的处理。

第二节 财产物资的盘存制度及清查方法

【小思考9-1】2014年3月,刘华先生开办了一家贸易公司,主要经营水产品的批发和零售业务,包括活鱼、活虾等。在3~8月期间由孙丽作为企业会计进行记账,她将永续盘存制作为记账基础。由于天气炎热,鱼和虾等水产品的销售价格在一天之内往往需要随着新鲜程度进行多次变化,给记账带来很大不便,因此,孙丽决定将实地盘存制作为记账基础。但是刘华先生不同意,认为不符合企业会计的一般要求。你认为谁的话有道理?

一、财产物资的盘存制度

财产清查的重要环节是盘点财产物资的实存数量,为使盘点工作顺利进行,应建立一定的盘存制度。一般来说,财产物资的盘存制度有永续盘存制和实地盘存制。

(一)永续盘存制

1. 永续盘存制的概念

永续盘存制又称账面盘存制,它是根据账簿记录,计算财产物资期末账面结存数额的方法。在这种方法下,对各项财产物资的增加和减少变动,都要根据会计凭证,在有关的账簿中进行连续登记,并随时结算出账面结存数额。

在永续盘存制下,平时在财产物资明细账上,既登记增加数,又登记减少数,期末结出账面结存数,然后与实地盘点确定的数额相核对。其计算公式如下:

期末账面结存数 = 期初账面结存数 + 本期增加数 - 本期减少数

2. 永续盘存制的特点

在永续盘存制下,财产物资必须按品种规格逐一设置明细账户,如果品种较多,则除按品种设置明细账户外,还要按大类设置二级账户进行分类控制。财产物资的收入、发出数量平时都要根据有关的会计凭证在明细账中进行连续记录,并随时结算出账面结存数量。

3. 永续盘存制的优缺点及适用范围

永续盘存制的最大优点是能够加强对财产物资的管理。在财产物资明细账中,能够随时反映财产物资的收入、发出和结存情况,并能够从数量和金额两方面进行控制。采用永续盘存制,虽然能在账簿中及时反映各项财产物资的结存数额,但是,也可能发生账实不符的情况,因此,需要对财产物资进行定期或不定期的清查盘点,将财产物资明细账的结存数量与实地盘点数进行核对,当发生溢余和短缺时,有利于查明原因,明确责任,及时纠正。另外,还可以将各种财产物资明细账的结存数量与最高库存限额、最低库存限额进行比较,以判断是否存在库存积压或不足,以便及时组织库存物资的购销和处理,提高财产物资的使用效率。

永续盘存制的缺点是库存财产物资的明细分类核算的工作量较大,表现在明细账设置种类多、登记工作量大、计算和结转销售成本工作量大等几方面,特别是财产物资种类繁多的企业尤为明显。

尽管永续盘存制存在上述缺点,但是,它在控制和保护财产物资方面具有明显的优越性。因此,除少数特殊情况外,一般都采用永续盘存制。

(二)实地盘存制

1. 实地盘存制的概念

实地盘存制是根据财产清查结果,确定财产物资期末账面结存数额的方法。在这种方法下,对各项财产物资的增加,要根据会计凭证在有关的账簿中进行登记,但财产物资的减少数不作记录,而是根据期末实地盘点的结果确定财产物资的结存数额,从而倒挤确定本期财产物资的减少数额。

在实地盘存制下,平时在财产物资明细账上,只登记增加数,不登记减少数,期末通过实地盘点确定实际库存数额后,再计算本期减少数。其计算公式如下:

本期减少数 = 期初账面结存数 + 本期增加数 − 期末实际结存数

根据以上倒挤计算出的本期减少数,再登记有关账簿,所以,期末时对各项财产物资进行实地盘点的结果,是计算确定作为本期销售成本或耗用成本的本期财产物资减少数的依据。

2. 实地盘存制的特点

在实地盘存制下,不需按品名规格逐一设置明细账户,可只设一个总分类账户或只按大类设置若干个二级账户,平时只需要根据有关凭证登记财产物资的增加数量,不记减少和结存数。期末,对各项财产物资进行盘点清查,并将清查结果作为账面结存数,倒挤出财产物资的减少数。在实地盘存制下,不存在账实不符的情况,期末实存数即为账存数。

3. 实地盘存制的优缺点及适用范围

实地盘存制的主要优点是可以大大简化库存财产物资的明细核算工作。具体表现在:库存财产物资明细账可按大类设置,不一定要按具体品种设置;平时对财产物资的减少不作明细记录。

实地盘存制的主要缺点是:不能随时反映库存财产物资的账面结存数量和金额,不利于对财产物资库存的管理和控制;只能定期结算销售或耗用成本,即只有通过实地盘点才能计算销售或耗用成本,不能适应账务处理上随时结转的需要;倒挤计算销售成本或耗用成本,使得一些库存财产物资的损耗、差错、损失和短缺等挤入了销售成本或耗用成本,影响了成本计算的正确性;不利于保护财产物资的安全完整,对于一些财产物资的短缺和损失不利于查明原因,明确责任。实地盘存制是一种简化但不完善的物资管理制度。鉴于实地盘存制存在上述种种缺点,所以它的适用范围很小,通常只适用于数量较多、变动频繁,平时难以计算耗费数量的物资,如小型企业、经营鲜活商品的零售企业等。

实地盘存制和永续盘存制作为确定财产物资数量的两种方法,各有其优缺点和适用性,企业可以根据财产物资的类别和管理要求进行选择,但不论采用何种方法,前后各期应当保持一致。

【重要提示9-1】无论永续盘存制还是实地盘存制,均需要进行实地盘点,但两者盘点的目的不同,前者是为了达到账实一致,后者是为了倒算出发出数。

二、财产的清查方法

由于货币资金、结算款项、实物资产各有不同的特点,因此清查的方法也各不相同。常用方法有实地盘点法、技术推算法、查询法和核对法。每种方法有不同的应用范围,下面将结合各类财产物资的清查,介绍各种方法的具体运用。

（一）货币资金的清查方法

1. 现金的清查

现金是企业单位流动性最强的资产,对现金的清查是采用实地盘点法。盘点前,出纳应将现金及付款凭证全部登记入账,并结出余额;盘点时,要由清查人员和出纳共同负责,由清查人员逐一清点,由出纳监督。如发生盘盈或盘亏,应由盘点人员和出纳共同核实。现金盘点应当有突然性,在清查过程中同时要关注出纳有无违反现金管理规定行为（如有无使用不具有法律效力的借条、收据等抵充库存现金,有无现金坐支情况,库存现金是否超过银行规定的库存现金限额等）；盘点结束后,应根据盘点的结果及与现金日记账核对的情况编制库存现金盘点报告表,由清查人员和出纳人员共同签章认可。库存现金盘点报告表是明确经济责任的依据,也是调整账实不符的原始凭证,它既起盘存单的作用,又起实存账存对比表的作用。其一般格式如表9-1。

表9-1　　　　　　　　库存现金盘点报告表

单位名称：　　　　　　　　年　　月　　日

币种	实存金额	账存金额	实存账存对比		备注
			盘盈	盘亏	

盘点人（签章）：　　　　　　　　　　　　　　　　出纳员（签章）：

有价证券（如国库券、公司债券、股票及其他有价证券）的盘存和清查方法与现金的清查方法相同。

2. 银行存款的清查

银行存款的清查采用核对法,即将开户银行定期送达的银行对账单与企业单位的银行存款日记账逐笔进行核对（每月至少一次）,以查明银行存款收付及余额是否正确。一般在正式清查之前,应先详细检查本单位银行存款日记账的正确性与完整性,再以每个银行账户为单位,核对银行对账单与本单位账目是否相符。核对的结果如果不一致,其原因主要有两个：一是某一方（或双方）记账出现了差错,造成银行对账单和本单位银行存款日记账不相符。二是产生了未达账项,如有未达账项则需编制银行存款余额调节表,再核对是否相符。

所谓未达账项,是指企业单位与银行之间对于同一项业务,由于取得凭证的时间不同,导致记账时间不一致而发生的一方已取得结算凭证并登记入账,而另一方由于未取得结算凭证尚未登记入账的款项。未达账项的发生主要有以下四种情况：

(1) 企业已收款入账，银行尚未入账

例如企业销售产品收到支票，送存银行后即可根据银行盖章后退回的进账单回联登记银行存款的增加，而银行则不能马上记增加，要等款项收妥后再记增，如果此时对账，则形成企业已收款，银行未收款。

(2) 企业已付款入账，银行尚未入账

例如企业开出一张支票支付购料款，企业可根据支票存根、发货票及收料单等凭证，记银行存款的减少，而此时银行由于尚未接到支付款项的凭证尚未记减少，如果此时对账，则形成企业已付款，银行未付款。

(3) 银行已收款入账，企业尚未入账

例如银行接受企业委托向外地某单位收取款项，于收到时当即登记存款增加，而企业由于未收到汇款凭证尚未登记银行存款增加，如果此时对账，则形成银行已收款，企业未收款。

(4) 银行已付款入账，企业尚未入账

例如银行为企业代缴水电费等公用设施费，银行付款时一般不通知企业，付款的凭证定期传到企业，银行已记存款减少，而企业尚未接到凭证未记银行存款减少，如果此时对账，则形成银行已付款，企业未付款。

上述任何一种情况发生，都会使企业银行存款日记账与银行对账单的存款余额不一致，在(1)(4)两种情况下，会使企业账面的银行存款余额大于银行对账单的存款余额；(2)(3)两种情况下，则会使企业账面的银行存款余额小于银行对账单的存款余额。

为了查明银行存款登记有无差错，应当根据银行对账单与企业的银行存款的账簿记录逐笔核对，如发现银行的记录有错账、漏账，应及时通知银行查明更正；如发现有未达账项，应编制银行存款余额调节表，以便验证双方的账面余额是否一致。

现就银行存款余额调节表的格式和编制方法举例说明如下：

【例9-1】兴盛公司2014年6月30日银行存款日记账余额为91 000元，接到银行转来的对账单的存款余额为88 000元，经逐笔核对后，发现有以下几笔未达账项：

①29日企业出售产品收到转账支票12 000元，银行尚未入账；

②28日企业因购料开出转账支票7 000元，持票人尚未到银行办理转账手续；

③30日企业委托银行收取的销货款8 000元，银行已收妥入账，但企业尚未接到收款通知；

④30日银行代付水电费6 000元，企业未接到相关凭证尚未入账。

根据上述资料，编制银行存款余额调节表进行调整。银行存款余额调节表的编制方法一般是在双方账面余额的基础上，各自加上对方已记收入，本单位未记收入的款项，减去对方已记付出，本单位未记付出的款项，然后验证调整后的余额双方是否相等。银行存款余额调节表的格式见表9-2。

调节后存款余额相等，表示双方账目正确。若调节后余额仍不相符，则表明企业或银行的账目有误，必须进一步查明原因，加以更正。必须注意的是，未达账项不是错账、漏账，银行存款余额调节表只能作为清查过程中核对账目之用，而不能作为原始凭证，据以作出任何调账的处理,否则会导致重复记账。调节表中所列各项未达账项,在企业账面上必须在取得银行有关原始凭证后方可入账。采用这种方法进行调节,所得到的调节后余额,是企业当时实际可以动用的款项。

上述银行存款的清查方法,也适用于银行借款的清查。

表 9-2　　　　　　　　　　　银行存款余额调节表

开户银行:＿＿＿＿＿　　　＿＿＿＿年＿＿＿月＿＿＿日　　　　　账号:＿＿＿＿＿

项目	金额	项目	金额
银行存款日记账余额	91 000	银行对账单余额	88 000
加:银行已收款入账,企业尚未入账金额 其中:1.代收货款	8 000	加:企业已收款入账,银行尚未入账金额 其中:1.解入转账支票	12 000
减:银行已付款入账,企业尚未入账金额 其中:1.代付水电费	6 000	减:企业已付款入账,银行尚未入账金额 其中:1.签发转账支票	7 000
调整后银行存款日记账余额	93 000	调整后银行对账单余额	93 000

(二)债权债务的清查方法

债权债务清查是指对单位应收、应付账款及其他应收、应付项目等结算和往来款项所实施的清查。所采用的方法是查询法或核对法,也可两种方法同时采用。在清查过程中,不仅要查明债权、债务的余额,还要查明形成的原因,以便加强管理。对于在清查中发现的坏账损失要按有关规定进行处理,不得擅自冲销账簿记录。其清查的程序大致为:

(1)检查、核对账簿记录。有关会计人员应将本单位的债权、债务业务全部登记入账,不得遗漏,以保证账簿记录的完整性。此后,清查人员应对有关账簿记录依据会计凭证进行核对,保证账簿记录准确无误。

(2)编制债权、债务款项对账单。清查单位按每一经济往来单位编制债权、债务款项对账单,将编制的对账单送债权人或债务人进行核对,确认债权、债务。对账单一般可采用二联形式,其中一联为回单,由债权或债务人确认并签章。其基本格式和内容见表9-3。

如果债权或债务人核对后发现不一致,则须注明原因,寄回本单位。单位在收到对账单后,应进行余额调整(调整方法类似于银行存款余额调节),然后确认债权、债务余额。当然,在清查中也可直接派人去对方单位面询,或利用电话、电报、传真、国际互联网络等手段进行核实。

(3)编制债权、债务清查结果报告表。在检查、核对并确认了债权、债务后,清查人员应根据清查中发现的问题和情况,及时编制债权、债务清查结果报告表。对于本单位同对方单位或个人有争议的款项、收回希望较小和无法支付的款项,应当在报告中尽可能地详细说明,以便有关部门及时采取措施,减少不必要的坏账损失。债权、债务清查结果报告

表一般格式见表9-4。

表 9-3　　　　　　　　　　债权、债务款项对账单

＿×× ＿单位：

你单位 2014 年 5 月 18 日到我厂购甲产品 1 000 件已付货款 6 000 元,尚有 4 000 元货款未付,请核对后将回联单寄回。

清查单位(盖　章)

2014 年 6 月 20 日

------------ 沿此虚线裁开 ------------

债权、债务款项对账单(回联)

＿××＿清查单位：

你单位寄来的债权、债务款项对账单已收到,经核对相符无误。

××单位(盖　章)

2014 年 6 月 25 日

表 9-4　　　　　　　　　　债权、债务清查结果报告表

总分类账户		明细账户		发生日期	对方结存额	对比结果及差异额	差异原因及金额			备注
名称	金额	名称	金额				未达账项	有争议账项	无法收回账项	

单位名称：　　　　　　　　　　　　　　　　＿＿＿年＿＿月＿＿日

清查人员(签章)：　　　　　　　　　　　　　会计人员(签章)：

(三)实物资产的清查方法

1. 存货的清查

存货的清查是指对商品、材料、在产品、产成品、低值易耗品、包装物等财产物资的清查。由于各种存货的实物形态、体积重量、码放方式不同,因而采用不同的清查方法。存货数量的清查方法,一般有以下两种：

(1)实地盘点。实地盘点是指通过实地清点或者用计量器具来确定各项实物资产实存数量的一种方法。这种方法适用范围广,数字准确可靠,清查质量高,但工作量大,如事先按财产物资的实物形状进行科学码放,可以提高清查的速度。大多数实物资产的清查都可采用这种方法。

(2)技术推算盘点。技术推算盘点是利用技术方法推算确定有关财产物资实存数量的一种方法。这种方法适用于大量成堆、价廉体重,难以逐一清点的财产物资。如沙石、

基础会计

土、煤、柴草等,可采用量方、计尺等方法,确定其实存数量。

对于实物质量的检查方法,可根据不同实物的特点,采用物理或化学方法检查其质量。

为了明确经济责任,进行财产物资的盘点时,有关财产物资的保管人员必须在场,并参加盘点工作。对各项财产物资的盘点结果,应逐一如实地登记在盘存单上,并由参加盘点的人员和实物保管人员同时签章生效。盘存单是记录各项财产物资实存数量盘点的书面证明,也是财产清查工作的原始凭证之一。盘存单一般格式见表9-5。

表 9-5　　　　　　　　　　盘存单
单位名称:　　　　　　盘点时间:
财产类别:　　　　　　存放地点:　　　　　　　　　　编号:

编号	名称	规格或型号	计量单位	实际盘点			备注
				数量	单价	金额	

盘点人(签章):　　　　　　　　　　　　实物保管人(签章):

盘点完毕,将盘存单中所记录的实存数额与账面结存余额相核对,发现某些财产物资账实不符的,填制盘盈盘亏报告表,确定财产物资盘盈或盘亏的数额。盘盈盘亏报告表是财产清查的重要报表,是调整账面记录的原始凭证,也是分析盈亏原因明确经济责任的重要依据,应严肃认真地填报。盘盈盘亏报告表一般格式见表9-6。

表 9-6　　　　　　　　　盘盈盘亏报告表
单位名称:　　　　　　　年　月　日

编号	名称	规格型号	单价	实存		账存		实存与账存对比				备注
								盘盈		盘亏		
				数量	金额	数量	金额	数量	金额	数量	金额	
	金额合计											

盘点人(签章):　　　　　　　　　　　　会计人员(签章):

2. 固定资产的清查

固定资产清查的常用方法与存货清查的方法相同,不再重述。清查完毕应编制固定资产盘盈盘亏报告表,其格式见表9-7。

表 9-7　　　　　　　　　　固定资产盘盈盘亏报告表
单位名称：　　　　　　　　　　　　　　　　年　　月　　日

固定资产编号	固定资产名称	固定资产规格及型号	盘盈			盘亏			毁损			原因
			数量	重估价	累计折旧	数量	原价	已提折旧	数量	原价	已提折旧	

盘点人（签章）：　　　　　　　　　　　　　使用保管部门负责人（签章）：

财产清查工作结束后，应认真整理清查资料，撰写财产清查报告，对清查工作中发现的问题分析其原因并提出改革措施，对财产清查工作的成绩与存在的问题作出客观公正的评价。

第三节　财产清查结果的处理

一、财产清查结果处理的要求

财产清查的结果主要有三种情况：一是实存数等于账存数，即账实相符；二是实存数大于账存数，即盘盈；三是实存数小于账存数，即盘亏。账实相符不需要进行处理。盘盈和盘亏为账实不符，应核实情况，调查分析产生的原因，按照国家有关法律法规的规定，进行相应的处理。

财产清查结果处理的具体要求有：(1)分析产生差异的原因和性质，提出处理建议；(2)积极处理多余积压财产，清理往来款项；(3)总结经验教训，建立和健全各项管理制度；(4)及时调整账簿记录，保证账实相符。

二、财产清查结果处理的步骤与方法

对于财产清查结果的处理分为审批之前的处理和审批之后的处理两种情况。

（一）审批之前的处理

1. 核准数字，查明原因。根据清查情况，编制反映全部清查结果的财产盈亏报告单，核准货币资金，财产物资及债权、债务的盈亏数额，对各项差异产生的原因进行分析，明确经济责任，据实提出处理意见，呈报有关领导和部门批准。对于债权、债务在核对过程中出现的争议问题，应及时组织清理；对于超储积压物资应同时提出处理方案。

2. 调整账簿，做到账实相符。在核准数字，查明原因的基础上，根据财产盈亏报告单编制记账凭证，并据以登记账簿，使各项财产物资做到账实相符。但对于应收而收不回的坏账损失，在批准前不做此项账务处理，待批准后再进行处理。在做好上项调整账簿工作后，即可将所编制的财产盈亏报告单和所撰写的文字说明，一并报送有关领导和部门批准。

（二）审批之后的处理

1. 经批准，进行账务处理。当有关领导部门对所呈报的财产清查结果提出处理意见后，应严格按批复意见进行账务处理，编制记账凭证，登记有关账簿，并追回由于责任者个人原因造成的损失。

2. 企业清查的各种财产的损溢，如果在期末结账前尚未经批准，在对外提供财务报表时，先按上述规定进行处理，并在附注中作出说明；其后批准处理的金额与已处理金额不一致的，调整财务报表相关项目的年初数。

财产清查结果处理的具体步骤如图9-2所示。

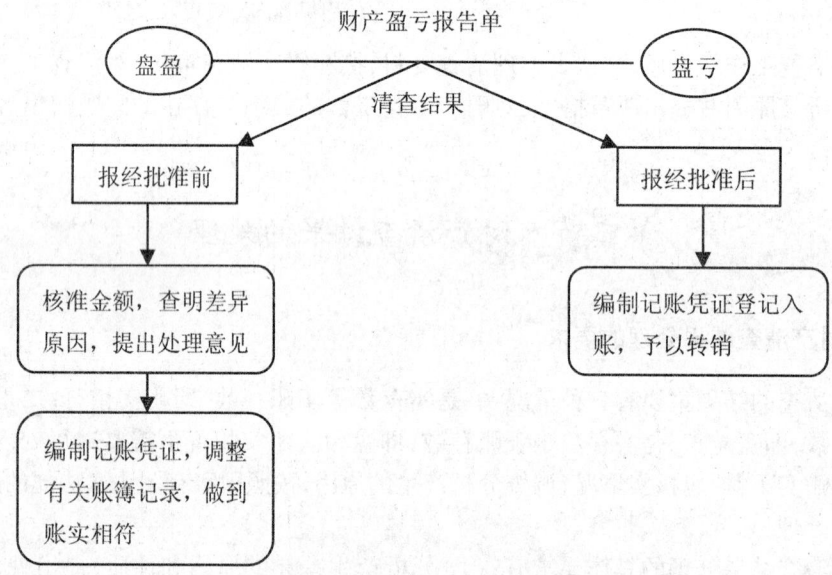

图9-2　财产清查结果处理步骤

三、财产清查结果的账务处理

（一）设置"待处理财产损溢"账户

为了反映和监督企业在财产清查过程中查明的各种财产物资的盘盈、盘亏、毁损及其处理情况，应设置"待处理财产损溢"账户（但固定资产盘盈和毁损分别通过"以前年度损益调整"、"固定资产清理"账户核算）。该账户属于双重性质的资产类账户，下设"待处理流动资产损溢"和"待处理非流动资产损溢"两个明细分类账户进行明细分类核算。

该账户的借方登记各项财产的盘亏或毁损数额及各项盘盈财产报经批准后的转销数；贷方登记各项财产的盘盈数额及各项盘亏或毁损财产报经批准后的转销数。处理前的借方余额，反映尚未处理财产的净损失；处理前的贷方余额，反映尚未处理财产的净溢余。企业确定的各项财产的损溢，应于期末前查明原因，经有关机构批准后，在期末结账前处理完毕。期末，处理后该账户无余额（如图9-3所示）。

借方	待处理财产损溢	贷方
发生额:(1)发生的待处理财产盘亏和毁损数 (2)结转已批准的财产盘盈数		发生额:(1)发生的待处理财产盘盈数 (2)结转已批准处理财产盘亏和毁损数
余额:尚待批准处理的财产盘亏和毁损数大于尚待批准处理的财产盘盈数的差额(即清查净损失)		余额:尚待批准处理的财产盘盈数大于尚待批准处理的财产盘亏和毁损数的差额(即清查净溢余)

图 9-3 "待处理财产损溢"账户结构

(二)库存现金清查结果的账务处理

1. 库存现金盘盈的账务处理

(1)报经批准前,按盘盈的金额借记"库存现金"科目,贷记"待处理财产损溢——待处理流动资产损溢"科目。

(2)报经批准后,按盘盈的金额借记"待处理财产损溢——待处理流动资产损溢"科目,按需要支付或退还他人的金额贷记"其他应付款"科目,按无法查明原因的金额贷记"营业外收入"科目。

2. 库存现金盘亏的账务处理

(1)报经批准前,按盘亏的金额借记"待处理财产损溢——待处理流动资产损溢"科目,贷记"库存现金"科目。

(2)报经批准后,按可收回的保险赔偿和过失人赔偿的金额借记"其他应收款"科目,按管理不善等原因造成净损失的金额借记"管理费用"科目,按自然灾害等原因造成净损失的金额借记"营业外支出"科目,按原记入"待处理财产损溢——待处理流动资产损溢"科目借方的金额贷记本科目。

【例 9-2】企业进行现金清查,发现长款 70 元。编制会计分录:

借:库存现金　　　　　　　　　　　　　　　　　　　　　70
　　贷:待处理财产损溢——待处理流动资产损溢　　　　　　70

经反复核查,发现上述现金长款中有 50 元是少付职工刘红的报账款,其余 20 元未查明原因,经主管领导批准转作营业外收入。编制会计分录:

借:待处理财产损溢——待处理流动资产损溢　　　　　　　70
　　贷:其他应付款——刘红　　　　　　　　　　　　　　50
　　　　营业外收入　　　　　　　　　　　　　　　　　　20

【例 9-3】企业在对现金清查时,发现短缺现金 100 元。编制会计分录:

借:待处理财产损溢——待处理流动资产损溢　　　　　　　100
　　贷:库存现金　　　　　　　　　　　　　　　　　　　100

假设上述现金短缺经主管领导批准,认定 95 元是由于出纳人员工作粗心造成的,应由其赔偿,向出纳人员发出赔偿通知书;其余 5 元为结算时找零形成的差额,计入管理费用。编制会计分录:

借:其他应收款——出纳员　　　　　　　　　　　　　　　95
　　管理费用　　　　　　　　　　　　　　　　　　　　　5
　　贷:待处理财产损溢——待处理流动资产损溢　　　　　100

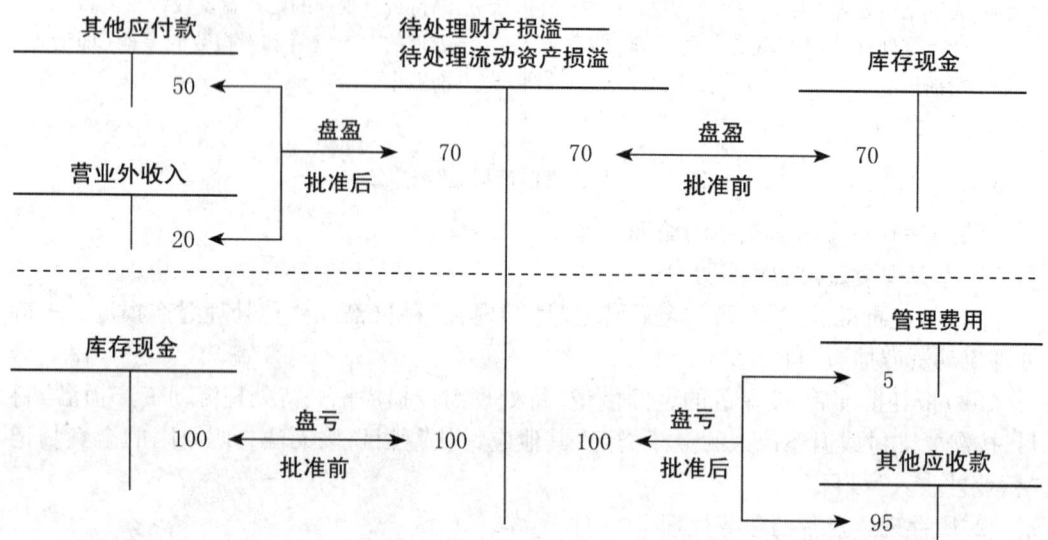

图9-4　现金清查结果的账务处理

(三)存货清查结果的账务处理

1. 存货盘盈的账务处理

(1)报经批准前,盘盈的存货应按其重置成本作为入账价值,借记"原材料"、"库存商品"等科目,贷记"待处理财产损溢——待处理流动资产损溢"科目。

(2)报经批准后,按其入账价值,借记"待处理财产损溢——待处理流动资产损溢"科目,贷记"管理费用"科目。

2. 存货盘亏的账务处理

(1)报经批准前,应按盘亏的金额借记"待处理财产损溢——待处理流动资产损溢"科目,贷记"原材料"、"库存商品"等科目。材料、产成品、商品采用计划成本(或售价)核算的,还应同时结转成本差异(或商品进销差价)。涉及增值税的,还应进行相应处理。

(2)报经批准后,按可收回的保险赔偿和过失人赔偿的金额借记"其他应收款"科目,按管理不善等原因造成净损失的金额借记"管理费用"科目,按自然灾害等原因造成净损失的金额借记"营业外支出"科目,按原记入"待处理财产损溢——待处理流动资产损溢"科目借方的金额贷记本科目。

【例9-4】某企业进行财产清查,发生以下存货盘盈业务:

(1)盘点原材料,发现甲材料长余,按同类材料的市场价值确定其实际成本为2 000元,盘盈原因待查。

借:原材料——甲材料　　　　　　　　　　　　　　　2 000
　　贷:待处理财产损溢——待处理流动资产损溢　　　　　2 000

(2)查明原因,盘盈的原材料系收发时的计量误差所致,经批准冲销企业的管理费用。
借:待处理财产损溢——待处理流动资产损溢   2 000
　　贷:管理费用   2 000

【例9-5】某企业在财产清查中,发现A产品短缺200元。经查,属定额内损耗。
(1)在报经批准前,根据清查结果报告表编制会计凭证,登记有关账簿。
借:待处理财产损溢——待处理流动资产损溢   200
　　贷:库存商品——A产品   200
(2)经批准后,列入管理费用,作如下会计分录:
借:管理费用   200
　　贷:待处理财产损溢——待处理流动资产损溢 200

【例9-6】某企业因雷电引发火灾进行财产清查,发现乙材料短缺6 000元,增值税率为17%。
(1)在报经批准前,编制会计凭证并登记账簿。
借:待处理财产损溢——待处理流动资产损溢   7 020
　　贷:原材料——乙材料   6 000
　　　　应交税费——应交增值税(进项税额转出) 1 020
(2)短缺材料由保险公司赔偿5 000元,其余经批准后列作营业外支出。
借:其他应收款——应收保险公司赔偿款   5 000
　　营业外支出   2 020
　　贷:待处理财产损溢——待处理流动资产损溢 7 020

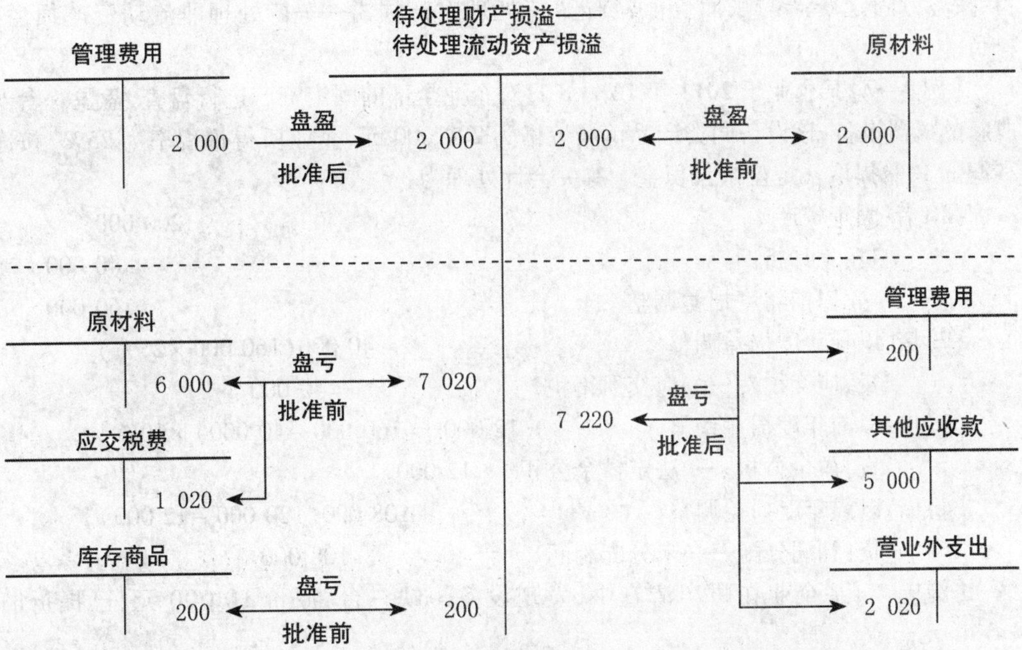

图9-5 存货清查结果的账务处理

【重要提示9-2】请注意原材料非正常损失部分的增值税进项税额转出问题。

(四)固定资产清查结果的账务处理

1．固定资产盘盈的账务处理

企业在财产清查过程中盘盈的固定资产，经查明确属企业所有，按管理权限报经批准后，应根据盘存凭证填制固定资产交接凭证，经有关人员签字后送交企业会计部门，填写固定资产卡片账，并作为前期差错处理，通过"以前年度损益调整"科目核算。盘盈的固定资产通常按其重置成本作为入账价值借记"固定资产"科目，贷记"以前年度损益调整"科目。涉及增值税、所得税和盈余公积的，还应按相关规定处理。

【知识链接9-1】

为什么将固定资产盘盈作为前期差错进行会计处理

固定资产出现由于企业无法控制的因素而造成盘盈的可能性极小，甚至是不可能的，企业出现了固定资产的盘盈必定是企业以前会计期间少计、漏计而产生的，应当作为会计差错进行更正处理，这样也能在一定程度上控制人为调节利润的可能性。

2．固定资产盘亏的账务处理

(1)报经批准前，按盘亏固定资产的账面价值，借记"待处理财产损溢——待处理非流动资产损溢"科目，按已提折旧额，借记"累计折旧"科目，按已提减值准备额，借记"固定资产减值准备"科目，按其原价，贷记"固定资产"科目。涉及增值税和递延所得税的，还应按相关规定处理。

(2)报经批准后，按过失人及保险公司应赔偿额，借记"其他应收款"科目，按盘亏固定资产的原价扣除累计折旧和过失人及保险公司赔偿后的差额，借记"营业外支出"科目，按盘亏固定资产的账面价值，贷记"待处理财产损溢——待处理非流动资产损溢"科目。

【例9-7】某企业于2014年12月8日对企业全部的固定资产进行盘查，盘盈一台八成新的机器设备，该设备同类产品市场价格为200 000元，企业所得税税率为25%，按净利润的10%提取法定盈余公积金。有关会计处理为：

(1)借：固定资产　　　　　　　　　　　　　　　　　　200 000
　　　贷：累计折旧　　　　　　　　　　　　　　　　　　　 40 000
　　　　　以前年度损益调整　　　　　　　　　　　　　　 160 000
(2)借：以前年度损益调整　　　　　　　　　40 000(160 000×25%)
　　　贷：应交税费——应交所得税　　　　　　 40 000
(3)借：以前年度损益调整　　　　12 000[(160 000-40 000)×10%]
　　　贷：盈余公积——法定盈余公积　　 12 000
(4)借：以前年度损益调整　　　　　　　　 108 000(120 000-12 000)
　　　贷：利润分配——未分配利润　　　　　　108 000

【例9-8】某企业在财产清查中，发现设备短缺一台，原价10 000元，已提折旧4 000元。

(1)在报经审批前，根据清查结果报告表编制会计凭证，登记账簿。会计分录如下：

借:待处理财产损溢——待处理固定资产损溢　　　　　　　　　　　6 000
　　累计折旧　　　　　　　　　　　　　　　　　　　　　　　　　4 000
　　贷:固定资产　　　　　　　　　　　　　　　　　　　　　　　　　　10 000

(2)报经审批后,根据批准意见应由过失人赔偿20%,其余计入营业外支出。会计分录如下:

借:其他应收款　　　　　　　　　　　　　　　　　　　　　　　　1 200
　　营业外支出　　　　　　　　　　　　　　　　　　　　　　　　4 800
　　贷:待处理财产损溢——待处理固定资产损溢　　　　　　　　　　　6 000

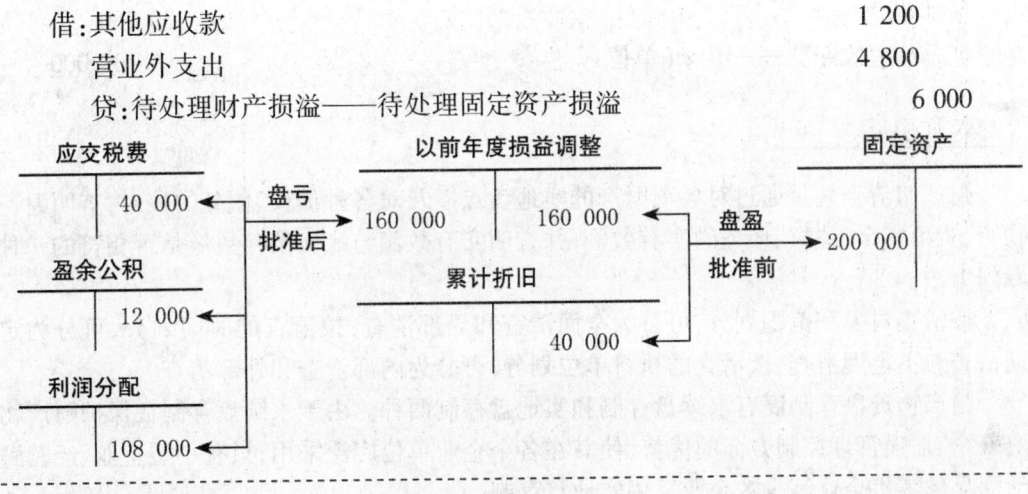

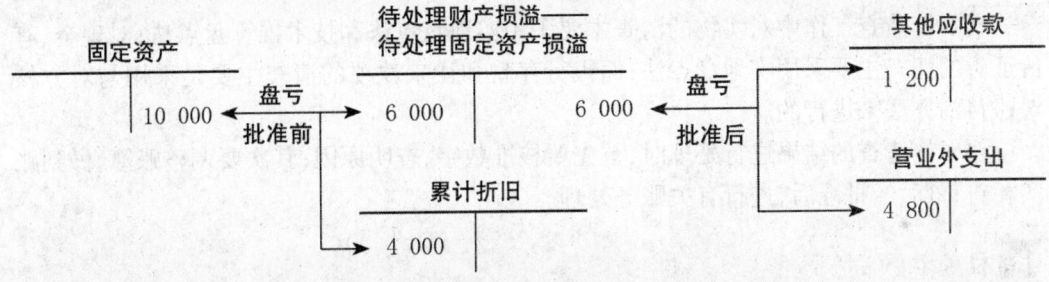

图9-6　固定资产清查结果的账务处理

(五)结算往来款项盘存的账务处理

在财产清查过程中发现的长期未结算的往来款项,在批准前不做账务处理,也就是不必通过"待处理财产损溢"账户进行核算。

1. 对于经查明确实无法支付的应付款项可按规定程序报经批准后,转作营业外收入。

2. 对于无法收回的应收款项则作为坏账损失冲减坏账准备。坏账是指企业无法收回或收回的可能性极小的应收款项。由于发生坏账而产生的损失,称为坏账损失。

企业通常应将符合下列条件之一的应收款项确认为坏账:(1)债务人死亡,以其遗产清偿后仍然无法收回;(2)债务人破产,以其破产财产清偿后仍然无法收回;(3)债务人较长时间内未履行其偿债义务,并有足够的证据表明无法收回或者收回的可能性极小。

企业对有确凿证据表明确实无法收回的应收款项,经批准后作为坏账损失,冲减"坏账准备"。对于已确认为坏账的应收款项,并不意味着企业放弃了追索权,一旦重新收回,应及时入账。

【例9-9】某企业在财产清查中,查明应付某单位的货款64 000元,因对方单位已撤

消,确实无法支付,经批准转作营业外收入。会计分录如下:

  借:应付账款——××(单位)   64 000
    贷:营业外收入   64 000

【例9-10】某企业在财产清查中,查明确实无法收回的账款39 000元,经批准后转销。会计分录如下:

  借:坏账准备   39 000
    贷:应收账款——××(单位)   39 000

▶ 本章小结

  财产的清查就是通过对各项财产的实地盘点以及对各种债权、债务的核对,查明财产物资、货币资金、债权、债务的实有数额,并查明实有数额与账面结存数额是否相符的一种专门方法。

  按清查对象和范围划分,可分为全面清查和局部清查;按清查的时间划分,可分为定期清查和不定期清查;按清查的执行单位划分,可分为内部清查和外部清查。

  财产物资盘存制度有永续盘存制和实地盘存制两种。由于永续盘存制在保护财产物资安全、加强管理控制方面的优势,使其在各个企业单位广泛采用,只有小型企业、经营鲜活商品的零售企业等少数企业采用实地盘存制。

  在财产清查工作中对实物的清查主要采用实地盘点法和技术推算盘点法;对现金、有价证券的清查主要采用实地盘点法;而银行存款和往来款项的清查主要是采用与对方核对账目的方法来进行的。

  对财产清查的结果进行处理时,首先要核准数字、查明原因;其次要调整账簿,做到账实相符;最后经批准后,进行有关账务处理。

▶ 本章主题词

  财产清查 全面清查 局部清查 定期清查 不定期清查 永续盘存制 实地盘存制 未达账项

▶ 复习思考题

1. 为什么要进行财产清查?
2. 企业在什么情况下需要进行全面财产清查?
3. 简述永续盘存制的特点和优缺点。
4. 简述实地盘存制的特点和优缺点。
5. 财产清查的方法包括哪些?库存现金、银行存款、存货、固定资产和各种债权、债务的清查分别需要采用什么方法?
6. 说明未达账项的含义以及未达账项的类型。

案例讨论

一

东海钢铁厂的副经理张瑜,将企业正在使用的一台设备借给朋友使用,未办理任何手续。清查人员在年底盘点时发现盘亏了一台设备,原值为20万元,已提折旧5万元,净值为15万元。经查,属张副经理所为。于是,派人向借方追索。但借方声称,该设备已被人偷走。当问及张副经理对此的处理意见时,张瑜建议按正常报废处理。

问题:
1. 盘亏的设备按正常报废处理是否符合会计制度要求?
2. 企业应该怎样正确处理盘亏的固定资产?

二

申科公司6月30日银行存款账面余额为48 000元,当日获得银行存款对账单余额为76 000元,经核实存在下列未达账项:
1. 企业送存银行的转账支票50 000元,银行尚未入账。
2. 企业开出转账支票30 000元,银行尚未入账。
3. 银行代付企业电话费1 000元,企业尚未入账。
4. 企业委托银行收款49 000元,企业尚未入账。

问题:
1. 申科公司记账是否存在差错?会计上如何确定?
2. 申科公司是否需要调整其银行存款日记账的记录?

第十章　财务会计报告

▼ 学习目标

知识目标：熟悉财务会计报告的概念、目标、分类及编制要求；掌握资产负债表和利润表的概念、基本结构和编制方法。

能力目标：通过学习，能够在会计核算流程所提供的账簿记录数据的基础上，根据报表的编制方法和要求，编制出资产负债表和利润表。

▼ 引导案例

小张是一名刚参加工作不久的毕业生，就职于某家小公司财务部，平时只负责公司员工工资的核算与登账工作。月末，由于老会计临时有事出差，公司决定让小张负责本月的报表编报工作。小张虽然曾经学过财务报表的编制，但实际操作中，仍然遇到了以下几个问题：

（1）月度报表编报中，是否需要将资产负债表、利润表、现金流量表、所有者权益变动表和报表附注全部编制？

（2）在编制资产负债表时，有四个债权债务往来账户，即应收账款、应付账款、预收账款和预付账款，企业分别对这四个账户进行了明细核算，那么在资产负债表上每一个项目的报告金额到底应该如何计算呢？

（3）同样在编制资产负债表时，有一个存货项目，小张知道存货项目需要根据很多账户的余额计算填列，但究竟包括哪些账户呢？

第一节　财务会计报告概述

一、财务会计报告的概念与目标

（一）财务会计报告的概念

财务会计报告，是指企业对外提供的反映企业某一特定日期的财务状况和某一会计期间的经营成果、现金流量等会计信息的文件。财务报告包括财务报表和其他应当在财务报告中披露的相关信息和资料。

财务报表是对企业财务状况、经营成果和现金流量的结构性表述。财务报表至少应当包括下列组成部分：(1)资产负债表；(2)利润表；(3)现金流量表；(4)所有者权益（或股东权益，下同）变动表；(5)附注。小企业编制的财务报表可以不包括现金流量表。中期财务会计报表至少应当包括资产负债表、利润表、现金流量表和附注。所有者权益变动表反映所有者权益的各个组成部分当期的增减变动情况。附注是对资产负债表、利润表、现金流量表和所有者权益变动表等报表中列示项目的文字描述或明细资料,以及对未能在这些报表中列示项目的说明。会计报表是企业的会计人员根据一定时期(例如月、季、年)的会计记录,按照既定的格式和种类编制的系统的报告文件。随着企业经营活动的扩展,会计报表的使用者对会计信息的需求不断增加,仅仅依靠几张会计报表提供的信息已经不能满足或不能直接满足他们的需求,因此需要通过报表以外的附注和说明提供更多的信息。

(二)财务会计报告的目标

财务会计报告的目标是向财务会计报告使用者提供与企业财务状况、经营成果和现金流量等有关的会计信息,反映企业管理层受托责任履行情况,有助于财务会计报告使用者作出经济决策。财务会计报告使用者包括投资者、债权人、政府及其有关部门和社会公众等。不同的财务会计报告使用者对财务会计报告所提供信息的要求各有侧重。

1. 股东(投资者)主要关注投资的内在风险和投资报酬。

2. 债权人主要关注的是其所提供给企业的资金是否安全,自己的债权是否能够按期如数收回。

3. 政府及相关机构关注的是国家资源的分配和运用情况,需要了解与经济政策(如税收政策)的制定、国民收入的统计等有关方面的信息。

4. 企业管理人员关注的是企业财务状况的好坏、经营业绩的大小以及现金的流动情况。

5. 社会公众(包括企业潜在的投资者或债权人)主要关注企业(特别是公开上市的股份有限公司)的兴衰及其发展情况。

二、财务报表的分类

财务报表可以按照不同的标准进行分类。

1. 财务报表按其反映的内容,可以分为动态财务报表和静态财务报表。动态财务报表是反映一定时期内经营成果和现金流量的会计报表,比如:利润表反映了企业一定时期内所实现的经营成果,现金流量表反映了企业一定时期内现金的流入、现金的流出及净增加数,因此,利润表和现金流量表属于动态财务报表。静态财务报表是指反映企业在一定日期资产和权益总额的会计报表,比如:资产负债表反映了企业某一时点上的资产、负债和所有者权益的情况,因此资产负债表属于静态会计报表。

2. 财务报表按其编报的期间,可以分为中期财务报表和年度财务报表。中期财务报表是以短于一个完整会计年度的报告期间为基础编制的财务报表,包括月报、季报和半年报等。中期财务报表至少应当包括资产负债表、利润表、现金流量表和附注。年度财务报表应当是完整的财务报表,包括资产负债表、利润表、现金流量表、所有者权益变动表和附注。

3. 财务报表按其编制的范围,可以分为个别财务报表和合并财务报表。个别财务报表是指仅仅反映一个会计主体的财务状况、经营成果和现金流量情况的报表;合并财务报表是将多个具有控股关系的会计主体的财务状况、经营成果和现金流量情况合并编制的会计报表,该报表由母公司进行编制,包括所有控股公司会计报表的数字。

4.会计报表按其编制的单位,可以分为单位报表和汇总报表。单位报表是指企业在自身会计核算的基础上,对账簿记录进行加工而编制的会计报表,以反映企业本身的财务状况、经营成果和现金流量情况。汇总报表是指由总公司或主管部门(系统),根据所属单位报送的会计报表,连同本单位会计报表汇总编制的综合性会计报表,以反映总公司或本部门(系统)财务状况、经营成果和现金流量情况。

5.会计报表按其服务的对象,可以分为对内报表和对外报表。对内报表是指为企业内部经营管理服务而编制的不对外公开的会计报表,它不要求统一格式,没有统一指标体系,如成本表就属于对内报表;对外报表是指企业为满足国家宏观经济管理部门、投资者、债权人及其他有关会计信息使用者对会计信息的需求而编制的对外提供服务的会计报表,它要求有统一的报表格式、指标体系和编制时间等,资产负债表、利润表和现金流量表等均属于对外报表。

三、财务报表列报的基本要求

财务报表列报是指交易和事项在报表中列示和附注中的披露。在财务报表的列报中,"列示"通常反映资产负债表、利润表、现金流量表和所有者权益变动表等报表中的信息,"披露"通常反映附注中的信息。

(一)遵循各项会计准则进行确认和计量

企业应当根据实际发生的交易和事项,遵循各项具体会计准则的规定进行计量,并在此基础上编制财务报表。企业应当在附注中对遵循企业会计准则编制的会计报表作出声明,只有遵循了企业会计准则的所有规定时,财务报表才应当被称为"遵循了企业会计准则"。

企业不应以在附注中披露代替对交易和事项的确认和计量,也就是说,企业采用的不恰当的会计政策,不得通过在附注中进行披露等其他形式予以更正,企业应当对交易和事项进行正确的确认和计量。

(二)列报基础

通常情况下,企业应当以持续经营为基础,根据实际发生的交易和事项,按照企业会计准则的规定进行确认、计量,在此基础上编制财务报表。在编制财务报表过程中,企业管理层应当在综合考虑宏观政策风险、市场经营风险、企业目前或长期的盈利能力、偿债能力、财务弹性,以及企业管理层改变经营政策的意向等因素的基础上,对企业的持续经营能力进行评价。如果有情况表明企业出现了非持续经营,致使以持续经营为基础编制财务报表不再合理的,企业应当采用其他基础编制财务报表,并在附注中披露这一事实。

(三)列报的一致性

为保证会计信息的可比性,财务报表项目的列报应当在各个会计期间保持一致,不得随意变更,但下列情况除外:(1)会计准则要求改变;(2)企业经营业务的性质发生重大变化后或对企业经营影响较大的交易或事项发生后,变更财务报表项目的列报能够提供更可靠、更相关的会计信息。

（四）重要性判断

在编制财务报表的过程中，企业应当考虑报表项目的重要性，重要性影响报表项目是单独列报还是合并列报。

如果财务报表某项目的省略或错报会影响使用者据此作出经济决策，则该项目具有重要性。重要性应当根据企业所处环境，从项目的性质和金额大小两方面予以判断。判断项目性质的重要性，应当考虑该项目的性质是否属于企业日常活动、是否对企业的财务状况、经营成果和现金流量具有较大影响等因素；判断项目金额大小的重要性，应当通过项目金额占资产总额、负债总额、所有者权益总额、营业收入总额、营业成本总额、净利润、综合收益总额等直接相关项目金额的比重加以确定。对于性质或功能不同的项目，如存货和固定资产，应当在财务报表中单独列报，但不具有重要性的项目除外；对于性质或功能类似的项目，如原材料和低值易耗品等，一般应合并列报，但是对其具有重要性的类别应当单独列报。

（五）财务报表项目金额间的相互抵销

财务报表各项目应当以总额进行列报，资产和负债、收入和费用不能相互抵销，即不得以净额列报，但企业会计准则另有规定的除外。比如，为不掩盖交易的实质，企业欠客户的应付款不得与其他客户欠本企业的应收款相抵销。

下列三种情况应当以净额列示：(1)经过重要性判断，不属于重要性项目的一组类似交易，其利得和损失应当以净额列示。例如，汇兑损益以净额列报。(2)资产或负债项目按扣除备抵项目后的净额列示。例如，对资产计提减值准备，表明资产的价值已经发生减损，为了反映资产当时的真实价值，应按扣除减值准备后的净额列示。(3)非日常活动产生的损益，在更能反映交易实质的前提下，以收入扣减费用后的净额列示。非日常活动的发生具有偶然性，并非企业主要的业务，从重要性来讲，以收入扣减费用后的净额列示，更有利于报表使用者的理解。

（六）比较信息的列报

企业在列报当期财务报表时，至少应当提供所有列报项目上一可比会计期间的比较数据，以及与理解当期财务报表相关的说明。其目的是，通过向报表使用者提供对比数据，提高信息在会计期间的可比性，从而反映出企业财务状况、经营成果和现金流量的发展趋势，提高报表使用者的判断与决策能力。

在财务报表项目的列报确需发生变更的情况下，企业应当对上期比较数据按照当期的列报要求进行调整，并在附注中披露调整的原因和性质，以及调整的各项目金额。但是，在某些情况下，对上期比较数据进行调整是不切实可行的，则应当在附注中披露不能调整的原因。

（七）财务报表表首的列报要求

财务报表一般分为表首、正表两部分，其中，在表首部分企业应当概括地说明下列基本信息：(1)编报企业的名称，如企业名称在所属当期发生了变更的，还应明确标明；(2)对资产负债表而言，须披露资产负债表日，而对利润表、现金流量表、所有者权益变动表而言，须披露报表涵盖的会计期间；(3)货币的名称和单位，按照我国企业会计准则的规定，企业应当以人民币作为记账本位币列报，并标明金额单位，如人民币元、人民币万元等;(4)财务报表是合并财务报表的,应当予以标明。

(八)报告期间

企业至少应当编制年度财务报表。根据《中华人民共和国会计法》的规定,会计年度自公历1月1日至12月31日止。实际上,企业在编制年度财务报表时,往往会存在年度财务报表涵盖的期间短于一年的情况,比如企业在年度中间开始设立等。在这种情况下,企业应当披露年度财务报表的实际涵盖期间及其短于一年的原因,并应当说明由此引起财务报表项目与比较数据不具可比性这一事实。

四、财务报表编制前的准备工作

在编制财务报表前,需要完成下列工作:(1)严格审核会计账簿的记录和有关资料;(2)进行全面财产清查、核实债务,并按规定程序报批,进行相应的会计处理;(3)按规定的结账日进行结账,结出有关会计账簿的余额和发生额,并核对各会计账簿之间的余额;(4)检查相关的会计核算是否按照国家统一的会计制度的规定进行;(5)检查是否存在因会计差错、会计政策变更等原因需要调整前期或本期相关项目的情况等。

第二节 资产负债表

一、资产负债表的概念与作用

资产负债表是指反映企业在某一特定日期财务状况的会计报表。它反映企业在某一特定日期所拥有或控制的经济资源、所承担的现时义务和所有者对净资产的要求权。

通过资产负债表,可以提供某一日期资产的总额及其结构,表明企业拥有或控制的资源及其分布情况,使用者可以一目了然地从资产负债表上了解企业在某一特定日期所拥有的资产总量及其结构;可以提供某一日期的负债总额及其结构,表明企业未来需要用多少资产或劳务清偿债务以及清偿时间;可以反映所有者所拥有的权益,据以判断资本保值、增值的情况以及对负债的保障程度。此外,资产负债表还可以提供进行财务分析的基本资料,如将流动资产与流动负债进行比较,计算出流动比率;将速动资产与流动负债进行比较,计算出速动比率等,可以表明企业的变现能力、偿债能力和资金周转能力,从而有助于报表使用者作出经济决策。

二、资产负债表的格式

资产负债表的格式主要有报告式和账户式两种。

(一)报告式

报告式资产负债表将资产、负债和所有者权益垂直排列,这种格式的简化形式如表10-1所示。

表 10-1　　　　　　　　　　　　　资产负债表
编制单位：　　　　　　　　　　　年　月　日　　　　　　　　　　　　单位：元

项目	期末余额	期初余额
资产		
流动资产		
非流动资产		
资产合计		
负债		
流动负债		
非流动负债		
负债合计		
所有者权益		
实收资本		
资本公积		
盈余公积		
未分配利润		
所有者权益合计		

（二）账户式

账户式资产负债表分为左右两方，左方列示资产各项目，反映全部资产的分布及存在形态；右方列示负债和所有者权益各项目，反映全部负债和所有者权益的内容及构成情况。资产负债表左右双方平衡，资产总计等于负债和所有者权益总计，即"资产 = 负债 + 所有者权益"。在我国，资产负债表采用账户式结构。具体格式如表 10-2 所示。

表 10-2　　　　　　　　　　　　　资产负债表
编制单位：　　　　　　　　　　　年　月　日　　　　　　　　　　　　单位：元

资产	期末余额	年初余额	负债和所有者权益（或股东权益）	期末余额	年初余额
流动资产：			流动负债：		
货币资金			短期借款		
交易性金融资产			交易性金融负债		
应收票据			应付票据		
应收账款			应付账款		
预付款项			预收款项		
应收利息			应付职工薪酬		
应收股利			应交税费		
其他应收款			应付利息		

续表

资产	期末余额	年初余额	负债和所有者权益（或股东权益）	期末余额	年初余额
存货			应付股利		
一年内到期的非流动资产			其他应付款		
其他流动资产			一年内到期的非流动负债		
流动资产合计			其他流动负债		
非流动资产：			流动负债合计		
可供出售金融资产			非流动负债：		
持有至到期投资			长期借款		
长期应收款			应付债券		
长期股权投资			长期应付款		
投资性房地产			专项应付款		
固定资产			预计负债		
在建工程			递延所得税负债		
工程物资			其他非流动负债		
固定资产清理			非流动负债合计		
生产性生物资产			负债合计		
油气资产			所有者权益（或股东权益）：		
无形资产			实收资本（或股本）		
开发支出			资本公积		
商誉			减：库存股		
长期待摊费用			盈余公积		
递延所得税资产			未分配利润		
其他非流动资产			所有者权益（或股东权益）合计		
非流动资产合计					
资产总计			负债和所有者权益（或股东权益）总计		

1. 资产项目。在资产负债表中，资产应当按照流动资产和非流动资产两大类在表中列示，在流动资产和非流动资产类别下再进一步按照性质分项列示。

流动资产是指预计在一个正常经营周期内变现、出售或耗用，或者主要为交易目的而持有，或者预计在资产负债表日起一年内（含一年）变现的资产，或者自资产负债表日起一年内交换其他资产或清偿负债的能力不受限制的现金或等价物。流动资产项目通常包括货币资金、交易性金融资产、应收票据、应收账款、预付账款、应收利息、应收股利、其他应收款、存货和一年内到期的非流动资产。

非流动资产是指流动资产以外的资产。非流动资产项目通常包括：长期股权投资、固定资产、在建工程、工程物资、固定资产清理、无形资产、开发支出、长期待摊费用以及其他非流动资产。

2. 负债项目。在资产负债表中，负债应当按照流动负债和非流动负债两大类在表中列示，在流动负债和非流动负债类别下再进一步按照性质分项列示。

流动负债是指预计在一个正常营业周期中清偿，或者主要为交易目的而持有，或者自资产负债表日起一年内（含一年）到期应予以清偿，或者企业无权自主将清偿推迟至资产负债表日后一年以上的负债。流动负债项目通常包括短期借款、应付票据、应付账款、预收账款、应付职工薪酬、应交税费、应付利息、应付股利、其他应付款、一年内到期的非流动负债等。

非流动负债是指流动负债以外的负债。非流动负债项目通常包括：长期借款、应付债券、长期应付款和其他非流动负债等。

3. 所有者权益项目。所有者权益，是企业资产扣除负债后的剩余权益，反映企业在某一特定日期股东（投资者）拥有的净资产总额，它一般按照实收资本、资本公积、盈余公积和未分配利润分项列示。

三、资产负债表编制的基本方法

资产负债表各项目均需填列"年初余额"和"期末余额"两栏。其中，"年初余额"栏各项目的数字，应根据上年年末资产负债表的"期末余额"栏内所列示的数字填列。"期末余额"栏主要有以下几种填列方法。

（一）根据总账账户的余额直接或计算填列

资产负债表中的部分项目，可根据有关总账科目的余额直接填列。如"交易性金融资产"、"工程物资"、"固定资产清理"、"递延所得税资产"、"短期借款"、"交易性金融负债"、"应付票据"、"应付职工薪酬"、"应交税费"、"应付利息"、"应付股利"、"其他应付款"、"专项应付款"、"预计负债"、"递延所得税负债"、"实收资本（或股本）"、"资本公积"、"库存股"、"盈余公积"等项目。

有些项目则应根据几个总账科目的期末余额计算填列，如"货币资金"项目，应根据"库存现金"、"银行存款"、"其他货币资金"三个总账科目的期末余额的合计数填列；"其他非流动资产"、"其他流动负债"项目，应根据有关科目的期末余额分析填列。

（二）根据明细账科目余额计算填列

"开发支出"项目，应根据"研发支出"科目中所属的"资本化支出"明细科目期末余额填列；"应付账款"项目，应根据"应付账款"和"预付账款"两个科目所属的相关明细科目的期末贷方余额合计数填列；"预收款项"项目，应根据"预收账款"和"应收账款"科目所属各明细科目的期末贷方余额合计数填列；"一年内到期的非流动资产"、"一年内到期的非流动负债"项目，应根据有关非流动资产或非流动负债项目的明细科目余额分析填列";"长期借款"、"应付债券"项目,应分别根据"长期借款"、"应付债券"科目的明细科目余额分析填列;"未分配利润"项目,应根据"利润分配"科目中所属的"未分配利润"明细科目期末余额填列。

【小贴士10-1】"应收账款"和"预收账款"、"应付账款"和"预付账款"四个往来项目的编制口诀:两收合一收,借贷分开走。

(三)根据总账科目和明细账科目余额分析计算填列

"长期借款"项目,应根据"长期借款"总账科目余额扣除"长期借款"科目所属的明细科目中将在资产负债表日起一年内到期且企业不能自主地将清偿义务展期的长期借款后的金额计算填列;"长期待摊费用"项目,应根据"长期待摊费用"科目的期末余额减去将于一年内(含一年)摊销的数额后的金额填列;"其他非流动负债"项目,应根据有关科目的期末余额减去将于一年内(含一年)到期偿还数后的金额填列。

(四)根据有关科目余额减去其备抵科目余额后的净额填列

"可供出售金融资产"、"持有至到期投资"、"长期股权投资"、"在建工程"、"商誉"项目,应根据相关科目的期末余额填列,已计提减值准备的,还应扣减相应的减值准备;"固定资产"、"无形资产"、"投资性房地产"、"生产性生物资产"、"油气资产"项目,应根据相关科目的期末余额扣减相关的累计折旧(或摊销、折耗)填列,已计提减值准备的,还应扣减相应的减值准备,采用公允价值计量的上述资产,应根据相关科目的期末余额填列;"长期应收款"项目,应根据"长期应收款"科目的期末余额,减去相应的"未实现融资收益"科目和"坏账准备"科目所属相关明细科目期末余额后的金额填列;"长期应付款"项目,应根据"长期应付款"科目的期末余额,减去相应的"未确认融资费用"科目期末余额后的金额填列。

(五)综合运用上述填列方法分析填列

主要包括"应收票据"、"应收利息"、"应收股利"、"其他应收款"项目,应根据相关科目的期末余额,减去"坏账准备"科目中有关坏账准备期末余额后的金额填列;"应收账款"项目,应根据"应收账款"和"预收账款"科目所属各明细科目的期末借方余额合计数,减去"坏账准备"科目中有关应收账款计提的坏账准备期末余额后的金额填列;"预付款项"项目,应根据"预付账款"和"应付账款"科目所属各明细科目的期末借方余额合计数,减去"坏账准备"科目中有关预付款项计提的坏账准备期末余额后的金额填列;"存货"项目,应根据"材料采购"、"原材料"、"发出商品"、"库存商品"、"周转材料"、"委托加工物资"、"生产成本"、"受托代销商品"等科目的期末余额合计,减去"受托代销商品款"、"存货跌价准备"科目期末余额后的金额填列,材料采用计划成本核算,以及库存商品采用计划成本核算或售价核算的企业,还应按加或减材料成本差异、商品进销差价后的金额填列。

四、资产负债表编制示例

【例10-1】利宏股份有限公司20×8年12月31日的资产负债表(年初余额略)及20×9年12月31日的科目余额表分别见表10-3和表10-4。假设利宏股份有限公司20×9年度除计提固定资产减值准备导致固定资产账面价值与其计税基础存在可抵扣暂时性差异外,其他资产和负债项目的账面价值均等于其计税基础。假定利宏公司未来很可能获得足够的应纳税所得额用来抵扣可抵扣暂时性差异,适用的所得税税率为25%。

表10-3 资产负债表

编制单位:利宏股份有限公司　　　20×8年12月31日　　　　　单位:元

资产	期末余额	期初余额	负债和所有者权益（或股东权益）	期末余额	期初余额
流动资产:			流动负债:		
货币资金	1 406 300		短期借款	300 000	
交易性金融资产	15 000		交易性金融负债	0	
应收票据	246 000		应付票据	200 000	
应收账款	299 100		应付账款	953 800	
预付款项	100 000		预收款项	0	
应收利息	0		应付职工薪酬	110 000	
应收股利	0		应交税费	36 600	
其他应收款	5 000		应付利息	1 000	
存货	2 580 000		应付股利	0	
一年内到期的非流动资产	0		其他应付款	50 000	
其他流动资产	100 000		一年内到期的非流动负债	1 000 000	
流动资产合计	4 751 400		其他流动负债	0	
非流动资产:			流动负债合计	2 651 400	
可供出售金融资产	0		非流动负债:		
持有至到期投资	0		长期借款	600 000	
长期应收款	0		应付债券	0	
长期股权投资	250 000		长期应付款	0	
投资性房地产	0		专项应付款	0	
固定资产	1 100 000		预计负债	0	
在建工程	1 500 000		递延所得税负债	0	
工程物资	0		其他非流动负债	0	
固定资产清理	0		非流动负债合计	600 000	
生产性生物资产	0		负债合计	3 251 400	
油气资产	0		所有者权益（或股东权益）:		

续表

资产	期末余额	期初余额	负债和所有者权益（或股东权益）	期末余额	期初余额
无形资产	600 000		实收资本（或股本）	5 000 000	
开发支出	0		资本公积	0	
商誉	0		减：库存股	0	
长期待摊费用	0		盈余公积	100 000	
递延所得税资产	0		未分配利润	50 000	
其他非流动资产	200 000		所有者权益（或股东权益）合计	5 150 000	
非流动资产合计	3 650 000				
资产总计	8 401 400		负债和所有者权益（或股东权益）总计	8 401 400	

表10-4　　　　　　　　　　科目余额表　　　　　　　　　　单位：元

科目名称	借方余额	科目名称	贷方余额
库存现金	2 000	短期借款	50 000
银行存款	805 831	应付票据	100 000
其他货币资金	7 300	应付账款	953 800
交易性金融资产	0	其他应付款	50 000
应收票据	66 000	应付职工薪酬	180 000
应收账款	600 000	应交税费	226 731
坏账准备	-1 800	应付利息	0
预付账款	100 000	应付股利	32 215.85
其他应收款	5 000	一年内到期的长期负债	0
材料采购	275 000	长期借款	1 160 000
原材料	45 000	股本	5 000 000
周转材料	38 050	盈余公积	124 770.4
库存商品	2 122 400	利润分配（未分配利润）	218 013.75
材料成本差异	4 250		
其他流动资产	100 000		
长期股权投资	250 000		
固定资产	2 401 000		
累计折旧	-170 000		

续表

科目名称	借方余额	科目名称	贷方余额
固定资产减值准备	-30 000		
工程物资	300 000		
在建工程	428 000		
无形资产	600 000		
累计摊销	-60 000		
递延所得税资产	7 500		
其他长期资产	200 000		
合计	8 095 531	合计	8 095 531

根据上述资料,编制利宏股份有限公司20×9年12月31日的资产负债表,如表10-5所示。

表10-5　　　　　　　　　　资产负债表
编制单位:利宏股份有限公司　　20×9年12月31日　　　　　　　　　　单位:元

资产	期末余额	期初余额	负债和所有者权益（或股东权益）	期末余额	期初余额
流动资产:			流动负债:		
货币资金	815 131	1 406 300	短期借款	50 000	300 000
交易性金融资产	0	15 000	交易性金融负债	0	0
应收票据	66 000	246 000	应付票据	100 000	200 000
应收账款	598 200	299 100	应付账款	953 800	953 800
预付款项	100 000	100 000	预收款项	0	0
应收利息	0	0	应付职工薪酬	180 000	110 000
应收股利	0	0	应交税费	226 731	36 600
其他应收款	5 000	5 000	应付利息	0	1 000
存货	2 484 700	2 580 000	应付股利	32 215.85	0
一年内到期的非流动资产	0	0	其他应付款	50 000	50 000
其他流动资产	100 000	100 000	一年内到期的非流动负债	0	1 000 000
流动资产合计	4 169 031	4 751 400	其他流动负债	0	0
非流动资产:			流动负债合计	1 592 746.85	2 651 400
可供出售金融资产	0	0	非流动负债:		

续表

资产	期末余额	期初余额	负债和所有者权益（或股东权益）	期末余额	期初余额
持有至到期投资	0	0	长期借款	1 160 000	600 000
长期应收款	0	0	应付债券	0	0
长期股权投资	250 000	250 000	长期应付款	0	0
投资性房地产	0	0	专项应付款	0	0
固定资产	2 201 000	1 100 000	预计负债	0	0
在建工程	428 000	1 500 000	递延所得税负债	0	0
工程物资	300 000	0	其他非流动负债	0	0
固定资产清理	0	0	非流动负债合计	1 160 000	600 000
生产性生物资产	0	0	负债合计	2 752 746.85	3 251 400
油气资产	0	0	所有者权益（或股东权益）		
无形资产	540 000	600 000	实收资本（或股本）	5 000 000	5 000 000
开发支出	0	0	资本公积	0	0
商誉	0	0	减:库存股	0	0
长期待摊费用	0	0	盈余公积	124 770.4	100 000
递延所得税资产	7 500	0	未分配利润	218 013.75	50 000
其他非流动资产	200 000	200 000	所有者权益（或股东权益）合计	5 342 784.15	5 150 000
非流动资产合计	3 926 500	3 650 000			
资产总计	8 095 531	8 401 400	负债和所有者权益（或股东权益）总计	8 095 531	8 401 400

第三节 利润表

一、利润表的概念与作用

利润表是反映企业在一定会计期间的经营成果的会计报表。它是以"利润 = 收入 - 费用"会计等式为依据，反映企业一定会计期间经营成果及其构成的会计报表。

利润表的列报必须充分反映企业经营业绩的主要来源和构成，有助于使用者判断净利润的质量及其风险，有助于使用者预测净利润的持续性，从而作出正确的决策。通过利润表，可以反映企业一定会计期间的收入实现情况，如实现的营业收入有多少、实现的投资收益有多少、实现的营业外收入有多少；可以反映一定会计期间的费用耗费情况，如耗费的营业成本有多少,营业税费有多少,销售费用、管理费用、财务费用各有多少,营业外支出有多少;可以反映企业生产经营活动的成果,即净利润的实现情况,据以判断资本保值、增值情况;等等。将利润表中的信息与资产负债表中的信息相结合,还可以提供进行财务分析的基本资料,如将赊销收入净额与应收账款平均余额进行比较,计算出应收账款周转率;将销货成本与存货平均余额进行比较,计算出存货周转率;将净利润与资产总额进行比较,计算出资产收益率等,可以表现企业资金周转情况以及企业的盈利能力和水平,便于报表使用者判断企业未来的发展趋势,作出经济决策。

二、利润表的格式

利润表主要有单步式和多步式两种。

(一)单步式

单步式利润表是将本期所有的收入加在一起,然后再将所有费用加在一起,两者相减,通过一次计算得出本期利润,如表10-6所示。

表10-6　　　　　　　　　　　利润表
编制单位:　　　　　　　　　　年　　月　　　　　　　　　　单位:元

项目	本期金额	上期金额
一、收入		
营业收入		
投资收益		
营业外收入		
收入合计		
二、费用		
营业成本		
营业税金及附加		
销售费用		
管理费用		
财务费用		
营业外支出		
所得税费用		
费用合计		
三、净利润		

(二)多步式

我国企业的利润表采用多步式,即通过对当期的收入、费用、支出项目按性质加以归类,按利润形成的主要环节列示一些中间性利润指标,分步计算当期净损益,如表10-7所示。

多步式利润表反映以下几方面的内容:(1)营业收入,由主营业务收入和其他业务收入组成。(2)营业利润,营业收入减去营业成本(主营业务成本、其他业务成本)、营业税金及附加、销售费用、管理费用、财务费用、资产减值损失,加上公允价值变动收益、投资收益,即为营业利润。(3)利润总额,营业利润加上营业外收入,减去营业外支出,即为利润总额。(4)净利润,利润总额减去所得税费用,即为净利润。

普通股或潜在普通股已公开交易的企业,以及正处于公开发行普通股或潜在普通股过程中的企业,还应当在利润表中列示每股收益信息,包括基本每股收益和稀释每股收益两项指标。

表10-7　　　　　　　　　　　　　　利润表

编制单位：　　　　　　　　　　　　　年　　　　　　　　　　　　　　　　　单位：元

项目	本期金额	上期金额
一、营业收入		
减：营业成本		
营业税金及附加		
销售费用		
管理费用		
财务费用		
资产减值损失		
加：公允价值变动收益（损失以"-"号填列）		
投资收益（损失以"-"号填列）		
其中：对联营企业和合营企业的投资收益		
二、营业利润（亏损以"-"号填列）		
加：营业外收入		
减：营业外支出		
其中：非流动资产处置损失		
三、利润总额（亏损总额以"-"号填列）		
减：所得税费用		
四、净利润（净亏损以"-"号填列）		
五、每股收益		
（一）基本每股收益		
（二）稀释每股收益		

三、利润表编制的基本方法

利润表各项目均需填列"本期金额"和"上期金额"两栏。其中,"上期金额"栏各项目的数字,应根据上年该期利润表的"本期金额"栏内所列示的数字填列。"本期金额"栏主要有以下几种填列方法：

（一）根据总账科目的发生额直接填列

利润表中的大部分项目，都可以根据总账科目的本期发生额直接填列。如营业税金及附加、销售费用、管理费用、财务费用、资产减值损失、营业外收入、营业外支出、所得税费用等。

（二）根据几个总账科目的发生额计算填列

利润表中的某些项目，需要根据若干个总账科目的本期发生额计算填列。如"营业收入"项目，就是根据"主营业务收入"和"其他业务收入"两个科目的本期贷方发生额相加得到；"营业成本"项目，则是根据"主营业务成本"和"其他业务成本"两个科目的本期借方发生额计算填列。

（三）根据明细科目发生额分析填列

这主要是针对"其中：对联营企业和合营企业的投资收益"和"其中：非流动资产处置损失"两个项目，它们分别应根据"投资收益"和"营业外支出"两个总账科目所属明细科目的发生额具体分析填列。

（四）根据科目借贷方发生额相抵后的净额分析填列

如"公允价值变动收益"和"投资收益"项目，就是根据"公允价值变动收益"和"投资收益"科目余额的方向分析填列。即如果是贷方余额，则直接填列；如果是借方余额，实际上为损失，填列在收益项目里，应该用"－"号填列。

（五）根据相关项目的对比关系计算填列

如基本每股收益和稀释每股收益，是根据企业当期实现的净利润和企业公开发行在外的普通股或潜在普通股的股数计算填列。

四、利润表编制示例

【例10-2】利宏股份有限公司20×9年度有关损益类科目本年累计发生净额如表10-8所示。

表10-8　　利宏股份有限公司损益类科目20×9年度累计发生净额　　单位：元

科目名称	借方发生额	贷方发生额
主营业务收入		1 250 000
主营业务成本	750 000	
营业税金及附加	2 000	
销售费用	20 000	
管理费用	157 100	
财务费用	41 500	
资产减值损失	30 900	
投资收益		31 500
营业外收入		50 000
营业外支出	19 700	
所得税费用	85 300	

基础会计

根据上述资料，编制利宏股份有限公司20×9年度利润表，如表10-9所示。

表 10-9　　　　　　　　　　　　利润表

编制单位：利宏股份有限公司　　　　20×9年　　　　　　　　　　　单位：元

项目	本期金额	上期金额（略）
一、营业收入	1 250 000	
减：营业成本	750 000	
营业税金及附加	2 000	
销售费用	20 000	
管理费用	157 100	
财务费用	41 500	
资产减值损失	30 900	
加：公允价值变动收益（损失以"－"号填列）	0	
投资收益（损失以"－"号填列）	31 500	
其中：对联营企业和合营企业的投资收益	0	
二、营业利润（亏损以"－"号填列）	280 000	
加：营业外收入	50 000	
减：营业外支出	19 700	
其中：非流动资产处置损失	（略）	
三、利润总额（亏损总额以"－"号填列）	310 300	
减：所得税费用	85 300	
四、净利润（净亏损以"－"号填列）	225 000	
五、每股收益	（略）	
（一）基本每股收益		
（二）稀释每股收益		

本章小结

财务会计报告，是指企业对外提供的反映企业某一特定日期的财务状况和某一会计期间的经营成果、现金流量等会计信息的文件。财务报告包括财务报表和其他应当在财务报告中披露的相关信息和资料。

财务报表是对企业财务状况、经营成果和现金流量的结构性表述。财务报表至少应当包括资产负债表、利润表、现金流量表、所有者权益（或股东权益）变动表和附注。小企业编制的会计报表可以不包括现金流量表。

会计报表按其反映的内容分为动态会计报表和静态会计报表；按其编报的期间分为中期财务报表和年度财务报；按其编制的范围分为个别会计报表和合并会计报表；按其编

制的单位分为单位报表和汇总报表;按其服务的对象分为对内报表和对外报表。

财务会计报告的目标是向财务会计报告使用者提供与企业财务状况、经营成果和现金流量等有关的会计信息,反映企业管理层受托责任履行情况,有助于财务会计报告使用者作出经济决策。财务会计报告使用者包括投资者、债权人、政府及其有关部门和社会公众等。

企业应当以持续经营为基础,考虑项目的重要性和不同会计期间一致性,编制财务报表。资产和负债、收入和费用项目,除满足相互抵销条件外,不能相互抵销。财务报表至少应当提供上一可比会计期间的比较数据。

资产负债表是以"资产 = 负债 + 所有者权益"这一会计恒等式为基础确定的,总括反映企业某一特定日期财务状况的会计报表。我国的资产负债表采用账户式结构,企业应当分别流动资产和非流动资产、流动负债和非流动负债列示资产项目和负债项目。

利润表是根据"收入 - 费用 = 利润"这一平衡公式为基础确定的,反映企业在一定会计期间经营成果的会计报表。我国企业的利润表采用多步式结构。

本章主题词

财务会计报告　财务报表　附注　资产负债表　利润表

复习思考题

1. 什么是财务会计报告?它包括哪些内容?
2. 什么是财务报表?它包括哪些内容?
3. 财务报表附注应当披露哪些内容?
4. 资产负债表的填列方法有哪些?
5. 利润表的填列方法有哪些?
6. 财务会计报告反映了报告主体的所有信息吗?

案例讨论

如本章引导案例所述,小张工作的公司年末结账后,有关往来账户所属明细科目的余额如下表所示,请你帮助小张计算出资产负债表上四个往来项目的金额。

公司往来账户所属明细科目余额表　　　　　　　　　　单位:元

账户名称	明细科目借方余额合计	明细科目贷方余额合计
应收账款	300 000	10 000
应付账款	30 000	500 000
预收账款	45 000	400 000
预付账款	80 000	60 000

(提示:"应收账款"项目的填列,除了按照上述金额计算填列外,还应当考虑其备抵账户"坏账准备"科目的期末余额。)

第十一章 账务处理程序

▼ 学习目标

知识目标：通过本章的学习，了解账务处理程序的概念及其意义，掌握各类不同账务处理程序的流程和适用范围，把握它们各自的优缺点，明确凭证、账簿和报表之间的关系。

能力目标：能正确区分不同账务处理程序的流程；能够根据企业规模大小、业务量多少选择合适的账务处理流程加以运用。

▼ 引导案例

小王是会计系的学生，每个假期他都选择不同的单位实习会计实务，在几个公司实习后，他发现不同的公司登记总账的依据不同，有的根据记账凭证登记总账，有的根据科目汇总表登记总账。凭证、账簿、报表怎样衔接起来才最适合某种特定的公司呢？不同的衔接方式都有怎样的优缺点和适用范围呢？为解决以上疑问，本章我们介绍几种主要的账务处理程序。

第一节 账务处理程序概述

一、账务处理程序的概念与意义

会计核算形式是指将经济业务的原始信息加工生成会计信息的步骤和方法，即会计凭证、会计账簿、会计报表和记账方法、记账程序相互结合的方式，也称为会计核算组织形式。要更好地反映和监督企业的经济活动，为经济管理提供系统的核算资料，必须相互联系地运用会计核算的专门方法，采用一定的组织程序，规定设置会计凭证、账簿和会计报表的种类和格式；规定各种会计凭证、会计账簿和会计报表之间的相互关系、填制方法和登记程序，而其核心又是规定如何登记总分类账的方法，这是会计制度设计的一项重要内容，也是区分各种会计核算形式的主要依据。合理地组织会计核算形式是做好会计工作的一个重要条件，对于保证会计工作质量，提高会计工作效率，正确、及时地编制会计报表，满足相关会计信息使用者的需求具有重要意义；同时，合理的会计核算形式能将企业的会计核算工作组织成既有分离又有协作的有机整体，将各个会计核算岗位的工作有效地组织起来，即减少了会计人员的工作量，节约了人力物力，又有效地提高了工作效率和质量。

二、账务处理程序的设计原则

各单位的业务性质、经营管理各有特点,规模大小不一,经营业务繁简也各不相同,所以在设计账务处理程序时,应遵循以下原则:

1. 账务处理程序要与本单位的业务性质、规模大小、繁简程度、经营管理的要求和特点等相适应,有利于加强会计核算工作的分工协作,有利于实现会计控制和监督目标。
2. 账务处理程序要能正确、及时、完整地提供会计信息使用者需要的会计核算资料。
3. 账务处理程序要在保证会计核算工作质量的前提下,力求简化核算手续,节约人力和物力,降低会计信息成本,提高会计核算的工作效率。

三、账务处理程序的种类与分类依据

(一)账务处理程序的种类

由于各单位的规模大小、经济业务和管理要求的不同,在选用会计核算形式时自然不能强求一律。我国各经济单位采用的账务处理程序一般有以下六种:

1. 记账凭证账务处理程序;
2. 科目汇总表账务处理程序;
3. 汇总记账凭证账务处理程序;
4. 多栏式日记账账务处理程序;
5. 日记总账账务处理程序;
6. 通用日记账账务处理程序。

以上六种账务处理程序核算的基本步骤都是按图11-1次序进行。

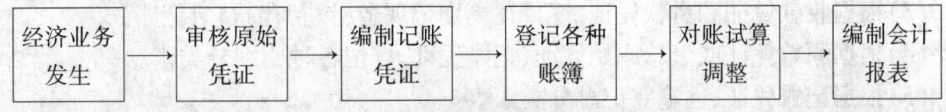

图 11-1 账务处理程序核算的基本步骤

本教材着重介绍前三种最常使用的账务处理程序。

(二)账务处理程序的分类依据

以上六种账务处理程序有很多相同点,但也有区别。其主要的区别,即各自的特点主要表现在登记总分类账的依据和方法不同。从总体上来分析,登记总分类账的方法可以分为两大类,即直接登记和汇总登记。直接登记是以记账凭证为依据直接登记总分类账的方法,记账凭证账务处理程序和日记总账账务处理程序则属于这一类;汇总登记则要求定期对记账凭证以一定的方式进行汇总,依据汇总后的资料登记总分类账,这样一定程度上简化了登记总分类账的工作,科目汇总表账务处理程序和汇总记账凭证账务处理程序则属于这一类。多栏式日记账账务处理程序则综合了这两种方式的特点,对于现金和银行存款的收付业务通过汇总登记的形式登记总分类账,而对于业务量不多的转账业务则依据记账凭证直接登记总分类账,只有在转账业务也较多时,才以汇总的方式登记总分类账;通用日记账账务处理程序则不编制记账凭证,而是直接根据通用日记账登记总账。

第二节 记账凭证账务处理程序

一、记账凭证账务处理程序的特点

记账凭证账务处理程序是直接根据记账凭证逐笔登记总分类账。记账凭证账务处理程序也是最基本的账务处理程序,其他账务处理程序都是在此基础上发展演变而形成的。

二、记账凭证账务处理程序的凭证和账簿组织

在记账凭证账务处理程序中,记账凭证可采用一种通用记账凭证的格式,也可以采用收款凭证、付款凭证和转账凭证三种并存的专用记账凭证的格式。设置的账簿一般包括:现金日记账、银行存款日记账、总分类账和明细分类账。其中,现金日记账和银行存款日记账一般采用三栏式格式;总分类账一般按规定的会计科目开设账页,格式也采用三栏式;明细分类账则应根据企业管理上的需要,格式可采用三栏式、多栏式或数量金额式等。

三、记账凭证账务处理程序的基本程序

(1)根据原始凭证编制汇总原始凭证。为了简化会计核算工作,对于经济业务内容相同的原始凭证,应尽可能地先将其予以汇总,然后再根据汇总后的原始凭证编制记账凭证。

(2)根据原始凭证或汇总原始凭证编制各种记账凭证(包括收款凭证、付款凭证和转账凭证)。

(3)根据收款凭证和付款凭证,逐日逐笔登记现金(银行存款)日记账。

(4)根据原始凭证或汇总原始凭证、记账凭证,登记各种明细分类账。

(5)根据记账凭证,逐笔登记总分类账。

(6)月末,将现金(银行存款)日记账的余额、明细分类账的余额分别与总分类账中的相关账户的余额相核对。

(7)月末,根据审核无误的总分类账和明细分类账的记录,编制会计报表。

记账凭证账务处理程序见图 11-2 所示。

四、记账凭证账务处理程序的优缺点与适用范围

记账凭证账务处理程序的优点是:手续简便,易于理解,总分类账比较详细地反映了经济业务情况,来龙去脉清楚,便于了解经济业务的动态和核对账目。缺点是:由于总分类账是直接根据记账凭证逐笔登记,如果企业规模大,经济业务繁多,就会使得记账凭证多,从而加大登记总分类账的工作量。因而,这种账务处理程序一般适应于规模小、业务量少、记账凭证不多的企业。

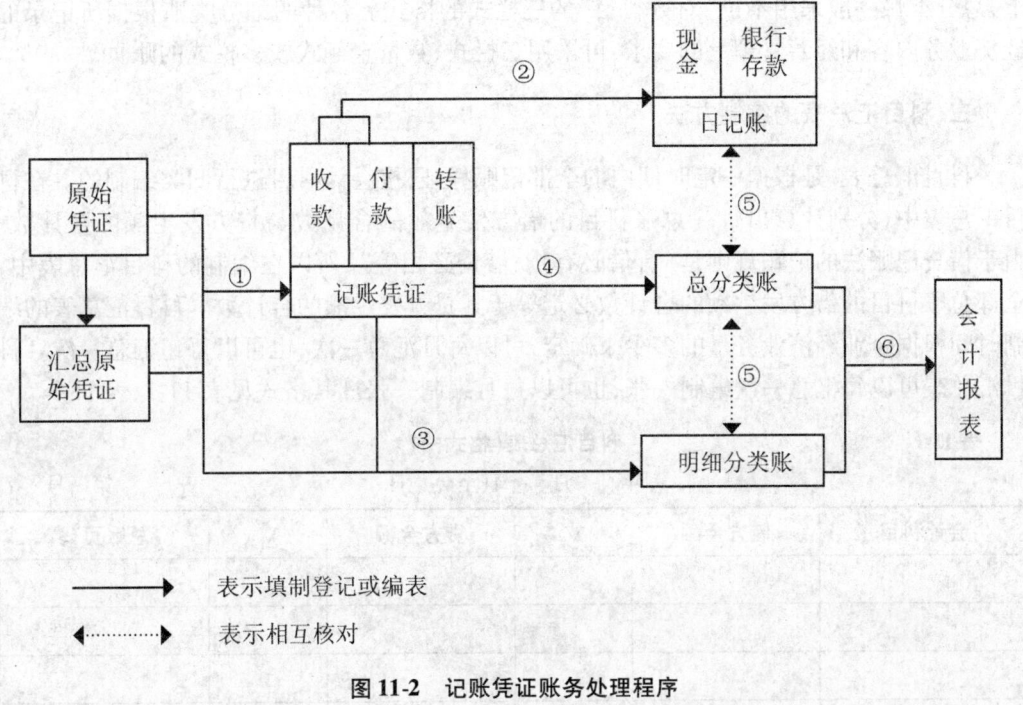

图 11-2 记账凭证账务处理程序

【小思考 11-1】课堂上老师问同学们以下哪类单位不适用于记账凭证账务处理程序？

A. 小型企业　　B. 大型批零兼营企业　　C. 行政单位　　D. 事业单位

第三节　科目汇总表账务处理程序

一、科目汇总表账务处理程序的特点

科目汇总表账务处理程序是定期将所有记账凭证进行汇总，编制科目汇总表，再根据科目汇总表登记总分类账。由于科目汇总表是根据记账凭证汇总编制而成的，因此，科目汇总表也称为记账凭证汇总表，相应地，科目汇总表账务处理程序也称为记账凭证汇总表账务处理程序。

二、科目汇总表账务处理程序的凭证和账簿组织

在科目汇总表核算形式下，与记账凭证账务处理程序基本相同，仍应设置收款、付款和转账等记账凭证。为方便相同科目的汇总，减少发生汇总差错，平时填制的记账凭证可采用单式记账凭证。为了定期根据记账凭证进行汇总，应另设科目汇总表。

此外，还应设置现金、银行存款日记账，各种总分类账和明细分类账。现金日记账、银行存款日记账一般采用三栏式的账页。由于据以登记总分类账的科目汇总表只汇总填列各科目的借方发生额和贷方发生额，而不反映它们的对应关系，所以在这种账务处理程序

下,总分类账一般采用不设"对方科目"的三栏式的格式。各种明细分类账根据所记录的经济业务内容和经营管理上的要求,可采用三栏式、数量金额式或多栏式的账页。

三、科目汇总表的编制方法

科目汇总表,是根据一定时期内的全部记账凭证,按会计科目进行归类编制的。在科目汇总表中,分别计算出每一总账科目的借方发生额的合计数与贷方发生额的合计数。由于借贷记账法的记账规则是"有借必有贷,借贷必相等",所以在编制的科目汇总表中,全部总账科目的借方发生额的合计数必定等于其贷方发生额的合计数。科目汇总表的编制时间根据企业经济业务量的多少来确定,可以每月汇总一次,也可以每旬汇总一次。科目汇总表可以每汇总一次编制一张,也可以每月编制一张。其格式见表11-1、表11-2。

表11-1 科目汇总表(格式一)

年 月 日至 日　　　　　　　　　　第 号

会计科目	借方金额	√	贷方金额	√	总账页码
合计					

会计主管：　　　　　记账：　　　　　审核：　　　　　制表：

表11-2 科目汇总表(格式二)

年 月　　　　　　　　　　第 号

会计科目	1~10日		11~20日		21~31日		本月合计		总账页码
	贷方	借方	贷方	借方	贷方	借方	贷方	借方	
合计									

会计主管：　　　　　记账：　　　　　审核：　　　　　制表：

【重要提示11-1】运用科目汇总表账务处理程序时,科目汇总表只反映各个会计科目的借方本期发生额和贷方本期发生额,不反映各个会计科目的对应关系。

四、科目汇总表账务处理程序的基本程序

(1)根据原始凭证,编制汇总原始凭证。

(2)根据原始凭证或汇总原始凭证,编制各种记账凭证(包括收款凭证、付款凭证和转账凭证)。

(3)根据收款凭证和付款凭证,逐日逐笔登记现金(银行存款)日记账。

(4)根据原始凭证或汇总原始凭证、记账凭证,登记各种明细分类账。
(5)根据一定时期内的全部记账凭证,定期汇总编制科目汇总表。
(6)根据定期编制的科目汇总表,登记总分类账。
(7)月末,将现金(银行存款)日记账的余额、明细分类账的余额分别与总分类账中的相关账户的余额相核对。
(8)月末,根据审核无误的总分类账和明细分类账的记录,编制会计报表。

科目汇总表账务处理程序的基本程序见图11-3所示。

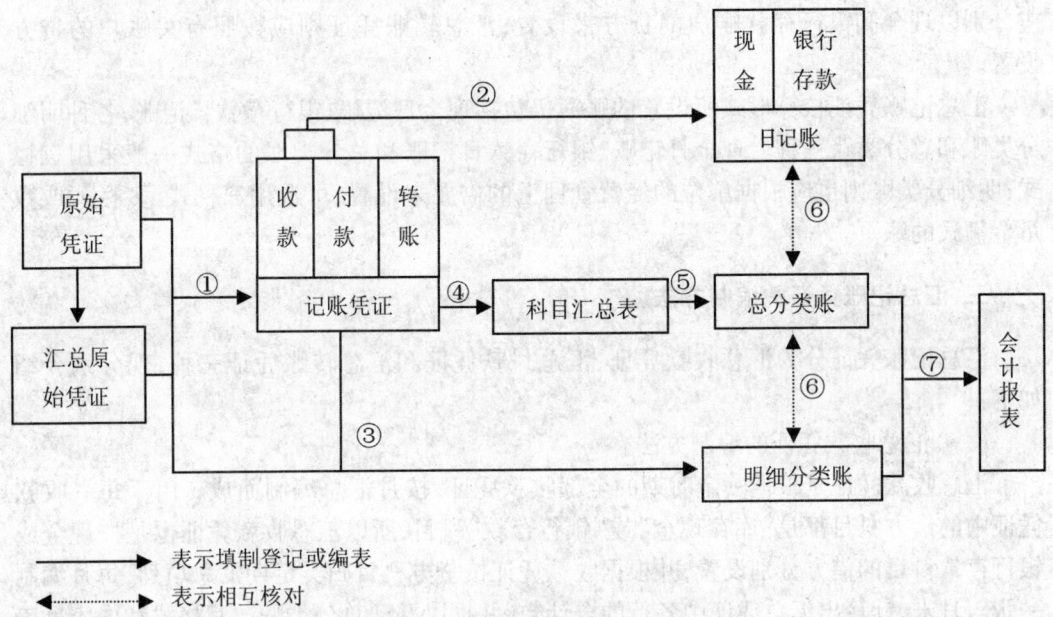

→ 表示填制登记或编表
⇠⇢ 表示相互核对

图11-3 科目汇总表账务处理程序

五、科目汇总表账务处理程序的优缺点与适用范围

科目汇总表账务处理程序的优点是:由于总分类账的登记日期是根据科目汇总表的编制时间而定,采用了汇总登记总分类账的方法,故大大减少了登记总分类账的工作量;并且编制科目汇总表的方法简便易学,还能起到试算平衡的作用。缺点是:在科目汇总表和总分类账中,不能反映各科目之间的对应关系,不便于分析和检查经济业务的来龙去脉和核对账目。因此,这种账务处理程序一般适用于经济业务量大、记账凭证较多的企业,尤其是业务较多的中小型企业。

第四节 汇总记账凭证账务处理程序

一、汇总记账凭证账务处理程序的特点

汇总记账凭证账务处理程序是先定期将全部的记账凭证按收、付款凭证和转账凭证分别归类编制汇总记账凭证,再根据各种汇总记账凭证登记总分类账。

二、汇总记账凭证账务处理程序的凭证和账簿组织

采用汇总记账凭证账务处理程序时,需要设置的凭证除了一般意义上的收款、付款和转账凭证外,还应该包括汇总收款凭证、汇总付款凭证和汇总转账凭证三种汇总记账凭证。由于汇总记账凭证是根据各种记账凭证填制的,格式也应与记账凭证一样,采用专用格式的凭证,而不宜采用通用格式的凭证。对于专用汇总记账凭证,现金、银行存款的汇总收款凭证应分别以现金和银行存款账户的借方来设置;现金、银行存款的汇总付款凭证应分别以现金和银行存款账户的贷方来设置;汇总转账凭证则应按照有关账户的贷方设置。

汇总记账凭证核算形式所设置的账簿仍包括现金日记账、银行存款日记账,各种明细分类账和总分类账三种。现金日记账、银行存款日记账和总分类账的格式一般采用三栏式;明细分类账则也应根据单位的经营管理上的需要来设置,可选用三栏式、多栏式或数量金额式的账页。

三、汇总记账凭证的编制方法

汇总记账凭证分为汇总收款凭证、汇总付款凭证和汇总转账凭证三种,现分别介绍如下:

(一)汇总收款凭证的编制方法

汇总收款凭证是根据一定时期的全部收款凭证,按月汇总编制而成。由于每一收款凭证中的借方科目都是"库存现金"或"银行存款"科目,所以汇总收款凭证也是按现金或银行存款科目的借方分别设置,并根据收款凭证按贷方科目归类定期汇总填列,每月编制一张。月末,计算出汇总凭证中各行的合计数,并据以登记总分类账。其格式和内容见表11-3。

表11-3 汇总收款凭证

借方科目:库存现金或银行存款　　　　　年　月　　　　　　汇收字第　号

贷方科目	金额			合计	总账页码	
	1至10日收字第　号至第　号	11至20日收字第　号至第　号	21至31日收字第　号至第　号		借方	贷方
合计						

(二)汇总付款凭证的编制方法

汇总付款凭证是根据一定时期的全部付款凭证,按月汇总编制而成。由于每一付款凭证中的贷方科目都是"库存现金"或"银行存款"科目,所以汇总付款凭证也是按库存现金或银行存款科目的贷方分别设置,并根据付款凭证按借方科目归类定期汇总填列,每月

编制一张。月末,计算出汇总凭证中各行的合计数,并据以登记总分类账。其格式和内容见表11-4。

表11-4　　　　　　　　　　　汇总付款凭证
贷方科目:库存现金或银行存款　　　　　年　　月　　　　　　　　汇付字第　号

借方科目	金额			合计	总账页码	
	1至10日付字第　号至第　号	11至20日付字第　号至第　号	21至31日付字第　号至第　号		借方	贷方
合计						

(三) 汇总转账凭证的编制方法

汇总转账凭证是根据一定时期的全部转账凭证,按月汇总编制而成。由于每一转账凭证中的借方科目或贷方科目不完全相同,汇总所有转账凭证时为了避免漏汇或重汇,一律按转账凭证中的贷方科目分别设置,并根据相对应的借方科目归类定期汇总填列,每月编制一张。月末,计算出汇总凭证中各行的合计数,并据以登记总分类账。其格式和内容见表11-5。

表11-5　　　　　　　　　　　汇总转账凭证
贷方科目:原材料等　　　　　　　　　　年　　月　　　　　　　　汇转字第　号

借方科目	金额			合计	总账页码	
	1至10日转字第　号至第　号	11至20日转字第　号至第　号	21至31日转字第　号至第　号		借方	贷方
合计						

由于汇总转账凭证上的科目对应关系是,一个贷方科目与一个或几个借方科目相对应,因此,在汇总记账凭证账务处理程序下,为了便于编制汇总转账凭证,平时填制的转账凭证中的科目对应关系,也应该是一个贷方科目与一个或几个借方科目相对应,而不应填制几个贷方科目与一个或几个借方科目相对应的转账凭证,也就是可以填制一借一贷和多借一贷的转账凭证,而不应填制一借多贷和多借多贷的转账凭证。

四、汇总记账凭证账务处理程序的基本程序

(1) 根据原始凭证编制汇总原始凭证。

（2）根据原始凭证或汇总原始凭证编制各种记账凭证（包括收款凭证、付款凭证和转账凭证）。

（3）根据收款凭证和付款凭证，逐日逐笔登记现金（银行存款）日记账。

（4）根据原始凭证或汇总原始凭证、记账凭证，登记各种明细分类账。

（5）根据一定时期内的全部记账凭证，定期编制汇总收款凭证、汇总付款凭证和汇总转账凭证。

（6）根据定期编制的汇总收款凭证、汇总付款凭证和汇总转账凭证，登记总分类账。

（7）月末，将现金（银行存款）日记账的余额、明细分类账的余额分别与总分类账中的相关账户的余额相核对。

（8）月末，根据审核无误的总分类账和明细分类账的记录，编制会计报表。

汇总记账凭证财务处理程序的基本程序见图11-4所示。

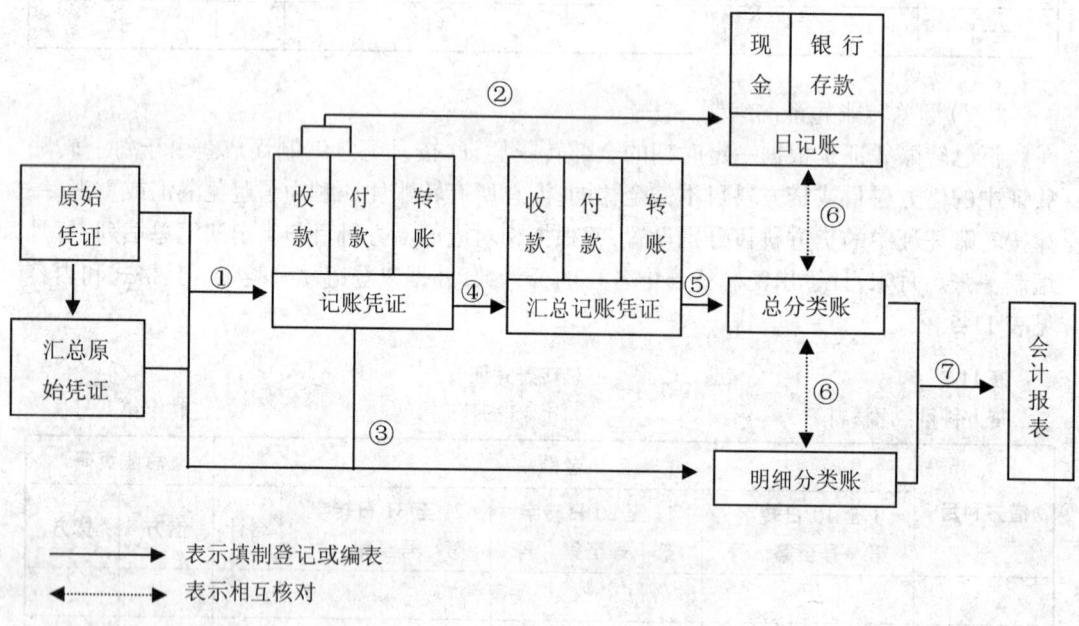

图11-4　汇总记账凭证账务处理程序

五、汇总记账凭证账务处理程序的优缺点与适用范围

汇总记账凭证账务处理程序的优点是：由于汇总记账凭证是根据一定时期内全部记账凭证，按照科目对应关系进行归类、汇总编制而成，因而在登记总分类账时也保持了科目之间的对应关系，这样可以清楚地反映经济业务的来龙去脉，便于进行会计分析和检查，这就弥补了科目汇总表账务处理程序的不足。缺点是：汇总记账凭证是按每一贷方科目，而不是按经济业务的性质归类汇总，因而不利于会计核算工作的分工；虽然登记总分类账的工作量得到了简化，但编制汇总记账凭证的工作量也比较大。因此，这种账务处理程序一般适用于规模大、经济业务较多的企业，尤其是业务量大的大中型企业。

【知识拓展11-1】

1. 对于三种账务处理程序来说，编汇总原始凭证都不是必需的，即可编可不编。

2.编资产负债表和利润表只依据总分类账和明细分类账的记录。

【知识拓展11-2】

三种账务处理程序对比表

	记账凭证账务处理程序	汇总记账凭证账务处理程序	科目汇总表账务处理程序
登总账的依据	记账凭证	汇总记账凭证	科目汇总表
优点	简单明了,总分类账可以较详细地反映经济业务的发生情况	减轻了登记总分类账的工作量,便于了解账户之间的对应关系	可以简化总分类账的登记工作,并可做到试算平衡
缺点	登记总分类账的工作量较大	不利于日常分工,当记账凭证较多时,编制汇总记账凭证的工作量较大	不能反映账户对应关系,不便于查对账目
适用范围	规模较小、经济业务量较少的单位	规模较大、经济业务量较多的单位	经济业务量较多的单位

▼ 本章小结

账务处理程序,又称会计核算组织程序或会计核算形式,是指在会计核算中,规定凭证、账簿的种类、格式和登记方法及各种凭证之间、账簿之间和各种凭证与账簿之间,以及各种报表之间、各种账簿与报表之间的相互联系及编制的程序。

各单位要按照国家的统一规定,结合本单位的具体情况,选择合适的账务处理程序,以简化会计凭证和会计账簿,简化核算手续,提高会计核算工作的质量和效率,加强财务管理和会计监督。

由于会计凭证、会计账簿和会计报表的种类、格式、填制程序不同,尤其是登记总分类账簿的依据不同,形成了不同的账务处理程序。包括记账凭证账务处理程序、汇总记账凭证账务处理程序、科目汇总表账务处理程序、多栏式日记账账务处理程序、日记总账账务处理程序、通用日记账账务处理程序等。各种账务处理程序的主要区别是登记总账的依据和方法不同。

记账凭证账务处理程序是对一切经济业务都要根据原始凭证编制记账凭证,并根据记账凭证直接登记总账。汇总记账凭证账务处理程序是先根据原始凭证或原始凭证汇总表编制记账凭证,再根据记账凭证定期汇总编制汇总记账凭证,期末根据汇总记账凭证登记总分类账。科目汇总表账务处理程序是根据记账凭证定期编制科目汇总表,然后根据科目汇总表登记总分类账。

▼ 本章主题词

账务处理程序　记账凭证账务处理程序　汇总记账凭证账务处理程序　科目汇总表

账务处理程序

复习思考题

1. 什么是账务处理程序？科学地确定本单位的账务处理程序有什么意义？
2. 各种账务处理程序的主要区别是什么？
3. 记账凭证账务处理程序特点、基本程序、优缺点和适用范围是什么？
4. 汇总记账凭证账务处理程序特点、基本程序、优缺点和适用范围是什么？
5. 科目汇总表账务处理程序特点、基本程序、优缺点和适用范围是什么？

案例讨论

张某于今年 9 月以每月 3 000 元租用一间店面，投资创办了一家经营学生服装的零售公司。9 月 1 日，张某在银行开立账户，存入 100 000 元作为资本。由于张某不懂会计，他除了将所有的发票等单据都收集保存起来以外，没有作任何其他记录。到月底，张某发现公司的存款只剩下 76 500 元，现金 600 元。另外，尽管客户赊欠的 20 000 元尚未收现，但公司也有 20 000 元货款尚未支付。除此以外，实地盘点库存服装，价值 20 000 元，张某开始怀疑自己的经营，便去向从事会计工作的朋友孙林请教。

该公司 9 月份具体业务如下：

1. 向银行缴存注册资金 100 000 元；
2. 支票支付内部装修及必要的设施花费 20 000 元；
3. 购入服装两批，第一批现金 30 000 元购入，第二批赊购 20 000 元；
4. 本月销售服装取得现金共计 38 800 元，全部存入开户银行；
5. 本月赊销 20 000 元，货款尚未收回；
6. 支票支付店面租金 2 000 元；
7. 本月份从存款户提取现金 10 000 元，其中 4 000 元支付雇员工资，5 000 元用作个人生活费，其余备日常零星开支；
8. 支票支付本月水电费 300 元；
9. 现金支付电话费 200 元；
10. 现金支付其他各种杂费 200 元。

问题：

试根据你所掌握的会计知识，结合该公司的具体业务，替张某设计一套合理的账务处理程序，并帮他记账。

第十二章 会计工作的组织

学习目标

知识目标：理解会计工作组织的基本含义；熟悉会计机构设置的基本原则；掌握我国会计法规体系的构成；了解会计人员的职责与权限、任职资格和内部会计管理的内容；掌握会计从业人员应具备的职业道德；掌握会计档案种类和主要规定。

能力目标：通过本章的学习，要能够区分不同会计岗位；能够识别会计违法行为，明确其法律后果。

引导案例

深圳某证券营业部财务部设财务经理、会计及出纳三个岗位，按照内部牵制制度的要求对出纳的工作进行了如下安排：出纳负责保管现金、登记现金及银行存款日记账，每月月初到开户银行取回银行对账单。财务经理将银行对账单与银行存款日记账核对后编制银行存款余额调节表。2014年8月，由于该营业部总经理调离，新总经理对营业部情况不熟悉，很多事务需要财务经理协助，财务经理因工作繁忙便没有核对8~11月份的银行对账单，也未编制银行存款余额调节表。营业部出纳朱某见财务经理8月份未核对银行对账单，便从9月份开始挪用营业部资金（以客户提取保证金为名，填写现金支票，自己提现使用）。12月初，财务经理要其将银行对账单拿来核对，以便编制银行存款余额调节表。朱某见事情败露，便于当晚潜逃。第二天，财务经理发现银行对账单与银行存款日记账不符，便向总公司汇报，经查，发现朱某从9月份挪用第一笔资金开始，3个月累计挪用人民币90万元，港币10万元。由于朱某所挪用的钱已经基本上挥霍一空，后追捕朱某归案受到法律的严厉制裁，但造成的损失已经无法挽回。请思考：

1. 做好会计工作组织的意义何在？
2. 应如何做好会计基础工作？

资料来源：道客巴巴，http://www.doc88.com/p-80182389325.html.

第一节 会计工作组织的意义和要求

一、组织会计工作的意义

会计工作是一项严密细致的经济管理工作。会计为会计信息使用者所提供的会计信息，要经过会计凭证—会计账簿—财务报表等一系列方法及相应的手续和程序，对数据进行记录、计算、分类、汇总、分析、检查等而形成。会计数据的传输、加工在各种手续、各个步骤之间存在着密切的联系。为了使会计工作能够顺利有序地进行,必须科学地组织好会计工作。

会计工作组织,包括会计法规的制定与执行,会计机构的设置,会计人员的配备、分工与考核以及会计档案的保管等。正确组织会计工作,有利于提高会计工作的质量,有利于提高会计工作的效率,有利于与其他管理部门协调工作,落实岗位责任制,对充分发挥会计工作在经济管理中的作用有着重要意义。

二、组织会计工作应遵循的要求

科学地组织会计工作,要遵循以下几项要求:

(一)遵守国家对会计工作的统一规定

在社会主义市场经济条件下,会计信息既要满足投资者、债权人、企业管理者的需要,也要满足国家宏观调控的需要。因此,会计工作要遵守国家统一规定的有关会计法律、法规和制度,并以此作为组织会计工作的主要依据。如各单位应当在《中华人民共和国会计法》、《企业会计准则》、国家统一会计制度和《会计基础工作规范》等法律法规的指导下组织会计工作。

(二)适应本单位经营管理的特点

每个会计主体的经济活动都有各自的特点,其规模大小、业务繁简、经济活动内容各不相同,管理上对会计信息的要求就不会完全一样。只有根据本单位的特点和内部经营管理的实际需要来组织会计工作,才能使会计真正成为经济管理工作的一个组成部分。

(三)精简节约,提高效率

在组织会计工作时,应在保证工作质量的前提下,尽量节约进行会计工作所耗的时间和所需的费用。所有会计凭证、账簿和报表的设计,各种手续、程序的规定,会计机构的设置和会计人员的配备等都要符合精简节约原则,既要把工作做好,又要少耗人力、物力、财力。组织会计工作要在保证会计工作质量的前提下,符合精简节约的原则,应尽量精简机构的人员,节约人力、物力的消耗,避免烦琐扯皮,努力提高工作效率。

第二节 会计法规体系

一、会计法规体系的层次

会计法规是指国家权力机关和行政机关制定的各种会计法规性文件的总称,它是一个由各种相互联系、相互制约的会计法规所组成的有机整体,我们称之为会计法规体系。我国的会计法规体系分为四个层次:

(一)会计法律

会计法律是指由全国人民代表大会及其常委会经过一定立法程序制定的有关会计工作的法律,包括《中华人民共和国会计法》和《中华人民共和国注册会计师法》。

(二)会计行政法规

会计行政法规是指由国务院制定并发布,或者国务院有关部门拟定并经国务院批准发布,调整经济生活中某些方面会计关系的法律规范。会计行政法规的制定依据是《中华人民共和国会计法》。例如,国务院发布的《企业财务会计报告条例》、《总会计师条例》等。

(三)国家统一的会计制度

国家统一的会计制度是指国务院财政部门根据《中华人民共和国会计法》制定的关于会计核算、会计监督、会计机构和会计人员及会计工作管理的制度,包括会计部门规章和会计规范性文件。

1. 会计部门规章是指根据《中华人民共和国立法法》规定的程序,由财政部制定的以财政部部长签署命令形式予以公布的有关会计工作的制度办法。包括《财政部门实施会计监督办法》、《会计师事务所审批和监督暂行办法》、《注册会计师注册办法》、《注册会计师全国统一考试违规行为处理办法》、《会计从业资格管理办法》、《代理记账管理办法》、《企业会计准则——基本准则》等。

2. 会计规范性文件是指国务院财政部门依据会计法律、会计行政法规和会计规章制定并以文件形式发布的有关会计工作的制度办法。包括《企业会计准则第1号——存货》等38项具体准则、《企业会计准则——应用指南》、《企业会计制度》、《金融企业会计制度》、《小企业会计准则》、《行政单位会计制度》、《事业单位会计制度》、《会计基础工作规范》、《会计档案管理办法》等。

(四)地方性会计法规

地方性会计法规是指由省、自治区、直辖市人民代表大会或常务委员会在同宪法、会计法律、行政法规和国家统一的会计准则制度不相抵触的前提下,根据本地区情况制定发布的关于会计核算、会计监督、会计机构和会计人员以及会计工作管理的规范性文件。

【小贴士12-1】

《总会计师条例》规定:

(1)全民所有制大、中型企业设置总会计师,总会计师是单位的行政领导成员。

(2)凡设置总会计师的单位,在单位行政领导成员中,不设置与总会计师职权重叠的副职。

二、会计法

《中华人民共和国会计法》是中华人民共和国的第一部会计法,于1985年1月21日由第六届全国人民代表大会常务委员会第九次会议通过,并于1985年5月1日开始实施。此后分别于1993年12月29日和1999年10月31日进行了两次修订。

《中华人民共和国会计法》是会计工作的根本大法,是从事会计工作、办理会计事务的法律规范,是拟定其他各项会计法规制度的基础与依据,是加强会计工作法制建设的纲领性文件。现行的《中华人民共和国会计法》共七章五十二条,包括第一章总则,第二章会计核算,第三章公司、企业会计核算中的特别规定,第四章会计监督,第五章会计机构与会计人员,第六章法律责任,第七章附则。

三、企业会计准则

会计准则是关于价值确认、计量、记录和报告的规范。其中，确认是指对某一种经济业务加以分析判断，是否已经引起了资源和义务的增减变动，从而认定是否能够加以记录并在会计报表中列示；计量所要解决的问题是，确定资源和义务的增减变动以什么样的金额加以记录和列示；记录是指用什么账户和程序加以记录；报告是对账户记录进行整理，确定列报内容和方式。会计活动包括确认、计量、记录和报告四个环节，因此，会计规范也就有确认、计量、记录和报告这四个可能的要素。

（一）会计准则的构成

我国会计准则体系分为基本准则和具体准则两个层次。基本准则提出会计核算的基本原则和一般要求。具体准则是对会计核算的具体要求，主要按会计事项分别制定会计准则，并且可以按这些事项的性质进行分类。

第一类是各行业共同经济业务的具体准则，如应收账款、应付项目、存货、投资、固定资产、无形资产、收入等。

第二类是有关特殊经济业务的具体准则，如外币业务、租赁业务、清算业务、资产减值业务、债务重组业务、非货币性交易业务以及银行的存贷款业务、证券公司的证券投资业务、农业的农产品计价和收入确认等。

第三类是披露制度，如财务报表列报、现金流量表、中期报告、分部报告、关联方等。

（二）企业会计准则

《企业会计准则》由财政部制定，于2006年2月15日发布，自2007年1月1日起施行，该准则对加强和规范企业会计行为，提高企业经营管理水平和会计规范处理，促进企业可持续发展起到指导作用。2014年，财政部相继对《企业会计准则——基本准则》、《企业会计准则第2号——长期股权投资》、《企业会计准则第9号——职工薪酬》、《企业会计准则第30号——财务报表列报》、《企业会计准则第33号——合并财务报表》和《企业会计准则第37号——金融工具列报》进行了修订，并发布了《企业会计准则第39号——公允价值计量》、《企业会计准则第40号——合营安排》和《企业会计准则第41号——在其他主体中权益的披露》等三项具体准则。

（三）小企业会计准则

《小企业会计准则》于2011年10月18日由中华人民共和国财政部以财会〔2011〕17号印发，该准则分总则、资产、负债、所有者权益、收入、费用、利润及利润分配、外币业务、财务报表、附则十章九十条，自2013年1月1日起施行。财政部2004年发布的《小企业会计制度》（财会〔2004〕2号）予以废止。《小企业会计准则》的出台在很大程度上改变了《小企业会计制度》的内容，其在制定方式上借鉴了《企业会计准则》，在核算方法上又兼具小企业自身的特色，尤其在税收规范上，采用了和税法更为趋同的计量规则，大大简化了会计准则与税法的协调。在利税影响因素方面，相对于《企业会计准则》也有了具体的改进。

（四）事业单位会计准则

《事业单位会计准则》经2012年12月5日中华人民共和国财政部部务会议修订通

过,2012年12月6日中华人民共和国财政部令第72号公布。该准则分总则、会计信息质量要求、资产、负债、净资产、收入、支出或者费用、财务会计报告、附则九章四十九条,自2013年1月1日起施行。1997年5月28日财政部印发的《事业单位会计准则(试行)》(财预字〔1997〕286号)予以废止。

四、会计制度

1993年我国实施《企业会计准则》后,为了解决企业会计核算与财务信息披露的具体操作问题,财政部根据会计准则的要求,分行业制定了13个行业的会计制度。2000年12月29日,财政部发布了统一的《企业会计制度》,于2001年1月1日起实施。这是一部企业通用的、统一的会计制度,打破了以往分行业、分企业组织形式制定会计制度的格局,对提高会计信息的真实性、统一性和有用性起着重要的作用。此后,财政部又陆续颁布了《金融企业会计制度》和《小企业会计制度》,但目前这两个制度已经废止。

需要注意的是,新《企业会计准则》体系自2007年1月1日起在上市公司范围内实施,同时鼓励其他企业执行。执行新《企业会计准则》体系的企业,不再执行原有的准则、《企业会计制度》和《金融企业会计制度》。

【知识拓展12-1】
《企业会计准则》和《企业会计制度》的关系

两者都是由财政部制定并公布、在全国范围内实施的行政法规性文件,都是对会计要素的确认、计量、披露或报告等作出规定。但《企业会计制度》是以特定部门、特定行业的企业或所有的企业为对象,着重对会计科目的设置、使用和会计报表的格式及其编制加以详细规范;《企业会计准则》则是以特定的经济业务(交易或事项)或特定的报表项目为对象,它详细分析各项业务或项目的特点,规定所引用概念的定义,然后以确认与计量为中心并兼顾披露,对围绕该业务或项目有可能发生的各种问题作出处理的规范。具体而言,两者的区别主要表现在:

(1)适用范围不同。具体会计准则大多只适用于股份有限公司,有些也适用于其他企业。而《企业会计制度》适用于除金融保险企业以外的所有符合条件的大、中型企业。

(2)侧重点不同。具体会计准则在会计要素的确认、计量、披露或报告方面作了原则性的规范,侧重于确认和计量,重点规范会计决策过程。而会计制度则侧重于对会计要素的记录和报告作可操作性规范,确认和计量的内容只是体现在会计科目及使用说明中,重点规范会计的行为与结果。

(3)结构体系不同。统一的会计制度自成体系,它由三个层次构成:《企业会计制度》、《金融保险企业会计制度》、《小企业会计制度》为第一层次;在此基础上,分别一般企业、金融保险企业、小企业建立各自操作性较强的有关会计科目的设置、具体账务处理和财务会计报告的编制和对外提供办法;对于各个行业、企业专业性较强的特殊业务的会计核算,制定专业会计核算办法。而各具体准则之间相互独立,分别就企业的某项业务或某一方面核算内容作出规定。

(4)规范形式不同。会计准则的规范形式、语言表述比较符合国际通用形式,并已构成国际通用会计惯例的一个组成部分。而会计制度的科目、报表的规范形式则符合我国广大会计人员长期形成的思维方式和习惯,具有明显的中国特色。

第三节 会计机构

一、会计机构的设置

会计机构是组织、领导和直接从事会计工作的职能部门。建立和健全会计机构是保证会计法规、制度的执行,会计工作秩序的正常运行,发挥会计职能,实现会计目标的重要条件。

一般说来,具有一定规模、业务量较多的企业、事业及行政单位,都应设置单独的会计机构。由于会计工作和财务工作是关系非常密切的综合性经济管理工作,因此,通常将会计机构和财务机构合并设置。如财务会计处、科、组,在上级财政部门指导和监督下,在本单位厂长、经理和总会计师的领导下,负责组织本单位的会计工作,并办理具体的会计事务和会计业务。

在一些规模较大、会计业务繁多的企业、事业单位,可以根据统一领导、分级管理的原则,在单位内部的各职能部门、车间等设置二级财务会计机构,分别负责各部门、各车间的会计工作。如在厂部或总公司设置财务会计处,在车间、仓库或经理部、分公司设置财务会计科、组。

不具备单独设置会计机构条件的单位,应当在有关机构中配备专职会计人员,从事本单位会计工作。不具备配备专职会计人员的小规模经济组织,应当委托代理记账公司、会计师事务所或其他社会咨询服务机构办理会计业务。

会计机构与单位内部其他管理部门和生产经营业务部门有着密切的分工协作关系。因此,在设置会计机构时,应明确有相互联系和交叉的管理工作之间的责任划分,防止重复工作,或相互推诿,以共同做好工作。

【小思考12-1】小赵在甲厂会计实习时,发现该厂没有单独设置财务室,而是在行政办公室指定了一名会计和一名出纳。小赵认为甲厂的做法不妥。小赵的观点对吗?

二、会计工作的组织形式

会计工作的组织是完成会计工作任务,发挥会计工作作用的重要保证。正确组织会计工作,就是要求企业和行政、事业单位设置合理的会计机构,配备适当的会计人员以及建立和执行各项会计制度,以达到加强经营管理的要求。

(一)独立核算与非独立核算

会计机构按其核算内容的不同,分为独立核算的会计机构和非独立核算的会计机构。独立核算指进行完整的记账工作。实行独立核算的单位称为独立核算单位。它的特点是:具有完整的凭证、账户、账簿系统,全面地进行记账工作,并定期地编制出反映财务状况和经营成果的会计报表。独立核算单位拥有供生产、经营用的资财,在银行里独立开户,对外办理结算,独立编制计划,单独计算盈亏,并且单独设置会计机构,配备必要的会计人员。独立核算单位如记账业务不多,也可以不设专门的会计机构,而只配备专职的会计人员。

实行非独立核算的单位,又称报销单位,是指向上级机构领取一定数额的物资和备用金,定期将有关的核算资料报送上级机构,由上级机构汇总记账的单位。非独立核算单位的一切收入要全部解缴上级机构,支付的开支则向上级机构报销,平时只进行原始凭证的填列、整理和汇总,以及现金账、实物账等的登记工作,既不独立计算盈亏,也不单独编制资产负债表等会计报表。如商业企业所属的分销店,就属于非独立核算单位。非独立核算单位一般不设置专门的会计机构,但需配备专职会计人员,负责处理会计工作。

一个单位是实行独立核算还是实行非独立核算,决定于经营管理和业务组织上的需要。

(二)集中核算与非集中核算

会计机构按其组织形式可分为集中核算和非集中核算。

集中核算是指整个企业的会计核算工作主要集中在企业的财务会计部门进行。在这种组织形式下,企业内部各职能科室、车间等一般不进行单独核算,只对所发生的经济业务填制或取得原始凭证,有时还需编制原始凭证汇总表,定期将原始凭证和原始凭证汇总表送交财务部门,由财务部门经过审核后编制记账凭证,登记有关总账、明细账和日记账,并于月末编制财务报表。实行集中核算形式,只在厂部或总公司或公司一级设置会计机构,进行会计核算,因此,可以减少会计人员配备,减少核算层次,精简机构,同时也有利于会计电算化工作的开展。

非集中核算又称分散核算,是指企业内部各职能部门和车间等,在财务部门的统筹安排和指导下,对本身所发生的经济业务,从填制和取得凭证、登记账簿、成本计算到编制财务报表,进行较全面的核算,但不能与外单位签订经济合同以及发生债权债务结算,也不能在银行开设户头。这种车间或部门一般称为内部独立核算单位,需要设置财务会计科、组,配备专职或兼职的会计人员。在这种核算形式下,企业的财务会计处(科)的职责主要是:①建立健全企业内部各项会计管理制度、办法;②参与企业预算、计划的制定;③与银行和客户进行款项结算和债权债务结算;④登记总账和部分明细账;⑤汇总编制财务报表。实行非集中核算形式,有利于分析和考核企业内部各单位的经营业绩,分清经济责任,以便调动各部门增收节支,降低成本,提高效益的积极性。

三、会计工作岗位的设置

在会计机构内部,一般需要按照会计工作内容的繁简和会计人员配备的多少,进行合理的分工,即设置专门的会计岗位。会计工作岗位一般可以分为:会计机构负责人或者会计主管人员,出纳,财产物资核算,工资核算,成本费用核算,财务成果核算,资金核算,往来结算,总账报表,稽核,档案管理等。开展会计电算化和管理会计的单位,可以根据需要设置相应工作岗位,也可以与其他工作岗位相结合。会计工作岗位,可以一人一岗、一人多岗或者一岗多人。为了加强对各岗位人员的管理考核,还要建立会计工作岗位责任制,对每个工作岗位上会计人员所担负的职责,作出详细规定。如会计主管的岗位责任可以包括以下内容:

1.参与本单位经营管理的预测和决策。

2. 组织和领导本单位的会计工作,制定本单位各项会计制度,制定财务和成本计划(或单位预算)、检查计划(预算)的执行情况,以及编制财务报表负有全面责任。

3. 负责及时足额地缴纳本单位应交税费。

4. 深入实际进行调查研究,定期总结先进经验,组织交流,挖掘增产节约(或增收节支)的潜力。

5. 监督本单位各部门正确地贯彻执行国家财经政策、遵守财经纪律。

6. 负责对所属会计人员的工作考核。

【知识链接12-1】

出纳

出纳是按照有关规定和制度,办理本单位的现金收付、银行结算及有关账务,保管库存现金、有价证券、财务印章及有关票据等工作的总称。

在中国古代出纳也指家庭等方面的收支管理情况,例如清田兰芳《明河南参政袁公(袁可立子袁枢)墓志铭》:"十七来归,即传家政。按亲族,御臧获,羞肴酒,综出纳,无事不井井。"

从广义上讲,只要是票据、货币资金和有价证券的收付、保管、核算,就都属于出纳。它既包括各单位会计部门专设出纳机构的各项票据、货币资金、有价证券收付业务处理、整理和保管,货币资金和有价证券的核算等各项工作,也包括各单位业务部门的货币资金收付、保管等方面的工作。狭义的出纳则仅指各单位会计部门专设出纳岗位或人员的各项工作。

四、内部会计管理制度

内部会计管理制度是指各单位根据国家会计法律、法规、规章和制度的规定,结合本单位经营管理和业务管理的特点及要求而制定的旨在规范单位内部会计管理活动的制度、措施和办法。

(一)内部会计管理制度遵循的原则

各单位在制定内部会计管理制度时,应从实际出发,以保证内部会计管理制度科学、合理,切实可行。《会计基础工作规范》第八十五条对此作出了原则性规定。

1. 合法性原则。依法办事是会计工作的首要准则,也是制定单位内部会计管理制度的首要原则。尽管会计法规赋予各单位一定的理财自主权和会计核算方法的自主权,但上述自主权如果超出会计法规允许的范围和界限,并对经济管理活动产生消极影响,则是会计法规所不允许的。

2. 适应性原则。适应性是制度的生命。制度必须充分体现单位实际,不能生搬硬套书本上或其他单位的管理方法和管理模式,要与单位其他管理制度相衔接。内部会计管理制度只能是对单位制度中财务部门的进一步归纳和具体化,不能脱离单位实际另搞一套,必须使内部会计管理制度适应内部管理要求并发挥作用。

3. 规范性原则。必须全面规范本单位各项会计工作,建立健全会计基础,保证会计工作有序进行。规范性原则的基本要求主要体现在:一方面,内部会计管理制度要符合并体现会计科学的基本原理和方法,不能与会计学科的基本要求相违背;另一方面,内部会计管理制度的内容要全面,应严格规范会计事务的各个方面、各个环节的工作,不能顾此失彼。

4. 科学性原则。制定内部会计管理制度的科学性原则,主要体现在以下几个方面:一是科学合理,即所制定的内部会计管理制度便于操作和执行,缺乏科学性或不易操作的管理制度,就不会有生命力。二是利于控制,即内部会计管理制度必须体现内部控制的要求,有效的内部控制是现代管理的基本要求,而会计控制是内部控制的重要组成部分,因此,内部会计管理制度必须体现这方面的要求。三是定期完善,即各单位所制定的内部会计管理制度,应当根据执行情况和管理需要不断完善,以保证内部会计管理制度更加适应管理需要。

(二)内部会计管理制度的制定

在《会计基础工作规范》中提出了应当建立内部会计管理制度,各单位应结合实际,建立健全适合本单位特点的内部会计管理制度,使会计管理工作程序化、规范化,可以有章可循,以制度来约束自己的行为。

1. 会计工作组织体系及会计人员岗位职责

(1)内部会计管理体系。单位内部会计管理体系主要是指一个单位的会计工作组织体系。内部会计工作组织体系是搞好会计工作的基础和保证。在制定此制度时应明确单位领导人对会计工作的领导职责以及会计部门和会计机构负责人的职责和权限。

(2)会计人员岗位责任制度。会计人员岗位责任制度是单位内部会计人员管理的一项重要制度,是对会计人员岗位职责和标准的规定。建立岗位责任制有利于会计人员明确职责,钻研业务,提高工作效率和质量;有利于会计工作的程序化、规范化和会计基础工作的加强;有利于强化会计管理职能,提高会计工作的水平。

制定会计人员岗位责任制度时,应主要明确会计人员工作岗位的设置、岗位职责和标准,岗位轮换计划、岗位考核办法等方面的规定。

对会计岗位进行有计划的轮换是对会计工作的一个新要求,也是十分必要的。对会计人员进行岗位轮换,既可以使接替人员对前任的工作进行检验,防错防弊,防止违法乱纪,又可以激励会计人员积极提高业务技术水平,按时完成分内工作,使每个会计人员熟悉本单位各会计岗位的工作和职责。

(3)内部牵制制度。内部牵制制度是内部会计管理制度的重要内容之一。制定该项制度时,应当与会计人员岗位责任制度结合起来考虑。其主要内容包括:内部牵制制度的原则,包括机构分离、职务分离、钱账分离、账务分离等;对出纳等岗位的职责和限制性规定;有关部门或领导对限制性岗位的定期检查办法。

制定内部牵制制度,主要是为了加强会计人员相互制约、相互监督、相互核对,提高会计核算工作的质量,防止会计事务处理中发生的失误和差错以及营私舞弊等行为。有的单位认为实行内部牵制制度手续烦琐、程序复杂,对内部牵制制度规定的必要程序任意简化;有的单位因会计人员少,认为不具备实行钱账分管制度而没有建立。由于上述种种原因,造成有的单位会计机构内部牵制制度不健全,内部管理混乱,甚至给国家造成不应有的损失。因此,建立内部牵制制度是十分必要的。

(4)稽核制度。稽核制度是指在会计机构内部指定专人对有关账证进行审核、复查的一种制度。该项制度的建立也应结合会计人员岗位责任制度一并考虑。制定的稽核制度应包括以下内容:稽核工作的组织形式和具体分工;稽核工作的职责、权限;稽核工作的程序和基本方法等。

会计稽核是会计机构本身对于会计核算工作进行的一项自我检查或审核工作,其目的在于防止会计核算工作上的差错和有关人员的舞弊行为。通过稽核,对日常核算工作中所出现的疏忽、错误等及时加以纠正或制止,以提高会计核算工作的质量。从会计工作实际情况来看,一些单位存在的会计数据失真、会计账目不清、会计核算混乱等问题,在很大程度上与会计机构内部稽核制度不健全有关。

(5)财务收支审批制度。财务收支审批制度是指确定财务收支审批范围、审批人员、审批权限、审批程序及其责任的制度。建立健全财务收支审批制度,是财务会计工作的关键环节。主要内容包括:财务收支审批人员和审批权限;财务收支审批程序;财务收支审批人员的责任。

2. 会计核算工作制度

会计核算工作制度主要是规范单位会计核算工作,主要包括以下几项制度:账务处理程序制度、原始记录管理制度、定额管理制度、计量验收制度、成本核算制度、财产清查制度。

(1)账务处理程序制度主要是对会计凭证、账簿、报表等会计核算流程和基本方法的规定。制定该制度也就是将会计核算日常工作流程和方法以文字的形式加以规范。该项制度包括会计核算工作的全过程,从会计科目及其明细科目的设置和使用,会计凭证的格式、审核要求和传递程序,会计核算方法,会计账簿的设置到编制会计报表的种类和要求及单位指标体系等各个方面。

(2)原始记录管理制度、定额管理制度、计量验收制度、财产清查制度等制度是会计核算工作的基础环节,是会计核算工作的正常进行的保证,也是提高会计核算质量的重要措施。各单位应根据内部管理需要制定各项制度。

(3)成本核算制度主要适用于企业单位。行政单位则不需要建立本制度。企业应根据单位成本核算的特点来制定。重点是成本核算对象的确定、成本核算方法、程序,有关成本基础制度的制定、成本考核和成本分析等方面。此项制度,涉及企业的各个方面和国家、企业、职工之间相互利益,是企业内部会计制度的重要内容之一。

3. 财务会计分析制度

应建立定期财务会计分析制度,检查财务会计指标落实情况,分析存在的问题和原因,提出相应改进措施,是加强单位内部管理、不断提高经济效益的重要措施。该项制度主要是规定财务会计分析的时间、召集形式,参加的部门和人员;财务会计分析的内容和分析方法;财务会计分析报告的编写要求等项目。

综上所述,建立内部会计管理制度是国家法律、法规的必要补充,是贯彻实施国家会计法律、法规的重要基础和保证。各单位建立健全内部会计管理制度,有利于规范会计工作秩序,完善会计管理制度体系,改善单位经济管理。在制定时各单位应遵循一定的原则,制定出适合本单位的管理制度,使会计工作更加规范化,从而提高单位会计工作管理水平。

第四节 会计人员

一、会计人员的职责

会计人员是从事会计工作、处理会计业务、完成会计任务的人员。企业、事业、行政机关等单位,都应根据实际需要配备一定数量的会计人员。

会计人员的职责,概括起来就是及时提供真实可靠的会计信息,认真贯彻执行和维护国家财经制度和财经纪律,积极参与经营管理,提高经济效益。根据会计法的规定,会计人员的主要职责是:

1. 进行会计核算。会计人员要以实际发生的经济业务为依据,记账、算账、报账,做到手续完备,内容真实,数字准确,账目清楚,日清月结,按期报账,如实反映财务状况、经营成果和财务收支情况。进行会计核算,及时地提供真实可靠的、能满足各方需要的会计信息,是会计人员最基本的职责。

2. 实行会计监督。各单位的会计机构、会计人员对本单位实行会计监督。会计人员对不真实、不合法的原始凭证,不予受理;对记载不准确、不完整的原始凭证,予以退回,要求更正补充;发现账簿记录与实物、款项不符的时候,应当按照有关规定进行处理;无权自行处理的,应当立即向本单位行政领导人报告,请求查明原因,作出处理;对违反国家统一的财政制度、财务制度规定的收支,不予办理。

3. 拟订本单位办理会计事务的具体办法。

4. 参与拟定经济计划、业务计划,考核、分析预算、财务计划的执行情况。

5. 办理其他会计事务。

从事会计职业的人员,必须按照国家有关会计人员从业资格的规定,依法取得会计人员从业资格,并按照会计管理部门的规定参加会计人员继续教育培训。

二、会计人员的主要权限

会计人员在执行会计核算的过程中,被赋予了一定的权限。会计人员的权限是:

1. 会计人员有权要求本单位有关部门、人员认真执行国家的有关方针政策、法规,遵守国家财经纪律和财务会计规章制度。如有违反,会计人员有权拒绝付款、拒绝报销或拒绝执行,并向本单位领导人报告,否则会计人员也应当承担责任。

2. 财会人员有权参与本单位编制财务计划、预算、制定定额、签订经济合同,参与有关生产、经营管理会议;有权要求本单位有关部门、人员提供同财务会计工作有关情况和资料。

3. 财会人员有权监督、检查本单位有关部门的财务收支、资金使用和财产保管、收支、计量、检查等情况。有关部门应如实提供资料和反映情况。对超出公司或部门预算的费用和成本支出,有权暂停付款,并向本公司财务负责人汇报。

三、会计人员的任职资格

会计工作具有很强的政策性和专业性,因此,国家颁布了一系列行政规章,根据会计工作岗位的难易程度、所负责任的大小,对不同层次的会计人员提出了具体的任职要求。

(一)会计人员从业资格

从事会计工作的人员,必须取得会计从业资格证书。未取得会计从业资格证书的人员,不得从事会计工作。

(二)会计机构负责人(会计主管人员)的任职资格

会计机构负责人(会计主管人员)是指在一个单位内具体负责会计工作的中层领导人员。担任单位会计机构负责人(会计主管人员)的,除取得会计从业资格证书外,还应当具备会计师以上专业技术职务资格或者从事会计工作三年以上经历。

(三)总会计师的任职资格

按照《中华人民共和国会计法》规定,国有的和国有资产占控股地位或者主导地位的大、中型企业必须设置总会计师。总会计师是在单位负责人领导下,主管经济核算和财务会计工作的负责人。总会计师应具有会计师以上专业技术职称,主管一个单位或者单位内部一个重要方面的财务会计工作的时间不少于三年。

(四)会计专业技术职务与会计专业技术资格

会计专业技术职务分为高级会计师、会计师、助理会计师和会计员,会计人员必须获得专业技术职务的任职资格,然后由各单位根据会计工作需要和本人的实际工作表现聘任一定的专业职务。旧《会计专业技术资格考试暂行规定》从1992年8月1日起施行,2000年9月8日新《会计专业技术资格考试暂行规定实施办法》印发,并于印发之日起施行,1992年实施办法同时废止。依据规定,会计专业技术资格分为初级资格、中级资格和高级资格三个级别。初级、中级会计资格的取得实行全国统一考试制度;高级会计师资格实行考试与评审相结合制度。凡是通过全国统一考试获得会计专业技术资格的会计人员,表明其已具备担任相应会计专业职务的水平和能力。

四、会计人员的任免

为建设一支具有良好职业道德和较高专业技术水平的高素质的会计队伍,为企业的发展和经济效益的提高做出应有的贡献,企业会计人员由企业财务部统一管理,企业内部需要进行独立或相对独立核算的部门,由企业财务部委派会计人员负责该部门的会计工作。

1. 会计人员要按照干部管理权限规定任免,会计机构负责人,会计主管人员的任免要经过上级主管单位的同意。

2. 会计人员必须力求稳定,不要随意调动,一般会计人员的调动,要先商得本单位会计主管人员和上级财务会计部门的同意。

3. 会计人员忠于职守,坚持原则,受到错误处理的,上级主管部门要责成所在单位给予纠正,如果会计人员玩忽职守,丧失原则,不宜担任会计工作的,上级主管部门要责成所在单位给予撤换。

4. 会计人员调动工作或者离职，必须与接管人员办清交接手续，一般会计人员办理交接手续，要由会计机构负责人、会计主管人员监交；会计机构负责人、会计主管办理交接手续，由单位行政领导人监交，必要时由上级主管部门会同监交。

【小思考12-2】甲公司3月份发生以下事项：(1)1日，公司会计人员王某脱产学习半个月，财务科科长赵某指定出纳刘某临时兼管王某的收入、费用账目登记工作，未办理会计工作交接手续；(2)10日，财务科科长赵某辞职，公司决定任命一直从事文秘工作的李某为财务科科长，由人事科科长负责监交。李某为尽快胜任工作，报考了当年助理会计师专业技术资格考试。试分析上述行为有无违法之处。

五、会计人员的职业道德

会计职业道德要求会计人员在其工作中正确处理人与人之间、个人与社会之间关系的行为规范和准则。它体现了社会主义经济利益对会计工作的要求，是会计人员在长期实践中形成的。加强会计职业道德建设，提高会计人员的道德素质，对于正确贯彻国家有关政策法令，加强企业管理，提高经济效益，具有十分重要的意义。我国会计人员的职业道德主要包括：

1. 爱岗敬业。爱岗就是会计人员热爱本职工作，安心本职岗位，并为做好本职工作尽心尽力、尽职尽责。敬业是指会计人员对其所从事的会计职业的正确认识和恭敬态度，并用这种严肃恭敬的态度，认真地对待本职工作，将身心与本职工作融为一体。

2. 诚实守信。诚实守信要求会计人员谨慎，信誉至上，不为利益所诱惑，不伪造账目，不弄虚作假，如实反映单位经济业务事项。同时，还应当保守本单位的商业秘密，除法律规定和单位领导人同意外，不得私自向外界提供或者泄露本单位的会计信息。

3. 廉洁自律。廉洁自律要求会计人员必须树立正确的人生观和价值观，严格划分公私界限，做到不贪不占，遵纪守法，清正廉洁。要正确处理会计职业权利与职业义务的关系，增强抵制行业不正之风的能力。

4. 客观公正。客观是指会计人员开展会计工作时，要端正态度，依法办事，实事求是，以客观事实为依据，如实地记录和反映实际经济业务事项，会计核算要准确，记录要可靠，凭证要合法。公正是指会计人员在履行会计职能时，要做到公平公正，不偏不倚，保持应有的独立性，以维护会计主体和社会公众的利益。

5. 坚持准则。坚持准则要求会计人员熟悉财经法律、法规和国家统一的会计制度，在处理经济业务过程中，不为主观或他人意志左右，始终坚持按照会计法律、法规和国家统一的会计制度的要求进行会计核算，实施会计监督，确保所提供的会计信息真实、完整，维护国家利益、社会公众利益和正常的经济秩序。

6. 提高技能。提高技能要求会计人员通过学习、培训和实践等途径，不断提高会计理论水平、会计实务能力、职业判断能力、自动更新知识的能力、提高会计信息能力、沟通交流能力以及职业经验。运用所掌握的知识、技能和经验，开展会计工作，履行会计职责，以适应深化会计改革和会计国际化的需要。

7. 参与管理。参与管理要求会计人员在做好本职工作的同时，树立参与管理的意识，努力钻研相关业务，全面熟悉本单位经营活动和业务流程，主动向领导反映经营管理活动中的情况和存在的问题,主动提出合理化建议,协助领导决策,参与经营管理活动,做好领导的参谋。

8.强化服务。强化服务要求会计人员具有强烈的服务意识、文明的服务态度和优良的服务质量。会计人员必须端正服务态度,做到讲文明、讲礼貌、讲信誉、讲诚实,坚持准则,真实、客观地核算单位的经济业务,努力维护和提升会计职业的良好社会形象。

【知识拓展12-2】

职业道德的产生和发展

职业道德是随着社会分工的发展,并出现相对固定的职业集团时产生的。人们的职业生活实践是职业道德产生的基础。在原始社会末期,由于生产和交换的发展,出现了农业、畜牧业、手工业等分工,职业道德开始萌芽。进入阶级社会以后,又出现了商业、政治、军事、教育、医疗等职业。这些特定的职业要求人们具备特定的知识和技能,而且要求具备特定的道德观念、情感和品质。各种职业集团,为了维护职业利益和信誉,适应社会的需要,从而在职业实践中,根据一般社会道德的基本要求,逐渐形成了职业道德规范。在古代文献中,早有关于职业道德规范的记载。如公元前6世纪的中国古代兵书《孙子兵法·计》中,就有"将者,智、信、仁、勇、严也"的记载。智、信、仁、勇、严这五德被中国古代兵家称为将之德。明代兵部尚书于清端提出的封建官吏道德修养的六条标准,被称为"亲民官自省六戒",其内容有"勤抚恤、慎刑法、绝贿赂、杜私派、严征收、崇节俭"。中国古代的医生,在长期的医疗实践中形成了优良的医德传统。"疾小不可云大,事易不可云难,贫富用心皆一,贵贱使药无别",是医界长期流传的医德格言。公元前5世纪古希腊的《希波克拉底誓言》,是西方最早的医界职业道德文献。在封建社会,自给自足的自然经济和封建等级制不仅限制了职业之间的交往,而且阻碍了职业道德的发展。只是在某些工商业的行会条规以及从事医疗、教育、政治、军事等职业的著名人物的言行和著作中包含有职业道德的内容。在资本主义社会,不但先前已有的将德、官德、医德、师德等进一步丰富和完善,而且出现了许多以往社会中所没有的道德,如企业道德、商业道德、律师道德、科学道德、编辑道德、作家道德、画家道德、体育道德等。但是,由于资产阶级的利己主义和金钱至上的观念,使职业道德的作用在资本主义社会中受到很大的局限。也由于资本主义社会的性质,决定了某些职业道德的虚伪性,需要时提倡它,不需要时就践踏它,并往往做表面文章,自我吹嘘。

第五节 会计档案

一、会计档案的含义和内容

会计档案是指会计凭证、会计账簿和财务报告等会计核算专业材料,是记录和反映单位经济业务的重要史料和证据,也是检查遵守财经纪律情况的书面证明和总结经营管理经验的重要参考材料。各单位必须加强对会计档案管理工作的领导,建立会计档案的立卷、归档、保管、查阅,严防毁损、散失和泄密。会计档案具体包括以下内容:

1.会计凭证类:包括原始凭证、记账凭证、汇总凭证和其他会计凭证。

2. 会计账簿类：包括总账、明细账、日记账、固定资产卡片、辅助账簿和其他会计账簿。

3. 财务会计报告类：包括中期财务报告、年度财务会计报告。财务会计报告包括会计报表、附表、报表附注及相关文字说明，其他财务报告。

4. 其他类：包括银行存款余额调节表、银行对账单、其他应当保存的会计核算专业资料、会计档案移交清册、会计档案保管清册、会计档案销毁清册。

实行会计电算化单位存贮在磁性介质上的会计数据、程序文件及其他会计核算资料均应视同会计档案一并管理。

二、会计档案的归档和保管

各单位每年形成的会计档案，应当由会计机构按照归档要求，负责整理立卷，装订成册，编制会计档案保管清册。当年形成的会计档案，在会计年度终了后，可暂由会计机构保管一年，期满之后，应当由会计机构编制移交清册，移交本单位档案机构统一保管；未设立档案机构的，应当在会计机构内部指定专人保管。出纳人员不得兼管会计档案。

会计电算化档案是会计档案的重要部门，包括存储在计算机中的会计数据（以磁性介质或光盘存储的会计数据）和计算机打印出来的书面形式的会计数据。企业要做好对电算化会计档案的防磁、防火、防潮和防尘等安全工作。对重要的会计档案应准备双份，存放在两个不同的地点。采用磁性介质保存的会计档案，要定期进行检查、复制，防止会计档案丢失，同时，应当保存打印出的纸质会计档案。

移交本单位档案机构保管的会计档案，原则上应当保持原卷册的封装。个别需要拆封重新整理的，档案机构应当会同会计机构和经办人员共同拆封整理，以分清责任。

三、会计档案的查阅和复制

各单位保存的会计档案不得借出。如有特殊需要，经本单位负责人批准，可以提供查阅或者复制，并办理登记手续，查阅或者复制会计档案的人员，严禁在会计档案上涂画、拆封和抽换。

各单位应当建立健全会计档案查阅、复制登记制度。

四、会计档案的保管期限

会计档案的保管期限分为永久、定期两类。定期保管期限分为 3 年、5 年、10 年、15 年、25 年五类。会计档案的保管期限，从会计年度终了后的第一天算起。我国的《会计档案管理办法》规定了各单位有关会计档案的最低保管期限。企业和其他组织会计档案保管期限见表 12-1。

表 12-1　　　　　　　　企业和其他组织会计档案保管期限表

序号	档案名称	保管期限	备注
一	会计凭证类		
1	原始凭证	15 年	

续表

序号	档案名称	保管期限	备注
2	记账凭证	15 年	
3	汇总凭证	15 年	
二	会计账簿类		
4	总账	15 年	包括日记总账
5	明细账	15 年	
6	日记账	15 年	现金和银行存款日记账保管 25 年
7	固定资产卡片		固定资产报废后保管 5 年
8	辅助账簿	15 年	
三	财务报告类		包括各级主管部门汇总财务报告
9	月、季度财务报告	3 年	包括文字分析
10	年度财务报告(决算)	永久	包括文字分析
四	其他类		
11	会计移交清册	15 年	
12	会计档案保管清册	永久	
13	会计档案销毁清册	永久	
14	银行余额调节表	5 年	
15	银行对账单	5 年	

五、会计档案的销毁

(一)会计档案的销毁程序和办法

保管期满需要销毁的会计档案,可以按照以下程序销毁:

1. 由本单位档案机构会同会计机构提出销毁意见,共同鉴定和审查,提出销毁意见,编制会计档案销毁清册,并列明销毁会计档案的名称、卷号、册数、起止年度和档案编号、应保管期限、已保管期限、销毁时间等内容。

2. 单位负责人在会计档案销毁清册上签署意见。

3. 销毁会计档案时,应当由单位档案机构和会计机构共同派员监销。国家机关销毁会计档案时,应当由同级财政部门、审计部门派员参加监销。财政部门销毁会计档案时,应当由同级审计部门派员参加监销。

4. 监销人在销毁会计档案前,应当按照会计档案销毁清册所列内容清点核对所要销毁的会计档案;销毁后,应当在会计档案销毁清册上签字盖章,注明"已销毁"字样和销毁日期,同时将监销情况写出书面报告(一式两份),一份报告本单位负责人,另一份归入档案备查。

（二）保管期满但不得销毁的会计档案

1. 对于保管期满但未结清的债权债务以及涉及其他未了事项的原始凭证不得销毁，应单独抽出，另行立卷，由档案部门保管到未了事项完结时为止。对于单独抽出立卷的会计档案，应当在会计档案销毁清册和会计档案保管清册中列明。

2. 正在项目建设期间的建设单位，其保管期满的会计档案不得销毁。

【同步案例12-1】四川省大竹县中医院收费员周某，在担任收费员期间，利用工作之便，截留其经手的病人预交款21 000元购买足球彩票。为逃避院内查处，周某窜至医院财务科盗取其领取的票据存根记录，但因资料太多无法找到，便用随身携带的打火机点燃档案柜内的票据。经清点，档案柜内2002年和2003年会计凭证220余册及相关的账簿、报表、合同等资料被烧毁，涉及流动资金4 450多万元。该案由大竹县检察院提出公诉，县法院审理后，以故意销毁会计凭证罪判处周某有期徒刑3年，缓刑4年，并处罚金30 000元。从该案中，我们应该注意到：

(1) 应建立健全档案各项管理制度，并严格执行规定。
(2) 会计档案不能由财务部门保管，而必须由档案部门集中统一保管。
(3) 对于擅自销毁档案行为，依据《中华人民共和国档案法》是要追究法律责任的。

六、会计档案的交接

单位因撤销、解散、破产或者其他原因而终止的，在终止和办理注销登记手续之前形成的会计档案，应当由终止单位的业务主管部门或财产所有者代管或移交有关档案馆代管。法律、行政法规另有规定的，从其规定。

建设单位在项目建设期间形成的会计档案，应当在办理竣工决算后移交给建设项目的接受单位，并按规定办理交接手续。

单位之间交接会计档案的，交接双方应当办理会计档案交接手续。移交会计档案的单位，应当编制会计档案移交清册，列明应当移交的会计档案名称、卷号、册数、起止年度和档案编号、应保管期限、已保管期限等内容。

交接会计档案时，交接双方应当按照会计档案移交清册所列内容逐项交接，并由交接双方的单位负责人负责监交。交接完毕后，交接双方经办人和监交人应当在会计档案移交清册上签字或盖章。

本章小结

会计工作组织，包括会计法规的制定与执行，会计机构的设置，会计人员的配备、分工与考核以及会计档案的保管等。

我国的会计法规体系分为会计法律、会计行政法规、国家统一的会计制度和地方性会计法规四个层次。

会计机构是组织、领导和直接从事会计工作的职能部门。一般说来，具有一定规模、业务量较多的企业、事业及行政单位，都应设置单独的会计机构。不具备单独设置会计机构条件的单位，应当在有关机构中配备专职会计人员，从事本单位会计工作。不具备配备专职会计人员的小规模经济组织，应当委托代理记账公司、会计师事务所或其他社会咨询服务机构办理会计业务。

会计工作的组织形式按会计机构核算内容的不同,分为独立核算与非独立核算;按会计机构组织形式,可分为集中核算和非集中核算。

会计工作岗位一般可以分为:会计机构负责人或者会计主管人员,出纳,财产物资核算,工资核算,成本费用核算,财务成果核算,资金核算,往来结算,总账报表,稽核,档案管理等。可以一人一岗、一人多岗或者一岗多人,但不相容职务必须分离。

会计人员的主要职责是:(1)进行会计核算;(2)实行会计监督;(3)拟订本单位办理会计事务的具体办法;(4)参与拟定经济计划、业务计划,考核、分析预算、财务计划的执行情况;(5)办理其他会计事务。

会计专业技术职务分为高级会计师、会计师、助理会计师和会计员,会计人员必须获得专业技术职务的任职资格,然后由各单位根据会计工作需要和本人的实际工作表现聘任一定的专业职务。

我国会计人员的职业道德主要包括爱岗敬业、诚实守信、廉洁自律、客观公正、坚持准则、提高技能、参与管理、强化服务。

会计档案是指会计凭证、会计账簿和财务报告等会计核算专业材料,是记录和反映单位经济业务的重要史料和证据,也是检查遵守财经纪律情况的书面证明和总结经营管理经验的重要参考材料。各单位必须加强对会计档案管理工作的领导,建立会计档案的立卷、归档、保管、查阅,严防毁损、散失和泄密。

本章主题词

会计工作组织　会计法规体系　会计机构　会计工作组织形式　会计人员职业道德　会计档案

复习思考题

1. 科学组织会计工作的意义是什么?组织会计工作应遵循哪些要求?
2. 什么是集中核算?什么是非集中核算?两者的关系怎样?
3. 会计工作岗位一般应如何设置?
4. 什么是内部会计管理制度?内部会计管理制度的基本内容有哪些?
5. 会计人员应具备哪些基本条件?
6. 会计人员的主要职责是什么?主要权限是什么?
7. 什么是会计人员的职业道德?包括哪些具体内容?
8. 会计人员的专业技术职务有哪些?
9. 我国对会计档案管理有哪些主要规定?

案例讨论

王先生在企业创办一年之后,面临一个非常棘手的问题,工商局、税务局的工作人员都指责他的企业没有遵守我国会计准则的要求建立企业的会计制度,记账随意性很大,财政局的工作人员又提出企业的财会人员没有经过资格认证。王先生觉得非常委屈。因为公司是自己开的,企业应该有自主权,为什么会计非要按照国家规定的会计准则去做? 会计人员为什么要有资格认证?

资料来源:人人网,http://blog.renren.com/share/334955339/10677652085.

问题:你认为王先生的说法是否有道理?

主要参考文献

王明吉,高景霄.2012.会计学原理[M].北京:清华大学出版社.
孟宪宝,王明吉,孙俊东.2011.基础会计学[M].杭州:浙江大学出版社.
冯鹏程.2012.零基础学会计[M].北京:机械工业出版社.
朱小平,徐泓.2009.初级会计学[M].北京:中国人民大学出版社.
阎达五,于玉林.2007.会计学[M].北京:中国人民大学出版社.
于玉林.2008.基础会计学[M].上海:上海人民出版社.
贾圣武,王明吉.2002.基础会计[M].北京:中国农业科技出版社.

大连出版社教学支持说明

  为了建设立体化精品教材,秉承为高校教师提供全方位的教学支持理念,我们将向使用本套教材的高校教师免费提供教学课件和教材参考。

  为确保此资源仅为教师教学使用,烦请授课老师清晰填写如下开课情况证明,并邮寄(传真)至以下地址,我们据此给您提供。谢谢您的合作!

地   址:大连市西岗区长白街10号 大连出版社

邮   编:116011

电   话:0411-83620416 83621075

传   真:0411-83610391

电子信箱:hjj@dlmpm.com

证 明

  兹证明_____大学_____系/院第_____学年开设的_____课程,采用大连出版社出版的_____作为本课程教材,授课老师为_____,学生_____个班共_____人。

  授课教师需要与本书配套的教学课件和教学参考为:

_____。

地   址:_____

邮   编:_____

电   话:_____

电子信箱:_____

系/院主任:_____(签字)

(系/院办公室盖章)

20_____年_____月_____日